中國歷史評論

第二辑

图书在版编目(CIP)数据

中国历史评论. 第2辑/王育济主编. —上海:上
海古籍出版社,2014.5
ISBN 978-7-5325-7267-0

Ⅰ.①中… Ⅱ.①王… Ⅲ.①中国历史—研究 Ⅳ.
①K207

中国版本图书馆CIP数据核字(2014)第088519号

中国历史评论(第二辑)
王育济 主编
上海世纪出版股份有限公司
上海古籍出版社 出版
(上海瑞金二路272号 邮政编码:200020)
(1)网址:www.guji.com.cn
(2)E-mail:guji1@guji.com.cn
(3)易文网网址:www.ewen.cc
上海世纪出版股份有限公司发行中心发行经销 上海惠顿实业印刷公司印刷
开本787×1092 1/16 印张14.5 插页2 字数268,000
2014年5月第1版 2014年5月第1次印刷
ISBN 978-7-5325-7267-0
K·1861 定价:58.00元
如有质量问题,读者可向工厂调换

《中国历史评论》基金

国际历史科学大会筹备基金

韩连琪学术基金

王仲荦学术基金

迪士尼（香港）文化基金

东方历史文化基金

《中国历史评论》编辑部

主　　　　编：王育济

本 期 执 行 主 编：张友臣

组 成 人 员：（山东大学）任相宏、郑　群、张友臣、赵兴胜、解玉军
　　　　　　　（山东省历史学会）刘大可、党明德、李炳印、李勇慧

地　　　　址：山东省济南市山大南路27号，山东大学中心校区知新楼
　　　　　　　历史文化学院

联 系 电 话：0531—88364974，88364067

电 子 邮 箱：chr@sdu.edu.cn

传　　　　真：0531—88564974

邮　　　　编：250100

《中国历史评论》编辑部谨启

一、《中国历史评论》由国际历史科学大会筹备基金、韩连琪学术基金、王仲荦学术基金、迪士尼（香港）文化基金、东方历史文化基金等提供经费支持，上海古籍出版社出版，每年六辑，面向海内外公开发行。编辑部设在山东大学。

二、《中国历史评论》刊发有关中国史和世界史的重要研究成果，设有国际历史科学大会、学术集成、经典重温、史家与著述、研究与观察、图志、新著新译、海外译稿等栏目。

三、《中国历史评论》除秉持一般学术通则外，另有以下五点特别说明：

1. 偏重学术研究的思想性、经世性与公共性，关注历史学对价值、秩序与发展的正向导引，关注历史学对知识群体和精英阶层的影响力。

2. 偏重中国史、外国史，或古代史、当代史等不同专业中彼此互为兴趣的话题，关注此类话题中的主流观点与权威论述。

3. 原创、转载与观点集成并举。其中，重要话题的学术观点集成，是一种较新的学术体裁，可集中反映史学界在相关研究领域的学术进度。

4. 尊重作者的行文风格与注释习惯，篇幅则服从作者的整体构思，长文可至四五万字。

5. 尤为重视学术短论，除推崇读史札记等传统短论外，亦特别关注课堂、会议、各类即席发言，以及各种课题设计中的精粹观点。

四、敬请海内外学者关注《中国历史评论》，推荐选题，惠赐原作或符合本刊转载风格的佳作。来稿一经刊用，即按国家出版规定付酬。

五、联系方式：

联系电话：0531—88364974，88364067

传　　真：0531—88564974

电子邮箱：chr@sdu.edu.cn

邮寄地址：山东省济南市山大南路 27 号，山东大学中心校区知新楼历史文化学院《中国历史评论》编辑部收，邮编 250100。

敬请尽量使用电子邮件赐稿。除手写稿外，其余纸稿一般不予退还。

目　录

【史家与著述】

【新研究新观察】

【新著新译推介十种】

Contents

Classics Revisited

Historians and Works

New Researches and New Observations

Introduction of New Books

（张烨凯译，郑群校）

百年王仲荦：回忆、评价和研究集成

郑宜秀 齐涛等 解玉军 孙齐整理

【引 言】 2013年是著名历史学家王仲荦先生诞辰100周年。王仲荦(1913—1986)，浙江余姚人，曾任上海太炎文学院教授、中央大学副教授，1947年起任山东大学副教授、教授。著有《魏晋南北朝史》、《隋唐五代史》、《嵲华山馆丛稿》及《续编》、《北周六典》、《北周地理志》、《敦煌石室地志残卷考释》、《金泥玉屑丛考》和《西崑酬唱集注》共九部著作，主持点校中华书局"南朝五史"，其中的《宋书》和《南齐书》由王先生本人点校。作为章太炎先生高足，王先生具有深厚的国学造诣，后来又受到了马克思主义史学和现代西方学术思想的影响，"旧学商量加邃密，新知培养转深沉"，旧学与新知熔于一炉，在古史分期、古籍整理、魏晋南北朝史和隋唐史等研究领域树立了丰碑。在20世纪中国学术史上，王仲荦与陈寅恪、唐长孺、周一良、何

图为坐落在山东大学中心校区的王仲荦先生塑像，是山东大学历史文化学院所塑"八大教授"群雕之一。

兹全诸先生共同把我国的中古史研究推向了前无古人的巅峰，铸就了一个时代的学术辉煌，迄今未被超越。在73年的生命旅程中，王先生于山大手植桃李，春风化雨，执教鞭凡39年。他是山东大学历史系的建系元老，后曾任系主任，是山东大学"文史见长"学术特色的主要缔造者之一和历史学科的代表性人物。

遗孀郑宜秀教授的回忆文章解读了王先生作为生命个体的内心世界，带读者一起去寻找王先生"灵魂的恒基，那些非常美丽的痕迹"。弟子齐涛教授总结了王先生融合学统与新知、兼领考史与著史以及淹通文史的治学特点。另外，我们选编

了周一良、缪钺、启功、吴大琨、汤志钧、李希泌、张忱石、李凭、袁英光、郑佩欣、蒋福亚、尹韵公、李洪岩、刘统、黄朴民、王大建和周应奇等王先生的生前友好、及门弟子和学界同仁悼念、回忆或评价王先生的若干片断。这些文字，或长或短，体裁各异，都有助于我们全面地了解王先生为人为学的特点。另一方面，王仲荦先生其人其学又是一座无法环绕的大山，读罢这些文字，令人顿生一唱三叹、意犹未尽之感。

朱子尝言："却愁说到无言处，不信人间有古今。"西崑酬唱，虽成绝响，但今日山大的菁菁校园中，王仲荦先生的青铜雕像，一如他本人盛年时的儒雅与执着，散发着迷人的光辉，他的目光在期待着后世的学人达到并超越他的高度。学习先生，认知先生，克绍其裘，再造巅峰，是对王先生最好的纪念。

【一】　郑宜秀：仲荦灵魂的恒基，那些非常美丽的痕迹
【二】　齐涛：王仲荦先生的三大学术特点
【三】　其他有关王仲荦先生的重要回忆、评价与研究集成
【编稿随笔与图文互动】　家庭照／师生照／淹通文史／启功挽联／《文汇报》纪念王先生百年诞辰文章／王先生在崦华山馆／点校《宋书》手迹

郑宜秀：仲荦灵魂的恒基，那些非常美丽的痕迹[1]

感谢中华书局的诸位先生，能够给我这个机会来向读者介绍这套著作集的作者王仲荦先生。这套著作集里的大部分书的第一版是在27年前，1980年的12月。这些书最初的写作始于20世纪的30年代，后几经修改加工，终于在"文革"以后的那个灿烂的春天里得以出版。全集里的这部《西崑酬唱集注》对于王仲荦先生而言，确有着特殊的意义：这是他的第一部专著，也是他唯一一部关于文学方面的专著，而从这以后，他便开始将自己的注意力更多地放到历史方面去了。从王仲荦先生众多的专著，如《北周六典》、《北周地理志》、《魏晋南北朝史》、《隋唐五代史》、《崦华山馆丛稿》、《崦华山馆丛稿续编》等等，我们可以看见王仲荦像每一个史学家做的那样，做他认为该做的事情：历史就是这个样子的，它既无所谓对，也无所谓错，把它再现出来少加评价吧。而通过这套著作集，我们却可以看见王仲荦先生的另一面：70年前那个开始写作这本书的20岁青年，是怎样让自己灵魂在中国最

---

〔1〕郑宜秀为王仲荦先生夫人，山东大学历史系教授。本文原为郑宜秀教授为《王仲荦著作集》（中华书局，2007年）所作"前记"。

灿烂的文化里翱翔。那时的他在
上海，踱步在他少年时走过的石
板路上，透过十里洋场纷繁的欲
望，看着家门前的松柏青翠依旧，
初经人世的他感喟着生命的无
常，是否也像当年的苏轼一样考
虑过"鸿飞那复计东西"的人生
意义呢？

20世纪50年代，王仲荦、郑宜秀夫妇和孩子的合影。当时，
王先生在青岛山东大学任教，家在青岛鱼山路的山东大学宿舍。

　　王仲荦先生生于1913年。
早年师承章太炎先生，后在30年
代末期就职于当时的中央大学讲授国文。40年代中期由于人事倾轧，离开中大赴
青岛任山东大学教授。说起由于人事原因而离开中大似乎与他的为人颇不相符，
他在生活中属于那种为人笑容可掬而不失头脑的读书人，读书人微笑里含着的睿
智与超脱往往是很动人的，尤其是当以这种微笑面对着人事的磨难与困苦的时候。
在20世纪四五十年代青岛的山大，海边的天空很蓝，岸边紧靠着海水浴场的鱼山
路常有马车走过的踢踏声，这声音和音乐般的海浪声交织在一起，会把阳光里的宁
静衬托得很美。从海洋深处传来的清馨会从窗台上一直流到你的心里去，从这里，
沿着漂浮在海面上的阳光，你不仅可以感受到遥远天边透着深蓝色的内涵，更可以
让你跨越时空去考虑在这颗渺小如尘埃的星球上所发生的历史。在这期间他开始
整理《西崑酬唱集注》、北周的六典与地理及动笔写魏晋隋唐的断代史。

　　启蒙老师任董先生于书法的教诲此时像刀刻一样明晰：学书从篆隶入手，无
他道也，取其一直一横而已。取篆之一直，取隶之一横，直不挠曲，横不欹斜。思之
思之。这些话成为王仲荦作史的主要原则。"历史是自己谱写的。"王仲荦在后来
曾这样说过，历史不是史家随意做出来的，如果在历史上加油加酱，其结果就会出
史界，这样的历史就不能成为史。断代史的写作，在当时的情形下往往变得更加艰
难。最让他感到愉悦的是关于魏晋南北朝隋唐时期的文化与佛教。而后者是由外
邦传入中国后融合入中华文化的，实际上已成为我们这个一心向善的民族传统思
想的一个不可分割的部分。在文学方面，他最喜欢的诗人是李商隐。李商隐的诗
如人，空明而圆润，在历史繁杂的器声里，曲高和寡的李商隐显得明丽而又大器，在
一个很小的范围里能够创造出一个非常完美的世界。而这个完美世界又常常在那
个时代的黑暗衬托下，诚如雨天里的布谷鸟，近处听着，它的叫声没有别的鸟儿响
亮，然而，只有它的啼唱才能在南国秋雨的烟朦中传得很远。但是，并不是所有的
工作都是这样的轻松。在我们的历史中，有着太多的遗憾与残酷，在这里，王仲荦

先生作为一个史学家当然无法回避，但是不可否认的是，这些专著的写作，的确给他提供了一个可以回避的场所。

作为一个浸润于我们祖国传统文化的文人，王仲荦以他特有的倜傥与潇洒来面对自己的生活：他平安度过50年代末后，被借调入北京标点"二十四史"共13年。十几年的时间里他独自生活在北京，对这段生活笔者也无从了解，而只有他自己的诗句"十年踏破万街尘，老至愁经客子春"能够说明他的情况，而这的确意味着他能避开"文革"冲击的喧嚣，让他在工作之余，在这份难得的平静里得以整理自己的旧著。作为近代的史学家，像王仲荦先生著作之丰硕是不多见的，这要得益于这段平静。

1986年，王仲荦先生溘然长逝在他自己的书房里。而我们能够做的就是从这套著作集的字里行间，去寻找作者灵魂的恒基，那些非常美丽的痕迹。

二○○七年六月郑宜秀于济南山东大学嵋华山馆

齐涛：王仲荦先生的三大学术特点[1]

学界论及王仲荦先生之学术，总言及古史分期之魏晋封建说以及先生所著《魏晋南北朝史》与《隋唐五代史》，对于先生的其他著述，论之者不多，而对于现有著述之外的胸中学问更是知之甚少。王先生自20世纪30年代初入于章太炎先生门下，在50多年的学术生涯中，实现了学统与新知的融合、考史与著史的兼领，是淹通文史的一代方家。

第一，学统与新知的融合。 到章太炎先生门下后，王先生一方面陪侍他在苏州和无锡等地讲学，同时潜心攻读段玉裁《说文解字注》、朱骏声《说文通训定声》和章太炎先生的《国故论衡》、《文始》等；另一方面，则在章太炎先生指导下，初步完成了《北周职官志》与《北周地理志》两部书稿。这两部书稿奠定了王先生在魏晋南北朝史研究中的学术基础。

在学问与阅历的砥砺中，王先生愈加领会到章太炎先生学问之精髓。多年后，他曾这样总结道："第一，章先生继承了浙东学派'六经皆史'的说法，认为讲经学就是提倡史学；第二，认为经学也好，史学也好，多多研究，可以作借鉴，'保国性'，也就是发扬爱国主义，提倡民族主义精神，严夷夏之防，劝人不要当汉奸。"这种体认，既是对自己学统的总结，又成为前往新的历史时期探求新知的津梁。

---

〔1〕 节选自齐涛《仰之弥高，钻之弥坚——王仲荦先生的学术与学问》(《文史哲》2011年第5期)。齐涛，曾随王先生攻读硕士和博士学位，现为山东省政府副秘书长，原为山东大学副校长、历史系教授。

20世纪80年代前期，王仲荦先生与山东大学历史系的部分师生合影。前排左起：赵凯球、任明、王仲荦、郑佩欣；第二排：王大建（左三）、傅克辉（右二）、陶卫东（右一）；第三排左起：齐涛、刘统、胡绍军。

新中国成立后不久，王先生改任山东大学历史系教授。新的社会、新的时代，万象更新，马克思主义全面进入史学领域，史学研究出现了一片新的天地。在这方新的天地中，有的学者固守学统，仍旧在原有的天地中默默耕耘；有的学者幡然求新，在新天地的风云变幻中得心应手；还有的学者在继承与求新的路上上下求索，实现着学统与新知的融汇。王先生属于后者。这些学者们的共同努力，加之特定的政治与社会环境，使史学研究成为盛极一时的显学。

把马克思主义的基本理论同中国历史具体问题相结合，既要熟知马克思主义的基本理论与方法，又要精通中国历史上的具体问题，这样，才能真正进行有价值、有意义的研究。王先生在这种结合上走在了史学界的前列，也正因为此，在古史分期问题、资本主义萌芽问题等轰轰烈烈的大讨论中，他都能独树一帜，成一家之言。

在这场大讨论中，王先生除《春秋战国之际的村公社与休耕制度》一文外，还先后完成了《两汉奴隶社会说》、《魏晋封建论》、《关于中国奴隶社会的瓦解及封建关系的形成问题》等论文，并在上述研究的基础上，出版了《关于中国奴隶社会的瓦解及封建关系的形成问题》（湖北人民出版社，1957年）一书。其中，最有代表性的是连载于《文史哲》1956年第3、4、5期的《关于中国奴隶社会的瓦解及封建关系的形成问题》这篇长文。

在积极参与古史分期和亚细亚生产方式大讨论的同时，王先生还就资本主义萌芽问题多次发表论述，先后发表了《从茶叶经济发展历史看中国封建社会的一个特征》、《中国资本主义萌芽以前的江南丝织业》、《中国资本主义萌芽以前的江南棉纺织业》等论文，是建国后较早进行资本主义萌芽问题研究的学者之一。王先生发表于《文史哲》1953年第2期上的《从茶叶经济发展历史看中国封建社会的一个特征》一文，是资本主义萌芽问题大讨论中的重要代表作。这篇文章被严中平先生誉为研究明清经济史的创新之作，具有很强的方法论意义。

数十年前风起云涌的这场大论战似乎已尘埃落定，不论史学史将如何评价，我们坚信，这场大论战所蕴含的学术内核弥足珍贵，所带来的学术繁荣与学术进步同样不容忽视。中国的相关史学家们体现了一种强烈的经世致用的责任驱动，在新中国的召唤下，要写出"和国家民族息息相关的著作"。在王先生的学术活动中，这一点也表现得十分明显。除了在大量的讨论中担当这一责任外，他还专门著有《中国封建社会的特点》一文，从经济结构、政治结构、思想文化等方面，对中国古代社会与西欧古代中世纪进行了全方位的比较研究，试图阐明中国式道路的由来与走向，这也是建国后比较史学的代表作，惜未引起学界足够的重视。

第二，兼领考史与著史。章太炎先生曾将清代史学分为"考史"与"作史"两种类型，后人又将清之后的史学延伸为史料考订派与史观派或者是考史派与著史派，其划分大同小异，故而我们仍以考史与作史区分之。就清代史学而言，考史派占绝对优势；进入民国以后，虽然经历了"五四"新文化运动，但在乾嘉范式和西方实证主义结合下形成的新考史派仍占据优势地位。新中国成立后，以马克思主义史学家为代表的作史派自然成为主流流派，而考史派在经历了批判胡适与古史辨的学术运动后一蹶不振，考据之学似乎也难以再登大雅之堂。

在这样一种学术变迁中，王仲荦先生之治史，实现了作史与考史的兼领，进则作史，退则考史，作史中不乏考据实证，考史中仍见理性思辨，进退自如，在两大领域都为我们留下了丰厚的学术遗产。

王先生作史的代表作当为《魏晋南北朝史》与《隋唐五代史》，两书的前身则是1961年出版的《魏晋南北朝隋初唐史》（上册）。

《魏晋南北朝史》一书的影响力自不待言，尤其是在青年学生和青年学者中更是如此，是学习和研究这一时期历史的首选入门著作。该书在学术史上的贡献集中体现在三个方面：

首先，它是新中国成立后第一部以唯物史观为指导的系统完整的断代史著作，在断代史的研究范式、基本架构以及史论模式上进行了全新的探索，成为断代史著作的经典之作。

其次，它大面积地填补了魏晋南北朝史研究中的许多空白，提出了相当数量的"新论"，是一部创新之作。比如，这一历史时期江南经济的发展史、军事与战争史、少数民族史、中外关系史上的许多空白被填补；在世家大族制度、人身依附关系、屯田制、占田制以及思想文化领域都提出了新的见解与结论。特别是对魏晋南北朝历史地位的把握，更是具有重大的学术意义。

再次，这部断代史是一部史作，在这部著作中，王先生清新的文采、缜密的分析称誉学界。但它同时又是一部实证性史作，王先生继承了考史的传统，注释与考证的分量是此后许多断代史著作所不及的。这部著作所引史料都是随文而注，除此之外的专项注释部分仍占到全书总文字的20%以上。这些注释或补充史料，或考订史实，许多注释的文字已大大超出了相关正文的文字。

王先生考史的代表性工作有四个方面：一是对敦煌文书的考释；二是对鲜卑与代北姓氏的专题考证；三是参与二十四史的校点；四是综合性考证之作，如《北周六典》与《北周地理志》。这些工作除了第四项外，都是在20世纪70年代以后进行的。

对敦煌文书的考释由两部分构成：一是对谱牒残卷的考释，包括《〈唐贞观八年条举氏族事件〉残卷考释》、《〈新集天下姓望氏族谱〉考释》、《敦煌石室出残姓氏书五种考释》等。二是对地志残卷的考释，包括《唐天宝初年地志残卷考释》、《〈贞元十道录〉剑南道残卷考释》、《〈诸道山河地名要略第二〉残卷校释》、《〈沙州都督府图经〉残卷考释》、《〈沙州志〉残片三种考释》、《〈敦煌录〉残卷考释》、《〈寿昌系地镜〉考释》、《〈沙州伊州地志〉残卷考释》、《〈西州图经〉残卷考释》、《慧超〈往五天竺国传〉残卷考释》、《〈西天路竟〉释》等多种。前一部分收录在《𪩘华山馆丛稿》中；后一部分则汇为《敦煌石室地志残卷考释》一书，经夫人郑宜秀先生整理后，1999年由上海古籍出版社出版。

对鲜卑与代北姓氏的考证属专题性考证，有《鲜卑姓氏考》、《代北姓氏考》两文，意在条理北魏、西魏时代，在鲜卑先改单姓又转用复姓的大变动中，各姓氏及相关集团的沿革、变化状况。这两篇考证文章合计10余万字，均作于王先生的晚年，无论是对史料的网罗式搜寻，还是考辨中抉疑探隐的功力，都属考证文字中的上乘之作。王先生本人对其也很看重，有几家杂志多次索稿，均未果。他多次说，这两篇文章要收到《𪩘华山馆丛稿》的续编中，一部论文集应当有相当数量的未发表过的有分量的文章，不能只炒冷饭。

20世纪六七十年代，中华书局对二十四史的校点为新中国成立以来最为宏大的学术工程，王先生是主要参加者与组织者之一。对这一工作的学术与文化意义，学界早有定论，兹不赘述。特别应该指出的是，王先生在点校《宋书》的同时，在借鉴前人成果的基础上，积十数年之功，完成了洋洋百余万字的《宋书校勘记长编》，全书共出校9 100余条，无论是在广度还是深度上都远远地超过了前人，成为《宋书》整理史上的集大成之作。

《北周六典》与《北周地理志》是两部重要的综合考据之作，其缘起是补《周书》无志之缺失，但经过王先生近40年的反复考订，其意义已远过于此。《北周六典》凡60余万言，既是一部北周"通典"，又是北周一朝制度史料的汇编与考订；《北周地理志》凡70余万言，既是一部"北周郡县志"，又是北周地志史料的汇编与考订。两书的学术价值自不待言。

在作史与考史方面还值得一提的是王先生关于"中国古代物价史"的研究工作。自20世纪70年代初，在进行着若干考史工作的同时，王先生也开始了对中国古代物价史料的收集与考订，这些考证或资料已由郑宜秀先生汇编为《金泥玉屑丛考》一书，中华书局1998年出版。这一未竟工作的方法论意义，丝毫不亚于它在经济史研究中的贡献。

第三，文史淹通与学者风范。王先生自小学入门，又偏爱诗词，新中国成立之前一直任教于国文系，因此，对古典文学造诣颇深，其本人也工于声律，咏唱酬答，清隽自然。但是，由于到山东大学后一直从事史学的教学与研究工作，除了反复修订于1980年出版的《西崑酬唱集注》外，再无其他有关古典文学的著作。不过，王先生在史学研究中却大量引入了古典文学的元素，把文学史与文化史作为断代史研究的重要组成部分，特别是在以诗证史、以史论诗方面达到了炉火纯青的境界。

以《隋唐五代史》为例，全书洋洋百万余言，文化史部分占了1/3强。其中，诗史词史又占了文化部分的2/5，达15万字左右，仅完整引述的唐五代诗词就有千首以上，若单独成册，是一部完整的唐五代诗史。讨论史实之时，王先生能以诗为证，引诗入史，解决了若干疑难，在讨论诗人诗作时，则以史证诗，大大加深了对诗作的认识，甚至厘正了诗人与诗作中不少传统问题。其中，最为典型的是对韦庄其诗其人的研究，限于篇幅，此不具论。

以上所述，仅是学生对先生的一知半解，王先生本人从未讲过什么文史兼通，也未曾讲起他在

王先生去世之后，学界挽联大多点明了先生淹通文史的学术风格。

古典文学研究中的造诣，只是说自己是一个爱好者。对先生的"爱好"笔者深有感触，自1982年，笔者有幸忝列先生门下，先生给笔者确定的学位论文是他所喜欢的韦庄诗词笺注。笔者每周一都去先生的书房听先生讲评，先生对所讲之诗篇篇吟诵，常常啧啧称道："好诗！好诗！"这种境界其实就是做学问的最高境界。也正是由于对学问的热爱，王先生真正做到了视学术为第一生命，终毕生之力贡献于自己所热爱的事业。

其他有关王仲荦先生的重要回忆、评价与研究集成

一、关于王先生的"魏晋封建论"

■ 在中国古史分期论争中，王仲荦以魏晋封建说而独树一帜。《文史哲》于1956年曾连续三期刊发王先生《关于中国奴隶社会的瓦解及封建关系的形成问题》一文，在这一篇论文中，王先生将唯物史观与魏晋史的研究相结合，系统全面地提出并论证了著名的"魏晋封建论"。同年，《人民日报》又以一个整版的篇幅，介绍了他和尚钺先生魏晋封建论的观点。这也把他的魏晋隋唐史的研究推到了当时的学术前沿，我院也因此而成为学术界所公认的魏晋隋唐史的研究基地之一。（王育济：《我们的学术年轮》，《山东大学百年学术集粹·史学卷》前言，山东大学出版社，2001年）

■ 上世纪50年代，学术界展开了中国古史分期问题的大讨论。汉魏之际封建论（又被称为魏晋封建论）的代表人物是尚钺和王仲荦。

王仲荦先生的文章，起初是投到《历史研究》的。当时，编辑部要求王先生加以修改。王先生在原文的基础上，增加了大量内容，写成《关于中国奴隶社会的瓦解及封建关系的形成问题》，分三期在《文史哲》1956年第三、第四、第五期刊发。这是新中国古史分期问题大讨论中，第一篇全面系统、旗帜鲜明地阐述汉魏之际封建论的文章，在当时引起了很大反响。

新中国成立后，苏联学者的观点对山东大学历史系的老师们影响很大，在系里组织讨论古史分期问题时，童书业先生就持魏晋封建论的观点。后来，由于种种原因，童先生没有撰文发表自己的观点。相比之下，王仲荦先生就比较有胆识，成为在新中国成立后古史分期问题大讨论中第一个全面阐述魏晋封建论的学者。（王大建[1]：《王仲荦、何兹全先生与魏晋封建论》，《中华读书报》2012年12

---

[1] 王大建，山东大学教授，《文史哲》杂志编辑。

月12日第7版）

■　在当时王仲荦教授所发表的许多文章中，我认为发表在1954年4月号《文史哲》上的《春秋战国之际的村公社与休耕制度》一文，是极为重要的，因为他第一次以马克思主义的观点探讨了中国历史上长期存在的村公社制度的性质和作用。仲荦教授在文章中说：

> 许多世纪中，村公社的继续存在，成为古代专制国家停滞性的坚强基础。所有村公社的社员，只能成为土地的使用者——他的占有，也是经由劳动实践过程为前提之下发生的——而不是土地的所有者。……公社社员既不是公社土地的所有者，那么，他本身就会变成公社的财产，也就会变成专制君主变相的奴隶。他们把农业和家庭手工业结合了起来，完成着自给自足的生产，他们要经常地向他们的统治者贡献力役，也贡献物品。这些公社成员们，在身份上虽是"自由"的，在经济生产上也是独立的，但这并不等于说这些公社成员们所受的剥削和压迫就比奴隶或以后的隶农们来得轻，在某些情况下，他们所遭受的压迫和剥削，也许还来得特别厉害。在这种特殊生产形态里，自由人生产还是占重要的地位，奴隶的劳动不能尽量代替自由人的劳动，这样，不但阻碍了奴隶形态的发展，也会阻碍了以后农奴形态的充分发展。

我认为仲荦教授这段话是十分精辟的，他所说的"特殊生产形态"，实际上，就是马克思所说的"亚细亚生产方式"。所以，我认为，王仲荦教授应该说是中国历史学界第一个以他独立的研究证明了马克思的"亚细亚生产方式"的理论适合于研究中国历史的学者。他的这一贡献，在学术上的意义是很大的，尽管他自己并没有意识到这一点。（吴大琨[1]：《回忆〈文史哲〉初期的王仲荦教授》，《文史哲》1986年第5期）

■　王仲荦的历史理论主张集中表现在中国古史分期上。他是魏晋封建论的主要代表人物之一，在50年代中期发表《春秋战国之际的村社与休耕制度》、《关于中国奴隶社会的瓦解及封建关系的形成问题》、《两汉奴隶社会说》、《魏晋封建论》等论文，从社会结构、阶级成分和生产力状况等方面，分析两汉魏晋社会，全面

---

〔1〕吴大琨（1916—2007），著名经济学家、历史学家，20世纪50年代曾任山东大学历史系教授，后为中国人民大学教授。

阐述魏晋封建论，认为从夏商到战国为中国奴隶社会的第一个阶段，有两种社会基本结构，即氏族及农村公社的基本残余与早期奴隶制同时存在；从战国初到东汉末，是第二个阶段，特征是农村公社已经瓦解，较发达的奴隶制开始占统治地位，即盛行着债务奴隶制。魏晋以后，奴隶制生产方式终于为封建制生产方式所代替，国有奴隶制的残存也通过隶农制即屯田制，向封建制的剥削形式过渡。此外，他在孔子思想、中国资本主义萌芽、史料学和史学方法等方面也有相当的研究深度。他强调马克思主义理论应与中国史实相结合，重视史料的整理与系统研读，主张以精读带动博览，在实证的基础上引出结论。（李洪岩[1]：《王仲荦》，载蒋大椿、陈启能主编《史学理论大辞典》，安徽教育出版社，2000年）

■ 仲荦先生善于思考，勇于开拓创新。五六十年代，当"西周封建论"和"春秋战国封建论"风靡国内史坛，被认为是权威观点，在古史分期问题上占据统治地位的时候，他敢于大胆地把自己通过认真研究所得出的不同结论发表出来，供人们讨论，终于成为一家之言，显示了大胆求新的学术品格。更可贵的是，他能对自己的史学思想加以总结，并形成自己的体系。正如日本学者评价的那样：王仲荦教授的历史研究，不仅仅是局限于魏晋南北朝、隋唐五代史领域，他对中国历史的整体有自己独特见解并自成体系。（汪遵、唐燮君：《生命不息，写作不止——王仲荦史学成就述略》，《历史教学问题》2003年第4期）

■ 杨向奎谈到50年代山东大学的历史系时，说："50年代山东大学历史系拥有王仲荦、童书业、华山先生等一批学者，学术力量很强。仲荦在教学、科研上成绩卓著，对山大历史系建设有很大的贡献。他的学问渊博，品德高尚，同事们对他的评价是很高的。现在山大应该发扬传统的文史学科，把王先生的事业继承下来。"这一段话同样说明纪念一代史学大家的学术精神，获取的是宝贵的精神财富。我们要总结他们的业绩，发扬他们的优良学风，推动我们时代的史学向前发展。（吴怀祺：《要认真总结王仲荦先生的治学成就》，《史学史研究》1996年第3期）

■ 1957年出版的《关于中国奴隶社会的瓦解及封建关系的形成问题》一书，是他的第一本专著，也是第一次提出魏晋封建论的观点。在1961年出版的《魏晋南北朝隋初唐史》上册中，有"封建关系的加强"一章，再次叙述这个观点。1980

---

[1] 李洪岩，现作李红岩，中国社会科学杂志社研究员，《中国社会科学报》编辑部主任，《历史研究》主编，1990年毕业于山东大学历史系，获硕士学位。

年《魏晋南北朝》上卷出版,对魏晋封建社会的形成的历史背景和主要特点,又作了更为详细和全面的论述。我们来读一下这三个时期的著作,可以看出先生的见解是如何逐步走向成熟的。当年提出这个论点时,先生在史学界属于"少数派"。但是先生认为自己的观点有科学根据,不随波逐流适应别人。他不断在研究过程中丰富、完善自己的论点,现在得到了越来越多的史学界同仁的认同。(刘统[1]:《怀念先师王仲荦教授》,《史学史研究》1996年第2期)

■ 尚钺主编的《中国历史纲要》不失为最早以专著的形式系统论述魏晋封建说的研究成果。如果从我们所要探讨的主题即中国历史的发展道路来看,明确地把中国奴隶制的发展道路及其向封建制过渡的路径问题与魏晋封建说联系起来,则应以王仲荦为代表。他于1956年在《文史哲》发表了《关于中国奴隶社会的瓦解及封建关系的形成问题》的长篇文章,系统阐发这一看法。(卢钟锋[2]:《新中国历史学创建时期历史研究的新进路》,《中国史研究》2009年第4期)

二、关于王先生的《魏晋南北朝史》与《隋唐五代史》

■ 仲荦先生严肃认真的治学态度是始终如一的。1961年上海人民出版社出版了《魏晋南北朝隋初唐史》上册,下册因"文化大革命"暂时停止排印。摧残科学事业的"四人帮"被粉碎后,上海人民出版社表示要重印《魏晋南北朝隋初唐史》上册,并且还要出版下册,这本来是件好事,但他感到很为难,他说:"因为这部书是在1952年着手编写的,实际已经经历了25个年头。我这部书,外界对它可谓毁誉参半;而在25年内,历史学界对这段历史的许多重要问题,争论甚烈,进展甚快,我不能把25年前的旧作,原封不动地重新印出来,势必大加修订。于是我征得了上海人民出版社的同意,决定抽出两三年的时间,重新写定。并决定把原书改写成为《魏晋南北朝史》和《隋唐五代史》两部书。"仲荦先生仅用两年多时间完成了《魏晋南北朝史》,又用两年余写完了120万字的《隋唐五代史》。(张忱石[3]:《我所知道的王仲荦先生》,《学林漫录》十三集,中华书局,1991年)

■ 先生的勤奋也体现在教学上。新中国成立后,他到青岛山东大学历史系讲授魏晋南北朝隋唐史课程,在很短的时间内写成80万字的讲义。我也读过60年

---

〔1〕 刘统,上海交通大学教授,1978—1981年随王仲荦先生读硕士研究生。
〔2〕 卢钟锋(1938—2012),著名历史学家,曾任中国社会科学院荣誉学部委员、历史所研究员。
〔3〕 张忱石,中华书局编辑,王仲荦先生在中华书局点校二十四史时期的专职编辑,后任王先生《北周六典》、《北周地理志》、《蜡华山馆丛稿》三部著作的责任编辑。

代几位先生撰写的断代史教材，一般都在二三十万字之间。后来我问先生为何要写这么厚的讲义，他风趣地说：我讲课不如童书业先生，他上课只带粉笔，《春秋》、《左传》倒背如流，一口京白侃侃而谈，下课铃响恰好讲完。我没这个本事，就下笨功夫。其实并非如此，据当年听过先生讲课的老同学说：先生一口上海话，唯恐北方学生听不懂，因而讲义写得极为详尽，为的是让学生真正学到东西。先生的敬业精神，由此可见。（刘统：《怀念先师王仲荦教授》，《史学史研究》1996年第2期）

■《魏晋南北朝史》是仲荦师影响最为巨大的著述之一，许多人正是通过这部书才知道仲荦师的。可以毫不夸张地说，学历史的，没读过甚至没听说过《北周六典》、《北周地理志》的人也许不在少数，但没读过仲荦师《魏晋南北朝史》的人恐怕不多。教育部评选首届优秀教材奖，获奖的历史学教材仅两部，一部是翦伯赞主编的《中国史纲要》，另一部就是仲荦师的《魏晋南北朝史》。应该说，以此书的学术价值与社会影响而言，它获此殊荣，乃是实至名归，理所当然。可是仲荦师面对这份荣誉，却绝无半点的激动，只是淡然说上一句：这不就是一部教材吗。旷达恬然的心态，彰显无遗。（黄朴民[1]：《忆业师王仲荦先生》，《历史学家茶座》2009年第4辑）

■《魏晋南北朝史》和《隋唐五代史》分别于1980年和1981年作为高等学校文科教材由上海人民出版社出版。这是付出了很大努力写成的两部有系统、内容充实的大篇幅断代史，提出了许多有价值的论点，是成一家之言的、具有特色的史学专著。

《魏晋南北朝史》的编撰和出版，是我国多年来历史研究中的一项重要成果，已经引起学术界和广大读者的重视，对学术研究起了一定的推动作用。特别是王仲荦教授在打倒"四人帮"后改写的部分，注意到记取历史的教训，提出"取乱侮亡"的问题，告诉人们"一个国家，一个政权，如果内部安定团结的话，无论敌人势力怎样强大，也不见得会被消灭掉"，"相反，兵力虽然强大，如果内部充满矛盾，像前秦主苻坚统率87万人大举南下，同只有8万人的晋兵会战于淝水，也会一败涂地。"这样做，使研究历史和现实结合起来，发人之所未发，给人以启发和深省。本书作为高校教材，对于史学研究者，尤其是年轻同志，无疑是大有帮助的，是能够满足他们进修的需要的。（袁英光[2]：《王著〈魏晋南北朝史〉评介》，《历史研究》

---

[1] 黄朴民，中国人民大学国学院教授、执行院长，1985年考取王仲荦先生的博士研究生。
[2] 袁英光（1925—1997），华东师范大学教授。

1982年第1期）

■《魏晋南北朝史》是王仲荦先生毕生从事这一历史时期研究和教学的结晶。作为断代史，它具有完备的内容和严整的体例；作为学术专著，它汇集了这位史学大师对于该时代的整体观点、诸多研究心得以及支持他的认识体系的依据。在王仲荦先生的笔下，魏晋南北朝是大开放的时期。当时，中国和四邻的友好往来是非常频繁的。它们相互派遣使节进行访问，推动了文化的交流，促进了各自的经济繁荣。王仲荦先生不仅认为魏晋南北朝各代与四邻发展友好关系的史实是值得阐扬的，而且还力图将这一时期的中国和整个世界历史的发展过程联系在一起，通过对比进而说明，3—6世纪的东方，并不像以往人们想当然的那样，尚处于蒙昧落后的状态，其实已经具有了相当高的文化。（李凭[1]：《王仲荦〈魏晋南北朝史〉的学术贡献》，《许昌学院学报》2005年第1期）

三、关于王先生的《北周六典》与《北周地理志》

■《北周六典》和《北周地理志》分别为论述北周宇文氏朝的职官和地理专著，可谓姊妹之作，是太炎先生定的题目，前者动笔时先生仅20岁，后者起草时也只有22岁，初稿完成后，先生总是孜孜以求，锲而不舍，精益求精，前后作了四次较大的修改，直到70年代出版前夕，才正式定稿。他说："四人帮倒，天日重光，我就把这三部稿子交付中华书局。中华书局接受后，很快把我这三部书陆续印刷出来。这三部书都是我二十几岁时起草稿的，到六十多岁，才见成书，稿藏四十多载，没有被蠹虫蛀掉，没有被当'四旧'烧掉，总算万幸了。"我有幸担任《北周六典》、《北周地理志》两部著作的责任编辑，虽四易其稿，但交给我时，先生用工整的楷书，重新抄录一遍。先生渊博的学识，使我受益匪浅，更使我看到了老一辈学者一丝不苟、笃实严谨的学风。这与一些人急功近利，杜撰一些写得快、出得快、忘得快的东西，真有天壤之别。（张忱石：《我所知道的王仲荦先生》，《学林漫录》十三集，中华书局，1991年，第37—51页）

■　王师的《北周六典》、《北周地理志》、《西崑酬唱集注》三部著作都是在20多岁写出初稿的。抗日战争时期，他流落云南、四川，以后回南京、调山大，都随身带着这三部稿子，一有时间就进行补充修改。直到"十年动乱"时期，许多人都不搞学问了，王师不为所动，仍潜下心来对他这三部著作进行最后一次通盘整理，抄

---

〔1〕李凭，华南师范大学教授，中国魏晋南北朝史学会会长。

写得整整齐齐。所以一到"四人帮"被粉碎后，他这三部著作很快就由中华书局出版了。（郑佩欣[1]：《王仲荦传》，载《山大逸事》，辽海出版社，1999年）

四、王先生的校史岁月

■ 南北朝几部正史，分工由山东大学和武汉大学承担。山大以王仲荦先生为首，参加工作的还有卢振华、张维华两位先生；武大以唐长孺先生为首，还有陈仲安先生。在中华书局称之"南王北唐"。仲荦先生具体负责点校《宋书》、《南齐书》，并和卢振华先生合作点校了《南史》，从50岁生日刚过即来中华书局，直至1976年工作完毕，历时13年。他和唐长孺等先生点校的南北朝几部史，无论是标点和校记等方面，在二十四史点校本中都属上乘，成为古籍点校的范本。（张忱石：《我所知道的王仲荦先生》，《学林漫录》十三集，中华书局，1991年）

王仲荦先生在点校二十四史时期与启功先生共事，结下深厚友情。图为王先生去世后启功先生的挽联。

■ 唐先生，姓唐名长孺。长孺是中国古代常见的名字，汉代有宰相汲黯，字长孺。唐代名相刘晏的儿子刘执经，其字长孺。《唐御史台精舍碑》有监察御史辛长孺。长孺者，长子也，唐先生是长子，其弟名仲孺。长孺之"长"当读 zhǎng 不读 cháng。整理二十四史时，我们总是称"唐先生"，从来不提及他的名字，只有王仲荦先生称"唐长孺同志"，有意将"长"（zhǎng）字的声音读得很重，仿佛强调一下，唐先生的名字可不要读错呀。可是不少人，有的甚至还是学者教授，误读为唐长（cháng）孺。唐先生常笑嘻嘻地说："不少人叫我名字都叫错了，只有王先生叫得最对。"（张忱石：《唐长孺先生琐记》，《文史知识》2011年第11—12期）

■ 2009年3月，中华书局将王仲荦先生遗稿《宋书校勘记长编》列入"二十四史校订研究丛刊"影印行世，是一件非常值得欣慰的事。上个世纪50年代末，在毛泽东主席、周恩来总理等党和国家领导人的指示和部署下，中华书局组织全国百余位史学工作者进行了《二十四史》和《清史稿》的点校整理工作，被誉为新中国最

---

[1] 郑佩欣（1933—2010），山东大学教授，曾任王仲荦先生的学术助手20余年。

伟大的古籍整理出版工程，事实上也是中国古籍整理史上的一座里程碑。其中，《宋书》、《南齐书》、《梁书》、《陈书》、《南史》南朝五史由山东大学负责，王仲荦先生主持其事。《宋书》由王仲荦先生亲自点校，自1962年始，至1974年出版，历时共13年。此次印行的《长编》手稿，即是王先生13年心力的结晶。

王仲荦先生以十数年时间撰写的《宋书校勘记长编》，无论是在版本的对校上还是在相关史书的利用上，都已经远远超越了前人。《长编》在融汇了历代学者相关考订成果的基础上，对《宋书》作了全面的校勘和整理，创获空前，体例完善，已经形成了一部独立的专著。与其说它是一部记录文字异同的"校勘长编"，不如说是一部《宋书校注》的雏形。《长编》作为《宋书》整理的集大成之作，其将传世而不朽，就是势所必然了。（杜泽逊[1]、孙齐[2]：《读王仲荦先生〈宋书校勘记长编〉》，载《书品》2010年第4期）

■ 70年代中，牛兄（按指王仲荦先生）来京校点二十四史，住在中华书局。每逢休闲日我便去看望他。我们经常在一起谈古论今，一些历史人物的功过更是我们的热门话题，有时谈到吃晚饭时，牛兄就将他存储的火腿鸡棕罐头取出，作为晚饭佳肴招待我。每一忆及辄为神往。（李希泌[3]：《深切缅怀王仲荦教授——在王仲荦教授逝世十周年纪念会上的发言》，《文献》1996年第4期）

为纪念王仲荦先生百年诞辰，《文汇报》特约请与王先生在京整理二十四史时共事的中华书局张忱石先生撰写回忆文章，以表纪念。图为2013年10月14日张忱石在《文汇报》发表的《点校二十四史的功臣》一文截图。

■ 1972年夏天，因为整理二十四史是毛主席交下来的任务，出版局来了一位领导召集在京整理二十四史的专家开了一次座谈会，了解点校进度，顺便询问一下工作和生活上有无困难，以示"领导关心"。许多老先生刚刚"解放"不久，

─────────────

〔1〕杜泽逊，山东大学教授。
〔2〕孙齐，山东大学历史文化学院博士研究生。
〔3〕李希泌（1918—2006），著名文献学家，中国国家图书馆图书馆员。

慑于"四人帮"的淫威，都不想多说话，有的干脆沉默不语。仲荦先生毫无畏惧，仗义执言，他说："《陈书》出版多时了，可是我连一本样书都没有，为什么？"那位领导打着官腔："这个问题我得带回去研究研究。"仲荦先生大声疾言："一部《陈书》才一元多钱，这么一件小事，还要出版局领导研究研究。这完全是不尊重劳动！"我从来没有见到他发这么大的脾气，脸胀得通红，前胸起伏，激动异常，弄得这位领导无言以对，尴尬不堪。《陈书》是张维华先生点校的，"文化大革命"前已整理完毕，出版前又经仲荦先生复审一遍。给作者及责任编辑样书，是天经地义的事，但"四人帮"把这种合理的规章制度当"四旧"破了，还抬出一个歪理，说什么"难道卖肉的还要自己留一块肉吗？"在黑白颠倒的年月里，发生这类事是司空见惯的，我写这些并非责难这位领导同志，他也是代人受过，后来也受尽"四人帮"的摧残迫害，仲荦先生的发言是对"四人帮"胡作非为的有力抗争，也并非为个人所发。当年参加座谈会的老先生仍有不少健在，他们对仲荦先生语惊四座的正直言行，一定是记忆犹新的。（张忱石：《我所知道的王仲荦先生》，《学林漫录》十三集，中华书局，1991年）

五、王先生的生平、交游与志业

1. 早年治学与章门弟子

■ 仲荦先生治学谨严，志向远大，有不少书稿都是他年轻时就选定的项目。1930年先生才18岁，还在大学学习，"很喜爱李商隐、温庭筠这一流派的诗。要学他们的诗，首先要多记典故"。"诗家总爱西崑好，独恨无人作郑笺"，于是选择了"使用典故多而卷数却又较少的《西崑酬唱集》来加以笺注"。那时除《佩文韵府》外，工具书很少，要找故典，就得经史子集一部一部书去翻检，日久天长，"不但解决了注释问题，也充实了自己，打好了基础"。此稿仅用两年写成，但先生持之以恒，良工不示人以璞，不断修改完善，直到1980年才同读者见面。（张忱石：《我所知道的王仲荦先生》，《学林漫录》十三集，中华书局，1991年）

■《西崑酬唱集注》是先生年轻时完成的第一部著作，1945年在中央大学中文系申报副教授，先生将这部稿子送审。当年的系主任伍叔傥先生阅后，对先生的学术功力大为赞赏，感慨地说："用这本书升教授也可以了。"但是有几条典故总找不到出处，先生总觉得不安心。十几年后，在阅读《山海经》时，从郭璞注中发现了这几条典故的出处，不觉大喜。随着这些疑问的解决，《西崑酬唱集注》也终于交付出版了。（刘统：《怀念先师王仲荦教授》，《史学史研究》1996年第2期）

■ 他在抗日战争时期流落云南，因手头无书，只有一部《资治通鉴》，就反复读了多遍，觉得大有收获。以后常对人说，他的治学得益于《通鉴》匪浅。他经常教导青年教师和研究生，在有一定基础之后，要熟读几部书，这是推动治学"更上一层楼"的重要手段。王师曾要我熟读基本理论和基本资料，他是这样说的："打仗要有基本队伍，能征善战的岳家军、杨家将都有自己的基本队伍，他们是通过基本队伍来控制千军万马的。每个搞学问的人都应熟练地掌握基本理论和基本资料，建立起自己的基本队伍，这样在学术阵地上才能无往不胜。"王师这些话当然都是他自己治学经验的总结。（郑佩欣：《王仲荦传》，载《山大逸事》，辽海出版社，1999年）

■ 我与牛兄（按指王仲荦先生）论交是在1932年，牛兄伴随太炎先生来苏州讲学，住在我家中。当时我两人都是不到20岁的青年。牛兄对太炎先生起居照顾得细微体贴，周全备至，而且每天破晓都见牛兄在灯下读《昭明文选》。他那种孜孜以求的好学精神给我留下了非常深刻的印象。后来听说他回到浙江余姚故里，闭户读书，潜心学术研究。直到抗战后在昆明我们才有了见面的机会。此后在重庆在南京都再见过。据我所知，牛兄生前用功最深的是一部《资治通鉴》。当时他用的本子是世界书局出版的精装本两册。他在昆明时，规定每天阅读《资治通鉴》三卷，他在每一条记事上都做了不同形式的符号，这对我们使用《资治通鉴》史源有很大的启发和帮助。（李希泌：《深切缅怀王仲荦教授——在王仲荦教授逝世十周年纪念会上的发言》，《文献》1996年第4期）

■ 对于自己的恩师章太炎先生，仲荦先生一生仰慕和尊敬，即使到了晚年，仍然对恩师有着深沉真挚的怀念之情。他认为"太炎先生是一个被台湾海峡两边政治家和历史家误会、冷淡了许久的历史人物"，"现在对太炎先生的评价，有许多不实之处，不公之论，是应当矫枉的"。为了澄清事实，他不辞辛劳地撰写了《太炎先生二三事》，后又参与编辑《章太炎全集》，在去世前十余天，还在病榻上与华中师范大学校长章开沅教授谈《章太炎全集》出版和章太炎先生的家事。（姬妍、周应奇：《一代史学宗师——王仲荦》，载《我心目中的山东大学》，山东大学出版社，2005年）

■ 王仲荦先生是章太炎的晚年入室弟子，泛滥群籍，尤精乙部，除留下《魏晋南北朝史》等大量著作外，对章太炎遗著的整理、出版也关怀备至。《章太炎全集》就是在仲荦先生的精心擘画、辛苦经营下得以问世的。

仲荦先生有心脏病，为了《章太炎全集》，还是抱病来沪。在上海，我陪他先后拜访了陆志仁、蔡尚思、谭其骧、朱东润、吴泽、顾廷龙、魏建猷、潘景郑等先生，晤见了朱维铮、姜义华等同志。太炎夫人汤国梨先生已97高龄，看到仲荦先生鬓发皆白，戏语我曰："是他（指仲荦先生）大，还是我大？"章导同志特设蟹宴，并将珍藏多年的章太炎手稿出示，包括函札和佛学、医学著作等没有收入《章氏丛书》正、续、三编的遗著，还有《刘子政七略别录佚文征》等未刊手稿，汤国梨先生还撰有《章氏丛书序例》及目录。当发现章太炎《致报社书》，申明外间流传的挽联多有伪作，"语句猥杂"，联系到《挽孙中山联》的真伪问题，仲荦先生嘱我迅速撰文。三天后，我写了2 000字，经他寓目后送出，这就是1980年4月29日《光明日报》上的《章太炎挽孙中山联辨伪》。在苏州，我们又晤见了朱季海、沈延国、王乘六几位先生。

仲荦先生认为章太炎著作，除手稿、抄稿外，很多藏书上有眉批，是章太炎的读书心得，很有价值，也应该录存。他率先将"藏之箧笥，盖四十余年矣"的《全上古三代秦汉三国六朝文校评》整理出来，发表在《历史论丛》第一辑。还把太炎先生讲授《尚书》时的笔记写出。他笃于师门，对太炎先生的片言只字，无不珍惜。

从苏州回沪后，山东大学殷孟伦、南京师院徐复、杭州大学蒋礼鸿三位教授先后来到。经过几次座谈，并和上海人民出版社反复磋商，拟出了《关于整理出版〈章太炎全集〉的几点意见》。这份意见也是仲荦先生发凡、审定，用出版社的名义印出的。（汤志钧[1]：《王仲荦和〈章太炎全集〉》，《文史哲》1989年第3期）

2. 同仁交谊与奖掖后进

■ 挚友王仲荦教授于1986年夏遽归道山，余闻讣惊恸，作诗悼之曰：

> 青岛论交意气深，十年惊见海扬尘。
> 著书何止三千牍，立说能传百代新。
> 锦里从游犹可念，峅华修禊更无因。
> 年来耆旧多零落，又向天涯哭故人。

仲荦先生史学精深，所著《魏晋南北朝史》、《隋唐五代史》、《北周六典》、《峅华山馆丛稿》、《西崑酬唱集注》诸书，考订精核，识解闳通，久为海内外士林之所推重。1954年夏，余与先生相识于青岛山东大学，晤谈论学，甚为投契。1956年，聚首

---

〔1〕 汤志钧，著名历史学家，上海社会科学院研究员。

京华,讨论大学文科教学大纲,先生所见与余多针芥之合。1983年秋冬间,先生来成都出席唐史学会年会,曾邀余作济南之游。因循未果,而先生已长辞人世矣。难践范式鸡黍之约,空怀休文梦中之路,衷怀伤痛,其何能已! 所以有"嵯华修禊更无因"之叹也。(缪钺[1]:《王仲荦先生遗诗》序,《文献》1992年第4期)

■ 我是在50年代初期,到青岛山东大学以后才认识王仲荦教授的。一见面,王仲荦教授就给我留下了一个待人热情、诚恳,同时又非常好学深思的学者印象。当时的青岛山东大学,在华岗校长的领导下,有一个优点,就是学习马列主义的气氛很浓厚,同时教授们之间又都能各抒己见,互相积极探索问题,学术空气也是很浓厚的。当时仲荦教授对中国古史的分期问题,已经有他的独特看法,他的看法和我的看法并不相同,但这并不妨碍我们之间的相互学习、相互探讨。那时他住在青岛鱼山路的山大宿舍,我则住在信号山路,承他不弃,常常上山来与我畅谈。我作为一个政治经济学的理论教学研究工作者,是第一次从他那里才认识到应当怎样从政治经济学的角度来考察中国古史分期问题的重要性的。那时候,仲荦教授和我都是《文史哲》的积极撰稿者,我们讨论过的一些问题,或者在讨论中想到的一些问题,事后把它写下来,就成了《文史哲》上的文章。(吴大琨:《回忆〈文史哲〉初期的王仲荦教授》,《文史哲》1986年第5期)

■ 在山大,先生和童书业先生过往甚密。童先生很喜欢吃蛋炒饭,仲荦先生就经常亲自做给童先生吃。"文革"时先生和童先生都遭到批判,在这种艰难的环境中,两个人相互扶持,共同经历了风风雨雨,建立了深厚的友谊。1968年童先生因病逝世,先生悲痛不已。(姬妍、周应奇:《一代史学宗师——王仲荦》,载《我心目中的山东大学》,山东大学出版社,2005年)

■ 仲荦师对同行怀有深厚的情谊,尤其是对那些英年早逝的同系教授怀有无穷的追思和不尽的眷念,于是他把搜集整理亡友的论著,并向出版社推荐出版作为系主任任上的一项重要事业。有一次,我在先生家汇报读书进展情况,先生突然提及山大历史系已故教授卢振华生前曾撰著过一部关于《论语》的著作,但因未整理而无法出版,所以他希望我留意此事,争取日后有机会参与整理,使卢教授的著述得以出版。这事虽然最终不了了之,但仲荦师关心系里已故老师的学术成就总结,并积极予以推动,乃是客观的事实。就是在他的主持之下,并由他本人作序,童书

---

〔1〕 缪钺,著名历史学家,四川大学教授。

业先生的《先秦七子思想研究》、陈同燮先生的《希腊罗马简史》、华山先生的《宋史论丛》等著作才获得顺利出版，告慰了亡友们的在天之灵。（黄朴民：《忆业师王仲荦先生》，《历史学家茶座》2009年第4辑）

■ 读研第一年下学期，领导分配我编写隋朝部分讲义，说所有讲义都得重写，这是对我的培养，怎么写可以请教王先生。在先生的指导下我夜以继日，岂知初稿交上去的第三天早晨，食堂里便贴满了批判我的大字报。联系几天后才召开的动员会上，我才知道这是一场以拔白旗为宗旨的教育革命。我迷茫惶惑，一夜之间竟成了"白旗"，焦虑万分。先生却平静坦然地对我说：你急什么。根本就不是对你的。这是醉翁之意不在酒，指你的名，实际上是批判我。只要你反戈一击，贴大字报揭发我，批判我对你的毒害，你立刻就是"左"派。真的，快回宿舍去写吧。数天后，先生又亲自来到我宿舍，责问我为什么不揭发，不批判。先生只是教我如何读书和思考，我还没有入门，什么都不懂，难以遵命，但其苦心却久久震撼着我。

三年过得很快，我又面临毕业分配了。在先生家里，他对我说：你的论文答辩通过了，有的先生认为你守成有余，创新不足。这是很中肯的，希望你牢牢记住，今后在创新上多下功夫。接着以我从未见到的严肃态度说：有两条你一定要记住。第一不准要求留校工作。第二出去后，不准说是我的学生。当我离开山大前往告别时，先生又严肃地重申了禁令。我怀着被逐出师门的悲伤走上了工作岗位。先生来北京点校《宋书》和《南史》，我经常探望，碰到其他人在场，他也只说我是北京师范学院的教师，来这里聊聊。先生离开北京，我也致书问候，但当山大研究生中造反派一再来通知，叫我揭发读研期间深受的毒害时，这个联系也切断了。"文革"后在京西宾馆召开中国史学会代表会，先生又来到北京，师生重逢，都难以压抑内心的喜悦。先生劈头第一句话是：你没有出什么事吧？！当得知一切都好时，哈哈大笑，并将我引见给在他房中聊天的其他老先生说，这是我的学生。我高兴极了，这无疑是先生自己解除了禁令。当我向郑宜秀先生请安问好后，她将我拉向一旁说：王先生一直很想你，特别是你一个师弟在"文革"中死去以后，经常说不知蒋福亚怎么样了？他常说，过去的学生我一个都没有留，统统赶走了。因为我是猪八戒，他们要留下，一个个都是小猪八戒。他对你们没有其他要求，平安，平安就是他最大的心愿。你看，听到你一切都好时，王先生笑得多开心啊！听着听着，我的双眼不由得湿润了。（蒋福亚：《往事追忆》，载《魏晋南北朝经济史探》，甘肃人民出版社，2004年）

■ 使我永远难以忘怀的是1972年深秋夜晚的一次谈话。那时中华书局与商务印书馆还合在一起，绝大部分同志尚在五七干校，机构很不健全，一到晚上就要职工轮流到传达室值班。一天晚上正遇上我值班，八时许仲荦先生悄悄推门进来，他笑吟吟地说道："早睡也睡不着，我来陪你聊天。"他询问了我的经历、家庭和学习情况，而且问得很细。

我说："在大学学习期间，兴趣在文学，喜欢诗词戏曲，毕业论文是与几个同学校注明传奇《浣纱记》。现在因工作需要点校二十四史，但我对历史不熟悉，今后到底是搞历史还是文学呢？"

他说："还是搞历史好。搞历史比较实在，可搞的面也比文学要宽。"又说："搞历史也可以搞文学，文史不分家嘛！我过去也是搞文学的，在中央大学教的是国文，后来到山东大学才搞历史。"

想不到与仲荦先生的一席谈话，决定了我以后的专业道路。1973年中华书局重新划分编辑室时，我毫不犹豫决定留在古代史编辑室。仲荦先生知道我的决定后，很高兴，在1974年回济南欢度春节之际，写了封热情洋溢的长信，足足有八张稿纸，信中第一句话就说："欢迎您参加魏晋南北朝史的研究。"接着说："魏晋南北朝史比较容易研究的地方是参考书籍比起元、明、清来，究竟少得多，除了北朝碑志以外，总共不到五十部书。"详细开列了50种必读书目，并告诉我研究这段历史的方法。（张忱石：《我所知道的王仲荦先生》，《学林漫录》十三集，中华书局，1991年）

■　我要特别提到一位恩师，他就是山东大学历史系教授王仲荦先生。1980年，大学二年级时，我写出《赤壁之战辨》和《从荆州争夺战看三国前期的外交斗争》两篇论文，斗胆寄给了著名历史学家王仲荦先生。两个月后，我收到了王先生的回信，他在信中写道："二十多年来，未见此文，为之拍案不置。不但分析入理，而且文笔精炼有力，是好文章！……不图暮年，见此英才。"1981年夏季，趁暑假旅游大连、烟台之机，我专程到济南山东大学拜访了倾慕已久的王先生。两个多小时的谈话，在这位章太炎的"小门生"面前，我真正读懂了渺小的含义。在他身上，谆谆教诲、奖掖后辈的殷殷情、拳拳心对我影响至今。记得我临出门时，因为我没有钱买回北京的车票而局促不安，王先生当即慷慨解囊。王先生希望我改行，考他的研究生。可惜我当时热心于当记者，不愿静心做学问。这一点，我有负师望，愧对现已作古的王先生。（尹韵公：《读史·治史·鉴史》，2004年10月9日人民网）

3."生命不息，写作不止"

■　仲荦先生年幼时师太炎先生，旧学底子深厚，读的书也多。二十四史整理后期，较为空闲，他常开书单叫我上图书馆借书，读书速度极快，记忆力也惊人，一百卷的《说郛》，没有多久便看完了，又催我借别的书，我起初怀疑先生仅仅是查点资料。但他说看完了，讲起其中内容情节，简直背述如流，使我不得不骇服。借了一阵子，他却不叫我借了，说："这里的书我全都看了，苦于无书可看。"中华书局图书馆藏书几十万册，远远抵得上一个大学图书馆，先生却感叹无书可读，其学问之渊博，可以想见。（张忱石：《我所知道的王仲荦先生》，《学林漫录》十三集，中华书局，1991年）

■ 王师何以在学术上能取得如此辉煌的成就呢？首先是因为他基础雄厚，知识十分广博。王师原来是学中文的，以后在章太炎的指导下着手研治先秦典籍、职官制度、历史地理等学问，开始跨入史学研究领域。1951年，他由山大中文系转入历史系后，始全力从事史学研究，重点攻魏晋隋唐史。同时他对经济史、古史分期问题、资本主义萌芽问题也产生了浓厚的兴趣，先后写出多篇论文。70年代，他在北京参加点校"二十四史"期间，又对敦煌吐鲁番文书研究发生了兴趣，以后逐渐写作，积累达三四十万字。可见由

王先生除了研究、教学之外，没有任何其他爱好，终日在小小的书房孜孜研读，极少下楼，常常每日能完成三千言。而且，王先生的所有研究都不找人代劳，从翻检史料、摘录卡片，到以繁体竖排誊录文稿，全部都是亲力亲为。最让人景仰的是王先生始终乐在其中，流连忘返。其故交朱季海先生曾寄诗云：

闻道年来懒下楼，书城高筑又埋头。
古城艇子浑忘却，不及卢家有莫愁。

王先生答诗曰：

神仙自是爱楼居，惭愧捧心未著书。
风雪连天冰百丈，木兰双桨正愁予。

于王师知识广博，所以能不断地开拓对新领域的研究，不断地取得新成果。

他常对学生们说，治学要有蚂蚁啃骨头精神，慢慢来，持之以恒，三天打鱼两天晒网，是绝对搞不出成绩的。（郑佩欣：《王仲荦传》，载《山大逸事》，辽海出版社，1999年）

■ 1985年夏，我到青岛度假，途经济南去看望仲荦先生。我们已多年未见，先生很高兴，也很激动。我告诉他《嵯华山馆丛稿》已经发稿了，顺便问问他的研

究情况。他说："刚写完《敦煌石室地志行记综录》。现在出版学术著作,出版社要赔钱,我的书在中华书局出了不少了,不能老叫你们赔钱,所以这本敦煌学的书想交上海古籍出版社了。"接着先生滔滔不绝谈论他宏伟的研究计划,他说《嵇华山馆丛稿》都是发表过的文章,准备再写些论文集结成集;定名为《嵇华山馆丛稿二集》,约三四十万字,全是没有发表过的论文。还拟写一部中国古代物价史的著作,名为《金泥玉屑丛考》,这部稿子的资料,是27岁时就开始收集的,因明清两代物价史料多,需专门论述,故只计划写到元代为止,约80万字,另外还想写一部《古史通考》的稿子。先生感慨地说:"我的余年已不多,古籍整理就不搞了,只想写点文章,要加紧写啊!"《金泥玉屑丛考》是开拓性的项目,先生每天要执笔3 000字,本来今年春节就可以定稿,天不假年,可惜只写到唐代,大约完成10万字。仲荦先生生前说过"生命不息,写作不止",他是在他的书房嵇华山馆里倒下去的,实现了庄严的誓言。(张忱石:《我所知道的王仲荦先生》,《学林漫录》十三集,中华书局,1991年)

■ 先生一生最大的乐趣是读书。我给他作助手后,每个星期日的固定任务就是去城里书店买书。先生年高体弱,不能出远门,经常在报纸刊登的新书预告上勾画一番,要我去把书买回来。先生的兴趣极为广泛,新版古籍、学术专著、名人传记、古典文学、民国轶事、文物考古、书法字画,他都尽量搜集。开始每次给我一些钱,后来索性每月给我一笔钱,花完了再"报账"。每次我买回书来,他都要问:"还有什么好书?"后来我也掌握了他的兴趣所在,看到好书就买回去,给他一个意外的惊喜。跟他几年,经我手买的书总不下千余册吧。后来我到复旦大学读书,先生在去世前一个月给我写的最后一封信,还托我代购新出版的《艺苑掇英》,并嘱咐我"勤学勿怠"。我还没来得及将书寄出,便传来先生去世的消息,真是令人痛心。(刘统:《怀念先师王仲荦教授》,《史学史研究》1996年第2期)

4. 高尚人格

■ 1940年上海沦陷前,他因不甘做亡国奴而辗转到了昆明,被我父亲李根源先生聘任为云贵监察使署的秘书。太平洋战争爆发后,日军从缅甸攻入滇西,战火烧到腾龙,西南边陲告急。我父亲毅然请缨前往保山抗敌,牛兄(王仲荦先生)随同前往滇西前线。当获悉日军已有小部队偷渡怒江,逼近保山,情势危急时刻,牛兄力排众议,建议坚决抵抗,不可后撤。当时驻保山的龙云的侄子龙奎垣部队自乱国门,趁火打劫,抢掠侵扰民众。我父亲目睹此情极为愤慨,嘱牛兄起草弹章,弹劾龙云放纵部属扰民之罪共七条。弹章由宋希濂派专机送往重庆。我读过由牛兄执笔的这篇弹章草稿，写得义正词严，掷地有声，真是一篇绝好文章。（李希泌：《深切缅怀王仲荦教授——在王仲荦教授逝世十周年纪念会上的发言》，《文献》1996年第4期）

■ 1959年，全国高等院校搞起了反右倾"插红旗，拔白旗"的运动，打击的对象是学术界一批德高望重的老先生。山东大学历史系把童书业先生和王先生当作"白专道路"的典型来批判。我在山大历史系资料室的角落，曾找到一本当年出版的大字报选编，从那无知又不讲理的语言中，领教了那场运动的严酷。一些积极投身运动的学生给王先生贴大字报，辱骂先生是"抄书教授"，甚至有一份大字报恶意中伤，说先生写的《曹操》这本人物传记是抄袭某个学生的作品云云。这是对先生人格和学术的莫大侮辱，先生气得大病一场，很长一段时间不进历史系的大门，表示无声的抗议。但是他并没有因此而消沉，用他自己的话说："每每遇到不如意的时候，我总想沉下心来，整理旧著。"60年代初，除了到北京参加二十四史的点校，他都是在寂静的书斋中整理他的几部书稿。然而这些挫折也有"塞翁失马"的味道，先生不再任教，学校似乎也遗忘了他。1966年"文革"风暴，系里的老先生个个在劫难逃。然而学生中大多数不认识王先生，出于好奇一伙人去抄家，只抄走了他们感兴趣的《金瓶梅词话》等小说，便呼啸而去。先生的古籍和专业书均保留完好。后来先生跟我谈起这段往事，还是感觉很庆幸的。如若将书籍扫荡一尽，学问就作不成了。（刘统：《怀念先师王仲荦教授》，《史学史研究》1996年第2期）

■ 1976年是"四人帮"最猖獗的一年，也是他们灭亡之时。尽管二十四史点校工作已基本结束，这年春天仲荦先生又来京小住。凭着丰富的社会阅历，先生已预测到一场群众运动的暴风骤雨即将爆发，他多次对我说："清明节准会发生事情，你到那时瞧吧！"三月底先生突然患病，住进了同仁医院。不久"四五"运动爆发了，"四人帮"控制着舆论，报纸上是看不到这场群众运动的真相的。每当我去医院看望他时，他总喜欢寻根刨底问这问那。先生得的是心脏病，禁忌情绪冲动，我只好支支吾吾用其他事情来搪塞，他却笑笑说："你别瞒我，我早从医生护士的聊天中知道了。"十年后，笔者在济南清检先生遗稿，一笔记本中有先生诗数十首，其中有名为"无题"一首，云："天安门外花如雪，烈士碑成堕泪碑。总理有灵应喜甚，中华个个好男儿。"（按诗后原注云："此诗原有三首，天安门事件发生，遂毁而不作，今存一首。"）即使在病中，他仍然关心着国家的命运。（张忱石：《我所知道的王仲荦先生》，《学林漫录》十三集，中华书局，1991年）

■ 20世纪80年代是思想解放的鲜活时代，史学研究的范式也在这个时代背景下发生转换。当时我们这些年轻学子一度痴迷于用系统论等"老三论"和信息论等"新三论"来探讨历史,对老一辈学者的治学方法多少有些疏离。记得山大历史系曾举行过一次学术方法论座谈会,由老师们向我们这些年轻的博士生、硕士生介绍学习与研究历史的方法。仲荦师也出席了这次座谈会,讲话时仍秉持他治学的基本理念,强调打基础、搞史料的重要性。与会中有一位陈姓的教世界史的老师,他接着仲荦师发言,大意是王先生所讲原则都对,但是在这个变化剧烈、急功近利的社会里,再按传统的路径治学,不免有些远水不解近渴了,其言外之意,是仲荦师所坚持的治学理念有些"迂远而阔于事情"。仲荦师是何等聪慧之人,哪里听不出这番话的弦外之音?然而,他并不以为忤,只是宽厚地一笑,不再说什么。(黄朴民:《忆业师王仲荦先生》,《历史学家茶座》2009年第4辑)

■ 一次开会,领导处理一件事不公平,先生马上就站起来:"给我找车子,我身体不好,要回家了。"先生并不怕因此而得罪领导。因为王先生德高望重,许多领导经常看望他,他也从来不回访,有人贴大字报说他架子大,称他为"祖师爷",他也一笑置之。(姬妍、周应奇:《一代史学宗师——王仲荦》,载《我心目中的山东大学》,山东大学出版社,2005年)

■ 山东大学原学生会主席乔幼梅,在1957年被屈打成"右派",下放县里蒙冤20年。后来落实政策,被调到山东工学院当图书管理员,依然不对口。先生得知后,将他们夫妇二人都调回历史系任教,让他们得以发挥专长。乔幼梅后来历任山大领导职务,被评为博士导师,作出自己应有的贡献。像这样的事,先生作了很多。

先生曾经帮助了一些人,也得罪过一些人。在任系主任时,他对工作是很认真的。每年评定职称,都有人来登门拜访。先生总是一句话:只要学术水平够,不求我我也赞成晋升。但若是不好好研究学问,专门走关

王仲荦先生点校《宋书》时的工作手迹,全部是楷体竖写,一笔一画,工工整整,反映了他严谨的治学态度。

系，我是不会投赞成票的。他还真否决过几个人晋升教授资格。有一次先生的长子王方回对我说："不能让老头子再干这个系主任了，他一点灵活性也没有，这样下去要得罪多少人！"（刘统：《怀念先师王仲荦教授》，《史学史研究》1996年第2期）

■ 先生对山大也很有感情。当年北大三次来邀请王先生去北大任教，先生都拒绝了，毕竟在山大已经待了几十年，有了感情，用先生自己的话来说"山大已经成为我的第二故乡了"。"胡马依北风，越鸟巢南枝"，先生又怎么舍得山大呢！（姬妍、周应奇：《一代史学宗师——王仲荦》，载《我心目中的山东大学》，山东大学出版社，2005年）

■ 我给先生当助手时，经常为他复印手稿。先生的手稿可以称之为艺术品，完全是工整的楷体字，一笔一画，清清楚楚。修改过的地方，可以看到稿纸的剪接，但绝没有涂抹的痕迹。先生说这样是为了让编辑和排字师傅看得清楚，实际上这也反映了他的严谨作风。先生的认真有时甚至到了"固执"的地步，他一生的作品都是用繁体字写成的，从不用简化字。有人曾劝过他：用繁体字，只有少数几家出版社具备这种出版条件，限制了出书的渠道。另外写繁体字比简化字要付出双倍的劳动，工作量无疑要加大许多。先生认为：搞古代史的学问必须尊重历史，它原来是什么样子就是什么样子。有许多古代专用字词，是简化字不能取代的。如皇后的"后"和后来的"後"，在简化字中是一个"后"字，但在古文中这两个字是不可通用的。所以不管别人怎么说，他只是坚持用繁体字写下去，终生不改。（刘统：《怀念先师王仲荦教授》，《史学史研究》1996年第2期）

国际历史科学大会与百年中国

——1940—1980年代

《中国历史评论》编辑部

　　■ 20世纪40年代，由于第二次世界大战的惨烈影响，国际历史科学委员会一度停止活动，中国与国际历史科学委员会的联系中断。但中国史学界仍然关注国际史学大会的动态。1940年3月，《史学季刊》第1卷第1期转译了《美国历史评论》杂志对苏黎世第8届国际历史科学大会的报道。1942年6月，中山大学历史系主任朱谦之在《现代史学》第5卷第1期卷首语中说："一九三八年第八届国际史学会会议，从所提出各种论文报告之中，已经很明白地告诉我们：现代史学研究的趋势，在努力使研究工作与现代问题及兴趣发生密切之联系，即在较远古之时代研

上世纪40年代的历史学家朱谦之（1899—1972）。

　　朱谦之17岁时以福建省"状元"的高分考取北京高等师范学校，后又进入北京大学哲学系。斯诺在《西行漫记》中记述毛泽东回忆在北京大学当图书馆助理员时曾说："我常常和一个北大学生，名叫朱谦之的，讨论无政府主义和它在中国的可能性。""劳工神圣"的口号就是朱谦之最早提出的。

　　1929年，朱谦之获中央研究院资助赴日本进修两年。1931年归国后任上海国立暨南大学教授，主编广受好评的"历史哲学"丛书。

　　1932年应邀到中山大学任教，历任历史系主任等，著名的《现代史学》杂志也是他在这一时期创办的。1952年回到北大哲学系任中国哲学史教授，1964年调任中国科学院世界宗教所研究员。

上世纪40年代的历史学家朱希祖（1879—1944）。

　　朱希祖，浙江海盐人，1905年考取官费保送至日本早稻田大学史学科。1918年任北京大学教授、中文系主任，后兼历史系主任。1932年任中山大学教授，与朱谦之并称"史界二朱"。1934年后任南京中央大学、重庆中央大学历史系主任。

　　朱希祖的辈分、资望甚高，是中国最早关注国际历史科学大会的史学名家，也是最早倡议组建中国史学会的学者之一，其倡议的起因，就是来自第6届国际历史科学大会的"具体刺激"："……我们再不进行，实在要给外人笑我们太没出息了！"

　　朱希祖在北大历史系，曾聘用李大钊讲授马克思的唯物史观、何炳松讲授美国鲁滨孙的《新史学》，主张"我国史学界总应该虚怀善纳，无论哪一国的史学学说，都应当介绍进来"。

究上亦然。"

■ 1943年3月,全国性的中国史学会终于在重庆成立。早在1929年,北大历史系主任朱希祖的《发起中国史学会的动机和希望》,就是受1928年奥斯陆第6届国际历史科学大会的"具体刺激"而写成的(桑兵:《二十世纪前半期的中国史学会》,《历史研究》2004年第5期);1937年,傅斯年、顾颉刚、罗家伦、何炳松等再度议筹中国史学会,更是与国际史学会田波烈会长来访和中国参加第8届国际历史科学大会有着直接的因果。因而1943年中国史学会在重庆成立,明显可以看到前两次议筹的影响,在大会选举的21名理事中,有5人与国际历史科学大会有关联,分别是:顾颉刚、傅斯年、朱希祖、胡适、陈训慈;在选出的9位候补理事中,与国际历史科学大会关联密切的有向达1人;在选出的9位常务理事中,与国际历史科学大会关联密切的有3人:顾颉刚、傅斯年、陈训慈。但由于此时国际历史科学委员会已停止活动,中国史学会自然无法与之延续蔡元培、王世杰、傅斯年、顾颉刚、胡适等人战前已努力建立起来的正式联系。

■ 1949年中华人民共和国成立。1951年7月,新的中国史学会成立大会在北京召开,郭沫若任主席,吴玉章、范文澜任副主席。与此同时,国际历史科学委员会也于1948年重建,分别于1950年在巴黎、1955年在罗马,举行了第9届、第10届大会。

新中国对国际历史科学大会给予极大关注。1955年,《新华社新闻稿》第1905期、1927期、1930期和1931期分别对第10届国际史学大会即将在罗马召开的消息,以及大会的开幕式、闭幕式、专题讨论、小组讨论等过程进行了较大篇幅的报道,并重点介绍了以苏联为首的东欧社会主义国家的参会情况。在上世纪50年代中苏友好的大背景下,中国对史学大会的关注与聚焦,与民国时期已有明显不同。

■ 1956—1957年,中国学者何兆武、薛炼柔、克凡等连续在《史学译丛》上翻译了苏联学者的《历史学家的国际组织》、《国外学者论加强国际科学联系的前景》、《国外通史书目概况》、《第11届国际历史学家代表大会的科学报告》等文章,从不同方面介绍国际历史科学委员会和国际历史科学大会。其中,何兆武的《第11届国际历史学家代表大会的科学报告》对大会的学术报告进行了系统梳理(《史学译丛》1957年第6期);《国外通史书目》则对国际历史科学委员会编写的《国际历史科学总目录》进行了认真评论,批评其"收录标准既不明确,又不能令人信服"(《史学译丛》1957年第3期)。1956年苏联历史学家弗·尼·尼基甫洛夫为

张芝联(1918—2008),1935年考入燕京大学西语系,后任教于燕京大学历史系。1952年后,长期任教于北京大学历史系,曾任全国政协外事委员会委员、中国法国史研究会会长。是新中国法国史研究的开创者之一。

1980年后,他作为中国史学家代表团成员出席了第15届和第20届国际历史科学大会。美国罗文大学历史系主任王晴佳说:"史学界'奥林匹克'的国际历史科学大会,以英语、法语为正式语言。张(芝联)先生参加会议十分认真,每天按时到场,积极提问。他一会讲英语,一会讲法语,幽默风趣,隽永睿智,令许多与会者倾倒,由此而领略了中国史学家的风范。"(《张芝联先生与中外史学交流》,《史学理论研究》2008年第4期)

张芝联是新中国成立后较早关注并专文介绍国际历史科学大会的历史学家,又是改革开放30年来"对外往来最频繁"的历史学家,年鉴学派和布罗代尔等,都是他"请进来的"。北京大学历史系主任高毅说:张芝联"甚至还有一种力图推动人类史学事业进步的世界公民情怀"。

上图为上世纪90年代的张芝联教授。

何兆武,1943年毕业于西南联大历史系。历任西安师范学院历史系讲师,中国科学院(中国社会科学学院)历史研究所助理研究员、研究员等职;现为清华大学思想文化研究所教授。

何兆武长期致力于西方史学理论的译介,在融会中西史学理论、创新历史哲学方面有着公认的学术建树,正如史学家李洪岩所说:"如果想了解当下中国学者对历史哲学的最高研究状态,就不能不读何兆武;如果想通过中国学者的目光去审视西方的史学思想、史学思潮、史学流派,然后反转身来,再去审视当下的中国史学,同样不能不去读何兆武。"(李洪岩:《历史需要怎样的"理性"》,《中华读书报》2006年2月25日)

左图为何兆武教授近照。

中国的有关高校做了《最近几年历史学科的新成就》的报告,其中重点介绍了1955年在罗马召开的第10届大会(《历史研究》1956年7期)。

■ 1956年4月,中国文化代表团访问意大利、法国、瑞士等国。当年6月,中国驻法大使馆举行招待会,据代表团成员何家槐(时任教于中央党校,后为暨南大学中文系主任)记载:"有一位著名的(法国)历史学家,再三委托我把他的友谊转达给中国历史学家,希望中法两国的历史学家能够加强联系,经常接触,并且希望中国有人参加国际历史科学委员会,据说他自己就是这个委员会的顾问。"(何家槐:《旅欧随笔》,中国青年出版社,1957年)法国是最早与中国建交的西方大国,近60年来,法国历史学家始终是中国加入国际历史科学委员会最真诚的推动者。

■ 1957年,北京大学历史系张芝联在当年《历史研究》第6期撰文介绍国际历史科学委员会,向史学界介绍了国际历史科学委员会以及1900—1955年召开的第1届至第10届大会的情况,该文关注的重点虽然仍在苏东社会主义诸国,但却明确指出了如下意义:"苏联和东欧人民民主国家的历史学家参加了1955年9月在罗马举行的第10届国际历史科学大会,这是第二次世界大战后东西方历史学家的第一次公开会晤。"

■ 1961年第10期《国外社会科学文摘》发表丁义忠《第11届国际历史学家代表大会》一文,介绍了1960年在斯德哥尔摩召开的第11届国际史学大会各小组讨论的情况和论文主题。该文主要摘编于《美国历史评论》1961年1月号、匈牙利《历史科学》1960年3—4期,以及日本的《历史科学》等,反映了中国史学界关注视角的拓展。

■ 1962年7月张书生等翻译苏联史学家康恩《穷途末路的资产阶级历史哲学》(生活、读书、新知三联书店,1962年7月),对第10届、11届、12届、13届国际历史科学大会中资产阶级的史学方法进行了抨击,这也意味着中国史学界对国际历史科学大会的认知发生了某些微妙的变化。这与中国这一时期日益封闭、日益紧张的政治环境正相吻合。此后,随着中苏关系的彻底破裂,以及中国"文化大革命"的发生,中国大陆史学界除了极个别的报道外(如陆国俊译自《美国历史评论》1963年10月号的《国际历史科学委员会执行局举行会议讨论第12届代表大会议程》),对国际历史科学大会的关注,基本趋于消失。

■ 1978年,中国社会科学院研究员陆象淦在《国外社会科学》第4期发表《国际史学家代表大会和国际历史科学委员会》一文,较详细地介绍了前14届国际历史科学大会的情况,指出1970年莫斯科第13届国际历史科学大会规模最大,达4000人(联合国公共行政全球网络亚太中心总编辑王建华在《历史学的奥林匹克》中认为准确的数字是3 300人,见《国外社会科学前沿》第9辑,上海人民出版社,2005年),包括47个国家的代表。

■ 1979年3月,国际史学会主席、联邦德国著名的历史学家埃德曼(Erdmann)教授致信中国社会科学院,邀请中国历史学家参加将于1980年8月在罗马尼亚首都布加勒斯特举行的第15届国际史学大会。他说,中国有悠久的历史和崇高的国际地位,如果中国史学会参加国际史学会,一定会受到普遍的欢迎。(Erdmann: *Toward a Global Community of Historians: The International Historical Congresses and the International Committee of Historical Sciences 1898–2000*, New York and Oxford：Berghahn Books, 2005）

齐奥塞斯库（1918—1989），长期任罗马尼亚共产党总书记、政府首脑和共和国总统，是罗马尼亚社会主义国家体制的缔造者。齐奥塞斯库执政期间，一直与中国保持着十分亲密的国家和私人关系，是中国人民的老朋友。在中国加入联合国、加入国际奥委会和国际历史科学大会等几件国际大事上，齐奥塞斯库都发挥了重要作用。尤其是上世纪80年代，罗马尼亚在国际奥委会和国际历史科学委员会执行局中有较大的话语权，对中国加入这两个国际组织产生了直接的推动作用。据中国体育界元老何振梁回忆，中国加入国际奥委会时，因"两个中国"的问题迟迟不能解决，因而整个进程一度"停摆"。后根据齐奥塞斯库的指示和安排，罗马尼亚特使亲赴北京，提出"中国台北"这样一个为海峡两岸都能接受的概念，中国加入国际奥委会的工作方得顺利进行。加入国际奥委会和国际史学会，是上世纪80年代中国走向国际的两个标志性事件，据说为这两项工作，齐奥塞斯库给当时中国最高领导人都打过电话。

■ 同年，罗马尼亚第15届国际史学大会组织委员会主席普楚里也先后向陆续到访的中共中央编译局局长王惠德和中国社会科学院近代史研究所副所长、《历史研究》杂志主编黎澍发出了同样的邀请。据黎澍转达罗马尼亚方面的意见是："国际史学大会每100年才能在一个国家轮到一次，罗马尼亚十分重视，齐奥塞斯库总统将任大会名誉主席。中国历史非常丰富，应该在大会上得到反映，非常希望中国积极参加。"（张椿年：《中外史学的交汇》，《中国史学会五十年》，海燕出版社，2004年，第639页）

■ 1979年，正是中国改革开放政策实施初期，来自德国和罗马尼亚方面的邀请受到极大重视。另外，由于中罗之间的特殊友谊，因而来自罗马尼亚的邀请，受到中央书记处书记胡乔木，甚至更高层领导人的重视。此后，中国参加第15届大会的相关工作也都是"根据胡乔木同志的指示"进行的。（张椿年：《我与史学》，《史学史研究》2002年第4期）

■ 1979年冬，中央书记处书记、中国社会科学院长胡乔木应邀赴罗马尼亚访问，齐奥塞斯库总统"在会见胡乔木时提出，1980年将要在布加勒斯特召开第十五届国际历史科学大会，这是第一次在东欧社会主义国家举行这样的会议，希望中国给予支持，派历史学家代表团出席"。此次访问，为中国参加第15届国际历史科学大会"起到了一锤定音的作用"。（张椿年：《乘风破浪，走向国际——记中国史学会加入国际历史科学委员会和争办国际历史科学大会的经过》，载《我在现场》，社会科学文献出版社，2009年；王玉璞：《刘大年与中国史学会》，载《中国史学会五十年》，海燕出版社，2004年，第619页）

■ 1980年4月，中国史学界第二次代表大会在北京京西宾馆举行，胡乔木出席会议并发表长篇讲话。根据胡乔木的建议，在这次会议上通过了派遣以考古研究所所长夏鼐和世界历史研究所所长刘思慕为正、副团长的中国历史学家代表团参加第15届国际史学大会的决定。参会的各项筹备工作由组建不久的中国社会科学院具体负责。

胡乔木是1977年5月受命组建中国社会科学院并担任第一任院长的，对改革开放30年来中国社会科学的发展产生了深刻的影响。国家图书馆原馆长任继愈先生在回忆胡乔木推动中国社会科学研究时说："作为有深刻造诣的理论家却要具备高度综合、概括的本领，能贯通多种学科、沟通学科之间的关系的理论家实在不多，应当说为数很少。乔木同志就是我国很少数的有通才卓识的一位。"

担任中国社会科学院院长期间，胡乔木为新时期中国历史学的发展做出了三项具有深远意义的贡献。

一是主持并参与了中共党史领域和国史领域的拨乱反正工作，中国史学会副会长李捷说："胡乔木同志不仅是我们党内不可多得的理论大家、思想家，为我们党的思想理论建设立下了汗马功劳，还是学问大

图为上世纪50年代胡乔木协助毛主席处理文件。

胡乔木（1912—1992），本名胡鼎新，"乔木"是笔名。1930年考入清华大学物理系，后转入历史系学习。1937年到达延安后，任中共中央青委委员、中国青年联合会办事处宣传部部长。1941年2月起任毛泽东的秘书、中共中央政治局秘书。1949年担任新华社社长、《人民日报》社长等，1977年后担任中国社会科学院首任院长、中央书记处书记、中央党史工作领导小组副组长、中央文献研究室主任、中国社会科学院名誉院长。

1941年，毛泽东看了胡乔木在《中国青年》上发表的有关"五四"运动的文章后，称赞不已，点名要他去当秘书。

从1941年开始，直到毛泽东逝世，长达35年中有20年胡乔木与毛泽东可谓是形影不离。胡乔木十分佩服主席的雄才大略，而主席也极赏识他的学养和才干。

胡乔木敢说真话、敢于和主席争论，是中共党内皆知的。他们之间经常为一个问题争得面红耳赤，有一次闹得主席很不高兴，愤然地说："到底你是主席，还是我是主席？"又说："我身边有个胡乔木，最能顶人，有时把你顶到墙上，顶得要死。"有些人说胡乔木在毛泽东面前言听计从、唯唯诺诺，这其实不是胡乔木的性格。胡乔木是个喜欢独立思考的人，但组织观念又特别强，因此他一方面敢于向毛泽东、邓小平等中央领导提出不同意见，甚至与他们争论，但最后他都会按组织原则去办事。（孙晓平：《中共中央第一支笔：胡乔木在毛泽东、邓小平身边的日子》，中国青年出版社，2011年）

任中国社会科学院院长（1979—1985）时的胡乔木。

邓小平说："乔木是我们党内的第一支笔杆。"十一届三中全会前夕，胡乔木尚未完全恢复政治身份，根据邓小平指示，紧急将胡乔木增补为中央委员，使他可以以中央委员的身份参会并负责起草全会决议。

朱镕基说："乔木的道德文章确实是我们学习的楷模，你所知道的东西他都知道，而他知道的东西，你看不到边。"

钱钟书、季羡林、任继愈、吕叔湘共同的说法是："乔木同志是所有正直的知识分子的朋友。"

胡乔木晚年虽然是中央书记处书记，但他本人最钟爱的职务却是中国社会科学院院长，而他一生中钟爱不渝的学科则是"历史学"。庆祝中国共产党建党30周年时，胡乔木为刘少奇起草了题为《中国共产党的三十年》的报告，毛泽东审阅后几乎一字未改，决定以胡乔木个人名义在《人民日报》全文发表，人们才知道毛泽东的秘书胡乔木还是一位史学大家。胡乔木晚年还曾兼任国务院学位委员会主任委员，他填写的学术领域职务是"党史学者"。胡乔木治史崇尚客观、沉潜，他的名言是"愤怒出诗人，但不出历史学家"。

家，为党的文献事业、党史研究工作、国史研究工作的开创者和领导者。他高度重视创建国史馆的工作，并对党的文献编辑与研究、中共党史研究、国史研究提出了许多富有真知灼见的思想观点。"国史研究所所长朱佳木称："胡乔木是国史编研事业的开拓者和奠基人。"（《国史学界举办纪念胡乔木同志诞辰100周年座谈会》，《光明日报》2012年6月13日）

二是恢复了中断十余年的中国史学会。1980年4月8日至12日，中国史学会第二届代表大会在北京召开，胡乔木在开幕式上就历史研究的若干问题发表了长篇重要讲话。他在讲话的最后说："我在社会科学院举行的几次会议上曾经提出过一个口号，就是我们的社会科学院应当成为党和政府的忠实的得力的助手。所谓做助手，不是意味着做应声虫。如果要做应声虫，那就不需要科学，不需要社会科学院这样的机构，也不需要社会科学家的存在了。……历史学家是历史的研究者，同时也应当是历史的促进者。我想，我们应当这样来看待科学和政治的关系。这样做，我们既不会对不起我们所从事的历史研究工作，也不会对不起我们所献身的社会主义政治。我们可以问心无愧地说，我们完成了历史所赋予的光荣使命。"（《胡乔木文集》第3卷，人民出版社，2012年）

三是推动中国史学会加入国际史学会，并直接部署安排中国参加布加勒斯特的第15届国际历史科学大会相关事宜。改革开放之初，胡乔木同志就提出，中国历史悠久，历史学科在国际文化交流方面有着明显的优势，因而应该在对外开放方面发挥先导和示范作用。他在这方面倾注了大量心血。在布加勒斯特大会之前，他亲访罗马尼亚，回国后即安排部署中国参会的工作。

在以上三项中，中国史学会的恢复和参加国际历史科学大会又是紧密联系在一起的两件大事。1979年访问罗马尼亚回国后，胡乔木就报告中共中央和国务院，确定了中国史学家参会的方针。"乔木同志的意见，以中国史学会的名义组团出席为好，但中国史学会已经停止活动多年，应尽快重建。乔木同志委托梅益同志、大年同志负责重建中国史学会的工作。"（王玉璞：《刘大年与中国史学会》，载《中国史学会五十年》，海燕出版社，2004年，第619页）

■ 1980年5月，国际史学会主席埃德曼偕夫人来华访问，夏鼐、刘思慕、张椿年等代表中国史学会与他进行了多次会谈。埃德曼教授对中国史学会将派代表团出席国际历史科学大会给予高度的赞扬，他说，如果中国不是国际史学会的成员，国际史学会就失去了"国际"的意义。（Erdmann：*Toward a Global Community of Historians: The International Historical Congresses and the International Committee of Historical Sciences 1898–2000*, New York and Oxford：Berghahn Books, 2005）

夏鼐（1910—1985），1934年毕业于清华大学历史系。1935年至1939年留学英国攻读考古学，后在开罗博物馆工作。1941年回国，任中央博物院筹备处专门委员、中央研究院历史语言研究所研究员等职。1949年后历任中国科学院考古研究所副所长、所长，中国社会科学院副院长兼考古研究所名誉所长。1980年作为团长率中国历史学家代表团出席布加勒斯特第15届国际历史科学大会。

■ 1980年8月10日至17日，以夏鼐为团长、刘思慕为副团长、张椿年为秘书长的中国代表团作为观察员出席了罗马尼亚布加勒斯特第15届国际历史科学大会，代表团成员共13人，其中来自社会科学院各研究所的7人、大学3人、军事科学院3人。

第15届国际历史科学大会中国历史学家代表团名单：

团　长：夏　鼐　副团长：刘思慕　秘书长：张椿年　译　员：李家骅

团　员：瞿同祖、孙毓棠、吴于廑、林志纯、张芝联、丁伟志、李际均、傅吉庆、吴春秋、陆象淦

第15届大会的参会国家达67个，参会代表为2 600人。在大会的开幕式上，罗马尼亚总统齐奥塞斯库向大会致了贺词。当大会主席宣布中国代表到会时，"全场与会者起立鼓掌，整个会场响起了'中国！中国！'的欢呼声，情景十分感人"。（《中国史学会五十年》，海燕出版社，2004年，第528页）

中国代表团向大会提交了8篇论文。其中在大会上宣读的有：夏鼐的《中世纪中国和拜占庭的关系》、刘思慕的《中国抗日战争的宣传工作》、张芝联的《改良还是革命：晚清中国思想界对法国大革命的反应》。

张椿年，1959年毕业于苏联列宁格勒大学历史系，历任中国社会科学院世界历史研究所研究员、副所长、所长，中国史学会副会长兼秘书长。1980年、1985年、1990年、1995年、2000年连续五届任中国出席国际历史科学大会代表团秘书长。

他在回忆1980年中国参会时说：因为中国史学会还不是国际史学会的成员，所以中国历史学家代表团以观察员的身份出席大会。1980年的国际形势是，冷战仍在进行，中苏还处于对立状态。此外，我们对大会将如何召开也不很了解，所以时任中国社会科学院副院长的宦乡经常和夏鼐、刘思慕一起研究活动方案，中国社会科学院外事局把中国历史学家代表团出席国际史学大会当作头等重要的外事活动，倾全力协助代表团做好准备工作。

■　1982年9月15日至20日，国际历史科学委员会在巴黎举行执行局会议，40个国家的史学会代表和25个分支机构的代表出席，会议正式接纳中华人民共和国、尼日利亚、肯尼亚等国家的史学家组织为国际史学会新成员。（Erdmann：*Toward a Global Community of Historians: The International Historical Congresses and the International Committee of Historical Sciences 1898–2000*, New York and Oxford：Berghahn Books, 2005）

■　1984年7月6日至13日，应中国史学会的邀请，国际历史科学委员会秘书长阿维勒夫人访问了北京。中国社科院院长马洪及历史学家胡绳、夏鼐、刘大年和法国驻中国大使马乐参加了会见。《人民日报》配发大幅图片报道了这次会见（《人民日报》1984年7月7日）。随后，以中国史学会执行主席刘大年为首的中国历史学家同阿维勒夫人进行了工作会谈。会谈的重要议题就是中国正式参加第16届国际历史科学大会。"参加会谈的中方史学家有刘大年、季羡林、戴逸、林甘泉、李侃、余绳武、齐世荣、庞朴、张广达、张椿年等"。"中国史学家认为，国际史学会秘书长访华圆满成功，将大大促进中国史学会和历史学家同国际史学会的联系，十分有助于中国代表团在十六届大会上顺利地进行工作。"（《国际历史科学委员会秘书长阿维勒夫人访华纪要》，《中国史学会五十年》，海燕出版社，2004年，第534页）

■　作为出席第16届大会的主体筹备工作，代表团对提交16届大会的论文进行了"为期一周的严肃认真的讨论"，涉及的论文有《论历史研究的对象》（刘大年）、《商人与佛教》（季羡林）、《论秦汉封建国家的农业政策》（林甘泉）、《中国阿维勒夫人（Helene Ahrweiler），法国历史学家，"在法国史学界享有崇高地位"。1982年被法国总统密特朗任命为巴黎科学院院长和巴黎第一大学校长，1980年至1985年任国际历史学会秘书长。

关于1984年7月的这次"会谈"，张椿年回忆说：我和中国社会科学院外事局卢晓衡与阿维勒夫人就"纪要"，从内容到措辞进行了认真的斟酌。至今我还记得她戴着老花眼镜仔细推敲"纪要"的样子。"纪要"的主要内容有以下几点：在大会的开幕式上宣读中国史学会加入国际史学会的决议；刘大年以中国史学会执行主席的身份致祝词；阿维勒夫人将努力安排中国学者在有关的专题讨论会上宣读本人的论文摘要。"纪要"的内容在后来的大会进程中一一得以实现，反映了国际史学会对中国的重视，这也表现了阿维勒夫人对中国史学会的深厚情谊。因为会谈时，第16届国际史学大会的议程已经议定并经国际史学会理事会通过，为使"纪要"得到落实，阿维勒夫人必须对大会的议程做出适当的调整。

历史上的犹太教和犹太人》(高望之)、《古代欧亚的内陆交通》(张广达)、《作为军事防御线和文化会聚线的中国古代长城》(金应熙)、《论中国抗日战争在第二次世界大战中的地位和作用》(齐世荣)、《关于中国抗日游击战争》(华庆昭)等。季羡林是老一辈史学大家，其余史学家如刘大年、林甘泉、齐世荣等，当时多为中壮年学者，不但学术功底厚实，而且政治责任心和分寸感极强。如林甘泉提交的论文为《论秦汉封建国家的农业政策》，其副标题是"关于政治权力与经济发展关系的考察"，在文章开头一段即强调："政治权力与经济发展的关系是历史学中一个经常引人深思的课题。唯物史观的重大贡献就在于，它在承认经济、政治、思想诸因素交互作用的同时，指出政治和思想的发展都以经济发展为基础。"(《第十六届国际历史科学大会中国学者论文集》，中华书局，1985年7月，第208页)这本论文集的序言是由刘大年执笔完成的，是学界公认的政治与学术完美结合的典范之作。

林甘泉，中国社科院学部委员，历史所研究员。1949年肄业于厦门大学历史系，参与郭沫若《中国史稿》的编撰工作。1956年在《人民日报》发表《关于中国历史上奴隶和封建制分期问题的讨论》，随即被译为英文、日文，产生了广泛的国际影响。曾任中国社科院历史所所长。1985年、1990年出席第16、17届国际历史科学大会。

■ 1985年8月25日至9月1日，以刘大年为团长、季羡林和莫阳为顾问、张椿年为秘书长的中国代表团一行20人出席了联邦德国斯图加特第16届国际历史科学大会，其中，山东大学历史系刘明翰教授以山东省史学会和山东大学代表

以下为论文集"序言"中的一些片段,其思想的深度与表述的智慧具有穿越时空的独特魅力:

1985年恰逢第二次世界大战——世界反法西斯战争胜利四十周年。因此,"反对纳粹主义、法西斯主义和日本军国主义"是这次大会最重要的一个课题。历史学者们对于这个课题给予高度的重视,其理由是显而易见的。

......

现在人们通常把1939年9月1日希特勒侵入波兰,看作第二次世界大战开始的日子。从欧洲来看,那里从此爆发了全面战争。这合乎事实。但是那也不足以准确表明第二次世界大战开始的日子,因为它不但排除了在那以前中国、埃塞俄比亚和西班牙人民的巨大斗争,也没有把苏联、美国这两个大国包括进去。谁都知道,苏联、美国参战,都是在那以后几年的事。中国从1937年7月7日卢沟桥事变起,展开了连续八年的全民族的抗日战争。惊天动地,伟业空前。没有中国的抗战,就没有世界反法西斯战争在亚洲、东方的胜利。战争期间,反法西斯阵营有过"先欧后亚"论或"先亚后欧"论的讨论。不论哪一种主张,都没有认为亚洲、中国的斗争可以忽视。所以,研究世界反法西斯战争,不充分估计到中国的地位,是不可取的。

......

抗日战争是中华民族长期反侵略、反压迫斗争的力量和意志的总汇。它的胜利是全民族爱国力量共同斗争、共同努力取得的。这些爱国力量包括台湾海峡两岸的中国人和一切关怀祖国命运的炎黄子孙。研究抗日战争的历史,就是研究他们共同斗争的历史。他们有共同的过去,也应当有共同的未来。抗日战争不止在中国历史上有极大的重要性,在日本历史上也有极大的重要性,就像以前日本报纸上说过的:"历史是伟大的教师。"中日两个国家、两国人民都可以而且完全应该从中日战争的历史学到非常重要的东西,世世代代在睦邻友好的道路上走下去。这是中日两个国家、两国人民的根本利益所在。

刘大年(1915—1999),1936年肄业于长沙湖南国学专修学校。1938年赴陕北进中国人民抗日军政大学学习,新中国成立后任中国科学院党组成员、编译局副局长、近代史研究所副所长,长期协助范文澜主持近代史研究所工作。1978年后任中国社会科学院近代史研究所所长。1980年兼任中国史学会执行主席。

1985年刘大年率团出席第16届国际历史科学大会,与他一起参会的李侃(中华书局总编辑)回忆说:"刘大年是党内一位马列主义理论水平很高、颇有见地的历史学家。这次随他出访才知,大年不仅理论水平高,对中国古代文化特别是经学、史学都有很好的修养。记得当年负责二十四史的赵守俨曾对我说过,在参加整理二十四史的专家中,刘大年的水平很高。当时我还将信将疑,此时才深信不疑。"(李侃:《中国史学会琐忆》,载《中国史学会五十年》,海燕出版社,2004年,第635页)

的身份参加。

第16届国际历史科学大会中国历史学家代表团名单:

团 长:刘大年 顾 问:季羡林、莫阳 秘书长:张椿年 译 员:曹大鹏(兼副秘书长)

团 员:李侃、林甘泉、余绳武、丁伟志、金应熙、齐世荣、刘明翰、蔡祖铭、鲍世修、张广达、高望之、陈之骅、华庆昭、潘人杰、黄其煦

第16届大会的参会的国家53个,参会代表3 000余人(据《南德意志报》1985

年9月4日报道。中国代表团关于此次会议的总结报告则谓61个国家2 200人）。联邦德国总统魏茨泽克出席开幕式并致辞，突出强调了"德国统一"和"全德意志精神"（齐赫文斯基：《第16届国际历史科学大会》，《历史问题》1986年第1期，参见陈之骅《苏联学者谈第十六届国际历史科学大会》，《世界史研究动态》1986年第8期）

中国向大会赠送了《第十六届国际历史科学大会中国学者论文集》，季羡林等人在大会上宣读了论文摘要。

季羡林的《商人与佛教》，通过论证古代印度商人与佛教的关系，阐明了佛教的经济基础和背景。齐世荣的《论中国抗日战争在第二次世界大战中的地位和作用》，充分论述了中国抗战对"二战"胜利的重大贡献。华庆昭的《关于中国抗日

季羡林（1911—2009），中国科学院哲学社会科学部委员、北京大学副校长、中国社会科学院南亚研究所所长，新中国的第一批历史学一级教授，也是北京大学唯一的终身教授。早年留学国外，精通英、德、梵、巴利文，尤其精于吐火罗文，是世界上仅有的精于此语言的几位学者之一。

1985年作为中国代表团顾问出席斯图加特第16届国际历史科学大会。

季羡林曾在德国留学10年，故此次参会，受到德国方面特别关注，德国电视台对他进行了专访，并与团长刘大年一起应邀出席德国总统的招待会。在德国总统的招待会上，季老本来兼有为刘大年翻译的"任务"，但因碰到的"需要寒暄的德国熟人太多"，苏联的史学泰斗齐赫文斯基遂主动担任了刘大年与德国总统对话时的"临时翻译"。（张椿年：《乘风破浪，走向国际——记中国史学会加入国际历史科学委员会和争办国际历史科学大会的经过》，载《我在现场》，社会科学文献出版社，2009年）

出席第16届大会的中国代表团"为了给国家节省外汇，住在一个乡村小客栈中，进城开会乘公共汽车；刘大年因旅途劳顿，到了国外就生病，自己掏钱买药吃，以致囊空如洗，回国途中想买支圆珠笔也感到拮据。但他们还是特别参访了马克思故居。"（右图）右起刘大年、季羡林、张椿年、丁伟志、潘人杰。

39

游击战争》考察了中国抗日游击战争的地位及根据地的建设和作用。高望之的论
文《中国历史上的犹太教和犹太人》由课题主持人介绍了要点。余绳武、金应熙、
张广达、陈之骅分别在有关的课题讨论中阐述了自己论文的要点或作了专题发言。

■　出席第16届大会的中国学者，除大陆史学家组成的中国史学会代表团是
以"国家会员"的身份参会外，中国台湾也有两名学者是以个人身份参会的。在会
议名单上，两名台湾学者曾冠以"中华民国"的字样，经刘大年、张椿年等交涉后，
大会依据"一个中国的原则"，对此做了妥善处理。

■　在16届大会的开幕式和闭幕式上，刘大年都应邀代表中国史学家致辞，这
是以往少见的"破格"安排，显示了国际历史科学大会对中国的重视。刘大年在闭
幕式的致辞中说：

"中国历史学者作为国际历史科学委员会的成员出席大会，这还是第一次，对
于今后国际历史科学委员会的工作，我们将努力做出自己的贡献。如各位所知，中
国历史学以传统悠久著称，近半个世纪以来更有崭新的发展。人们对历史的认识
和历史本身一样，在不断前进，我们深知必须广泛寻求知识，来推进自己的工作。
我们国家奉行独立自主、对外开放的政策，我国历史学研究者永远珍视与各国同行
们的友好情谊，并且寻求不断增进这种友好情谊。本届大会的举行，正值世界人民

出席第16届大会的中国史学家代表团合影。

庆祝反法西斯战争胜利四十周年,为争取世界和平而斗争之际,会上宣读了不少关于这个主题的极有价值的论文。世界需要和平,中国需要和平。把我们参加国际历史科学委员会活动的目的与希望用一句简短的话来表达,那就是:知识、友谊与和平。"

这一致辞,坦诚而又深刻地表达中国史学家的价值理念,展示了中国马克思主义史学家的国际形象,受到各国史学家的欢迎与好评,"获得了全场最热烈的掌声"。(张椿年:《中外史学的交汇——记中国历史学家代表团参加国际历史科学大会的历程》)

■ 依据国际历史科学大会惯例,第15届、16届大会召开的同时,国际军事史大会也同时在罗马尼亚和德国举行。1980年李际均、傅吉庆、吴春秋等军事科学院的军史专家作为中国史学家代表团成员出席了第15届大会;1985年,莫阳、潘人杰、黄其煦三位军史专家作为中国史学家代表团成员出席了第16届大会。他们先期到达德国,出席第10届国际军事史学术讨论会,在16届国际历史科学大会开始后,即与代表团一起活动。"他们接触了大批外国军史学家,进行了广泛的交往和学术交流。"(《参加第16届国际历史科学大会中国学者代表团工作总结》,载《中国史学会五十年》,海燕出版社,2004年)

■ 第15、16届大会"标志着中国史学界结束了与国际史学界彼此隔绝的状态"(于沛:《中国史学理论研究三十年: 1978—2008》,《社会科学战线》2008年第2期),对国际政治的整体格局也产生了影响。

李际均(左),1950年入伍,参加过抗美援朝。曾任中央军委办公厅主任、军事科学院副院长,1988年被授予陆军中将军衔。学术领域为军史与战略学,任战略学博士生导师、北京大学兼职教授、中国孙子兵法学会会长。

莫阳(右),中国人民解放中资望极高的老一代军史工作者。1936进入延安抗大学习,曾任叶(剑英)帅办公室主任、中央军委办公厅副主任、军事百科编研室主任等。1988年离休。

谢尔盖·列奥尼多维奇·齐赫文斯基（Тихвинский，СергейЛеонидович），1918年出生于俄罗斯，苏联科学院（现俄罗斯科学院）院士（1981年），举世公认的俄罗斯汉学界泰斗。其《19世纪末中国维新运动》（1953）和《孙中山的外交政策观点与实践》（1964），被认为是里程碑式的研究著作。2013年齐赫文斯基被授予"世界中国学贡献奖"。齐赫文斯基也有丰富的从政经历。1939—1940年驻乌鲁木齐副领事，1946—1949年驻北京总领事，1949—1950年驻华大使馆参赞。1949年10月，在中华人民共和国成立期间，齐赫文斯基以苏联驻北平总领事和苏联驻华使馆临时代办的身份，参与了苏联承认新中国政权的全部过程。1980年至1986年任苏联外交学院院长。曾参加第11届至第16届国际历史科学大会。

张椿年回忆与齐赫文斯基在第16届大会的交往时说：大会期间，东道主联邦德国开了一个小型的招待会，限于国际史学会的主席、秘书长，国际史学会理事会的理事和大会组织委员会主席参加，但是特地邀请了刘大年和季美林同志，联邦德国总统亲切地向他们问候致好。国际史学会的理事、苏联代表团团长齐赫文斯基主动地充当了刘大年同志的翻译。回忆五年前在布加勒斯特的大会上，罗马尼亚安排中国和苏联代表团坐在会场最前面二排左右的位置上，中间只隔开一条道路。我曾清清楚楚地看到齐赫文斯基与他的夫人坐在苏联学者之间，虽然相互知道对方，但在当时的国际情势下，双方视同陌路。而现在两国学者终于又走到了一起。（张椿年：《中外史学的交汇——记中国历史学家代表团参加国际历史科学大会的历程》）

如果说上世纪70年代的"乒乓外交"带动了中美关系的解冻，那么80年代中国史学家参与国际历史科学大会，则导致了中苏紧张关系的缓解。15届大会时，中苏代表互不交流，形同陌路，但双方却承诺并做到了在会议上"互不攻击"；16届大会的前一年（1984年），中国方面有意识地翻译了《齐赫文斯基答〈近代史与现代史〉杂志问》，这是齐赫文斯基为参加第16届大会而接受的一篇专访，详细阐释了"苏联参加这一国际盛会的意义"和苏联史学家代表团在这一盛会上"要达到的伟大目标"。这篇文章尽管有一些大国沙文主义的"苏联特色"，但中国方面仍然公开译载了。中国的译载，与16届大会上刘大年致辞中的"世界需要和平，中国需要和平"、"知识、友谊、和平"等等所传达的理念是一致的，也深深打动了苏联历史学家。中国历史学家的开放、自信，很好地表达了中国的开放政策，"各国学者多半赞扬中国开放政策好，他们利用会议间隙，同我们频繁接触，并询问我国的有关情况"。（刘明翰：《第16届国际历史科学大会在联邦德国召开》，《文史哲》1986年第1期；李君锦译：《齐赫文斯基答〈近代史与现代史〉杂志问》，《国外社会科学》1984年第9期）。

■ 第15、16届大会对中国国内的史学发展也产生了深远的影响：

"国外史学家研究的领域比较广，跨学科的课题在大会上大量出现，而且往往是与现实相关的。例如第一重大课题'印度洋'，便是综合性的。方法论第二课

张广达,北京大学教授。1953年毕业于北京大学
历史系。1985年出席了第16届国际历史科学大会。

陈之骅,中国社科院世界历史研究所研究员。
1959年毕业于苏联列宁格勒大学。1985年、1990年
出席第16届、17届国际历史科学大会。

题'电影与历史',是边缘性的。至于断代、圆桌会议和各委员会组织的课题,跨学科的便更多了,如'凯恩斯以来'、'革命与法律'等。有些课题与科学技术密切结合,如'十八世纪以来的技术革新,变革的因素'、'生态学、自然科学、人文科学'、'史学刊物与新技术'等。特别是近现代课题'一百年来道路交通的汽车化及其影响',受到了各国学者的重视。这一课题除主报告外,还由欧、亚、非、美四洲的学者提出了十五篇论文,探讨汽车发明一百年来对各国社会、经济、生活方式和人民思想感情的巨大影响,这既是一个综合学科,又是一个与现实密切结合的课题。第二重大课题'异邦人的形象'是另一个这样类型的课题,它探讨从古到今各国社会对外来移民、少数民族及与本社会格格不入甚至不同政见者的看法。这一课题涉历史学、政治学、社会学、民族学、宗教学等多种学科,而且具有现实的意义。还有一类课题是与现实国际政治密切相关的,如'历史学家与保卫和平问题'、'核时代中的妇女与和平运动'等。国外历史科学研究的领域所以比较宽阔,研究课题所以比较有生气,很重要的一个原因在于历史学家注意把历史上的问题同社会生活中提出的新问题结合起来进行研究。"(张椿年、陈之骅、华庆昭:《开拓新领域,研究新问题——出席第十六届国际历史科学大会有感》,《世界历史》1986年第1期)

"分析一下这次大会(指16届大会)的讨论课题,可以说,它和1980年的第15届大会一样,令人突出地感受到,当前史学界的主要趋势是:高度重视方法论,因受学科相互渗透而扩大题材,在研究选题中日益重视密切联系现实生活的课题。"(张广达:《当代史学研究的趋势》,《北京社会科学》1986年第2期)

"了解国外的史学理论和方法十分重要。这次大会突出讨论的马克斯·韦伯

方法论,我国学者知之甚少。大会有的重要课题如'山脉、河流、沙漠、森林是障碍物还是会聚线',明显地受到年鉴学派的影响,对于这类影响较大的学派,我们的研究很不够。为加强对外国史学理论、方法的信息收集和研究工作,可考虑选派学有根底、外语过关的优秀中青年史学工作者专门出国在这方面进修。"(《金应熙谈第十六届国际历史科学大会》,《广东社会科学》1985年第4期;《出席第十六届国际历史科学大会的总结报告》,载《中国史学会五十年》,海燕出版社,2004年,第500页)

此后中国史学界开展的有关跨学科的综合研究,有关马克斯·韦伯的研究,有关年鉴学派和环境史的研究,以及优秀中青年史学家的出国访学等,基本上是由这两次大会开启端绪的。(于沛:《中国史学理论研究三十年:1978—2008》,《社会科学战线》2008年第2期;陈启能、姜芃:《格奥尔格·伊格尔斯与中国》,《山东社会科学》2007年第1期)

■ 第15届、16届大会之后,中国作为具有悠久文明的"史学大国",是否也应该争取举办一届国际历史科学大会的问题,逐渐提到了议事日程。自1900年大会创始以来,国际历史科学大会从未在亚洲国家举行过,因而如能在中国举办大会,不但将成为"中国史学界共同的期待",也将成为国际史学界乃至世界各国共同瞩目的大事。

刘明翰,1954年毕业于东北师范大学研究生班,历任山东大学、中国青年政治学院、湖南师范大学教授,中国世界中世纪史研究会理事长,是新中国世界中世纪研究的开拓者之一。

1985年,刘明翰作为山东省史学会和山东大学的代表参加了联邦德国斯图加特第16届国际历史科学大会,回国后在《文史哲》杂志撰文,期盼"能在中国开一届大会"。

1995年,刘明翰又参加了加拿大蒙特利尔第18届大会,同时参与了中国代表团申办第19届大会的工作。2010年,远在美国的刘明翰得知中国申办国际历史科学大会成功,第22届大会将在济南山东大学举办的消息之后,两次致信母校说:"2015年,如果我还活着,一定去济南参加国际历史科学大会。""第22届国际历史科学的数千人国际史学盛会首轮中国,将由母校光荣承办,这正是我自斯图加特至蒙特利尔第16和18届参加大会时,我国代表团与我协力争取未成之事,近已成现实。我万分激动。"

山东大学刘明翰教授参加了第16届大会后即刊文"希望在不远的将来,能在中国开一届国际历史科学大会"(《文史哲》1986年第1期)。此后,申办国际历史科学大会渐成史学界共识,直至2010年,"我国成功地争取到2015年在中国山东济南(山东大学)举办第22届国际历史科学大会的荣誉和机遇,这充分表明国际历史学界对中国的重视和信任"(王建朗:《2015:中国史学界的期待》,《中国社会科学报》2010年12月28日;张伟伟:《迟来的历史研究全球化》,《社会科学报》2010年11月25日)。

这一"荣誉和机遇"显然也同样是由上世纪80年代开启端绪的,正如著名西方史学史专家张广智所说:"我国新时期以来,改革开放的浪潮,有力地推动了中国史学走向世界的进程,中国参加国际历史科学大会的愿望,更是显得十分迫切。早在1980年,中国就以观察员的身份派代表参加了第15届国际历史科学大会,1982年国际历史科学委员会正式接纳中国为该会的会员国,中断了44年的文脉终于又连接了。自1985年开始,在斯图加特、马德里、蒙特利尔、奥斯陆、悉尼、阿姆斯特丹,总之,无论在欧洲还是北美,抑或澳洲,每五年一届的'历史学的奥林匹克'会上,都可以见到中国历史学家活跃的身影。更令人期待的是,2015年第22届国际历史科学大会,将落户在我国山东济南。"(张广智:《1938年:中西史学交流史的一页——胡适与"国际历史科学大会"》,《学术研究》2013年第10期)

苏黎世第8届国际历史科学大会述论（节选）[1]

[美]瓦尔多·G.利兰　张烨凯译　郑群校

第8届国际历史科学大会于1938年8月28日至9月3日在苏黎世举行。负责本届大会的委员会成员包括剑桥大学彼得学院（Peterhouse）院长哈罗德·W. V. 泰姆普利（Harold W. V. Temperley，旧译田波烈）、米歇尔·勒里蒂耶（Michel Lhéritier）（第戎）、格奥尔格·霍夫曼（Georg Hoffmann）和汉斯·纳布霍尔茨（Hans Nabholz）（苏黎世）、卡尔·布兰迪（Karl Brandi）（哥廷根）、弗朗索瓦·L. 冈绍夫（François L. Ganshof）（根特）、马尔塞尔·汉德尔斯曼（Marcel Handelsman）（华沙）、哈尔夫丹·科特（Halvdan Koht）（奥斯陆）和吉奥奇诺·沃尔佩（Giocchino Volpe）（罗马）；而瑞士组织委员会代表了瑞士各所大学和众多瑞士有关单位，其执行人员包括主席汉斯·纳布霍尔茨（Hans Nabholz）、秘书长格奥尔格·霍夫曼（Geoeg Hoffmann）、恩斯特·加格里亚迪（Ernst Gagliardi）和安东·拉加德（Anton Largiader），这四位承担了大会筹备的主要工作，确保了大会的成功；史学界同仁的

本文作者瓦尔多·G.利兰（Waldo Gifford Leland，1879—1966），美国著名历史学家和档案学家，国际历史科学委员会创始人和早期领导者，生于马萨诸塞州纽顿市，先后毕业于布朗大学和哈佛大学，1903年进入卡内基学院从事国家历史档案研究工作，1909年至1920年担任美国历史协会负责常务工作的秘书。1923年布鲁塞尔第5届国际历史科学大会之后，利兰参与并指导了国际历史科学委员会（国际历史学会）的筹备工作，并在1926年正式成立的国际历史科学委员会中担任财务总管（司库）。1938年苏黎世第8届国际历史科学大会上被推选为国际历史科学委员会主席（国际历史学会会长），直到1950年第9届大会，为国际历史科学委员会历史上在任时间最长的主席。除本文外，利兰还撰写了多篇介绍国际史学大会和国际历史学会的文章。1981年，美国历史学会设立了每五年一届的利兰奖，以纪念他为美国历史学和国际历史学发展作出的杰出贡献。

---

〔1〕节译自《美国历史评论》1939年1月 第44卷 第2期（Waldo G. Leland, *"The Congress of Historical Sciences at Zurich"*, The American Historical Review, Vol. 44, No. 2, pp. 290—293）。

真挚谢意对他们而言可谓实至名归。

大会前期注册的正式成员和非正式成员的人数相当可观：全世界49个国家共有1 185人注册参会（欧洲1 097人，非洲11人，亚洲19人，澳大利亚2人，北美49人，南美7人）。但是，在包括政治、经济的动荡和困难在内的种种因素影响下，实际参会人数相比参会者名录（*Teilnehmerverzeichniss*）的登记人数大大减少了近三分之一。与会的美国学者共26位，瓦尔多·G. 利兰（Waldo G. Leland）和索伦·J. 巴克（Solon J. Buck）代表美国政府出席会议，哈罗德·戴奇（Harold Deutsch）、克莱德·L. 格罗斯（Clyde L. Grose）、约翰·L. 拉蒙特（John L. LaMonte）和沃尔德玛·维斯特加德（Waldemar Westergaard）则代表美国历史协会参会。

尽管组织者已付出大量努力减少会议论文数量，但大会议程依然包括了312篇宣读的论文，其中145篇为法语论文、91篇为德语论文、41篇为英语论文、42篇为意大利语论文，还有1篇为西班牙语论文。大会议程围绕下列主题展开：（1）史前史；（2）古代史和古典考古学；（3）附属学科和档案

THE CONGRESS OF HISTORICAL SCIENCES AT ZURICH

THE Eighth International Congress of Historical Sciences was held in Zurich from August 28 to September 3, 1938, under the direction of the International Committee of Historical Sciences, which was created in 1926. The committee in charge of the Zurich Congress consisted of Harold W. V. Temperley, Master of Peterhouse, Michel Lhéritier (Dijon), Georg Hoffmann and Hans Nabholz (Zurich), Karl Brandi (Göttingen), François L. Ganshof (Ghent), Marcel Handelsman (Warsaw), Halvdan Koht (Oslo), and Giocchino Volpe (Rome), while the Swiss committee on arrangements, representing the Swiss universities and various Zurich interests, had as its executive body Hans Nabholz, president, Georg Hoffmann, secretary, Ernst Gagliardi, and Anton Largiader. These four bore the principal burden of making preparations for the congress and of assuring its success, and to them is due the sincere gratitude of the historical brotherhood.

利兰文章原文截图

学；（4）钱币学；（5）中世纪与拜占庭史；（6）至1914年的近现代史；（7）非欧国家历史；（8）宗教与教会史；（9）法律与制度史；（10）社会经济史；（11）军事史；（12）哲学史、艺术史、文学史；（13）科学史；（14）历史方法、历史理论与历史教学。另有一个特别主题——历史人口统计。

大会在日程安排上有一显著划分：上午的会议用来讨论受到广泛关注的、需要长时间讨论的议题，下午则用来讨论耗时较短的议题和一些专题论文。大会论文如往届一样涉及面十分广泛，其中绝大多数论文的摘要都在此前收录于国际历史科学委员会《公报》第39和第40期中，并发给了每一位参会者。我们不得不遗憾地注意到，只有5篇论文涉及美国历史，这恐怕是因为欧洲史学界还没有清晰地认识到，他们可以从对美国历史某些阶段的严肃研究中获得启迪和乐趣。然而，在美国学者自己提交大会的16篇文章中也只有3篇是研究美国历史的，所以我们也就没有什么理由抱怨其他国家的同事了。

在提交大会的文章中，有60篇属于近现代史，41篇属于法律与制度史，34篇属

　　1938年8月，第8届国际历史科学大会在瑞士苏黎世圣彼得大教堂隆重举行。苏黎世圣彼得大教堂历史悠久，在公元857年的历史文献中已经可以查到它的名字。8或9世纪的早期教堂为长10米、宽7米大小，大约1000年前后改建为罗曼式教堂，1230年改为后期罗曼式，1460年重建为哥特式教堂。现存建筑完成于1706年，1970—1975年进行了最后修复。始建于1534年的教堂塔钟楼上有欧洲最大的教堂钟指针盘，钟的盘面直径有8.7米，时针长3米，分针长4米。这个教堂塔用于监视火灾，据说一旦发生火警，就有人把一面旗伸向发生火灾的方向，以此告诉人们救火的位置。左图为苏黎世圣彼得大教堂外景，右图为内景。

1938. 8. 28

　　上午十一点，The 8th. Congress for the Historical Science[历史学第八次大会]在 St. Peter[圣彼得]教堂行开会典礼，有六人演说。

　　散会后遇 C. K. Webster[C·K·韦伯斯特]，Miss Cam[卡姆小姐]，Prof. I. H. Clapham[I·H·克拉弗姆教授]，Dr. Walds G. Leland[沃尔兹·G·利兰博士]诸人。

　　与 Leland[利兰]同饭，遇 Prof. Frans Von Kalken[弗兰斯·冯·卡尔肯教授]（比），Prof. H. Koth[H·考斯教授]（荷兰外交部长）。

　　下午史学会理事会开会，通过三个新会员，一为中国，一为 Vatican[梵蒂冈]史学会，三为爱尔兰。

　　晚上与 Franke[弗兰克]先生吃饭。

Newly Discovered Materials for Chinese History · 631 ·

Newly Discovered Materials for Chinese History

During the last three decades, the study of Chinese history has undergone great and important changes, partly through the introduction of new and critical technique and standpoint, and partly through the discovery of new sources of important materials. While a critical methodology challenges and discredits old historical traditions, the discoveries of new source-materials are extending historical knowledge and establishing new facts.

Only twenty years ago, destructive critics were loudly expressing their grave doubts about the authenticity of an-

于中世纪与拜占庭史，31篇属于哲学史、艺术史和文学史，27篇属于社会经济史，22篇属于古代史和考古学——而在历史方法、历史理论和历史教学法领域的文章数量亦与此相同，14篇属于档案学与附属学科领域，军事史、科学史各7篇，钱币学6篇，史前史和亚洲史则各3篇。当然，这些数据只是估算，因为有不少文章从逻辑上说划归到其他专题组比大会的安排更为恰当。

　　从大会的论文中还很难明确看出历史思想发展的趋势。如果说有某种显著趋势的话，那么这种趋势就是把历史研究与现实问题以及现实关切结合起来的努力——即使在那些遥远的领域也是如

　　第8届国际历史科学大会，胡适代表中国史学界第一次参会。胡适提交了论文，并做了大会发言。

　　左上图为胡适1938年8月28日的日记，其中提到苏黎世大会开幕式结束后与本文作者美国历史学家利兰共进午餐的情景。在这次大会上，利兰当选为新一届国际历史学会主席。左下图为胡适英文论文截图。

此。在阅读过大会两卷论文摘要的人中，没有人能够指责苏黎世大会的参会者只是在讨论一些虚无缥缈的话题；来自许多国家的发言者都谈到了民族主义的历史问题；国际关系史方面的论文在本次大会上有着重要的地位；同时，也有相当多讨论涉及国家的历史发展、革命和阶级斗争的历史以及人口问题。

尽管大会不能避免当前国际局势的影响，但其精神依然是理性的和谐和相互的尊重；大会的讨论中有时会出现比较尖锐的观点分歧，虽然他们并不总是纯粹的学理争论，但都能有礼貌地表达，不会引发冲突。大会的进程表明，全世界的史学家们依然真诚希望能够和谐、友善地共事。国际历史科学委员会可以引以为豪的一项成就是，在世界历史上最为艰难的12年促成了各国学者的真诚合作，尽管在这个充满了观念碰撞和意识形态冲突的年代，他们的研究课题仍像16、17世纪的宗教思想一样充满了爆炸性。我们遗憾地注意到苏联史学家的缺席，但这仅仅是由十几年来苏联与瑞士之间未曾解决的困难所导致的。

下届史学大会将于1943年举办，其举办地则会在明年5月于布拉格举行的国际历史科学委员会会议上决定。意大利政府及意大利史学家已经提出申请，希望下届大会能够在罗马举办。

历史学家的全球共同体：
关于国际历史科学大会

[德]卡尔·迪特里希·埃德曼　[德]尤根·柯卡

张烨凯译　解玉军校

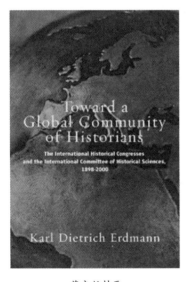

英文版封面

【编者按】《趋向历史学家的全球共同体：国际历史学大会与国际历史科学委员会，1898–2000》(Karl Dietrich Erdmann, *Toward a Global Community of Historians: The International Historical Congresses and the International Committee of Historical Sciences 1898–2000*! Edited by Jurgen Kocka and Wolfgang J. Mommsen in collaboration with Agnes Blänsdorf, Translated from the German by Alan Nothnagle, New York and Oxford: Berghahn Books, 2005)，是有关国际历史科学大会的一部最权威的史学著作。作者卡尔·迪特里希·埃德曼(Karl Dietrich Erdmann, 1910—1990)，曾任科隆大学教授，是德国著名历史学家，1975—1980年任国际历史科学委员会主席。

该书原为德文，内容写至20世纪80年代，出版于1987年。杜塞尔多夫大学史学家蒙森又将其"补遗"至2000年，并与人合译为英文。该书的中文版目前正在翻译中，本刊这里节译发表的是埃德曼本人的自序和尤根·柯卡(2000—2005年国际历史科学委员会主席)为英文版所作的序言。

英文版的书名可以译为《趋向历史学家的全球共同体：国际历史学大会和国际历史科学委员会，1898—2000》，根据尤根·柯卡英文版序言的解释，该书正标题译为《史学家的大同世界》，似乎更能准确体现埃德曼的原意。因为"埃德曼对国家、民族间的差异与冲突有深刻理解，但仍对历史学促进不同民族、不同意识形态间相互理解的力量持谨慎乐观的态度"。另外，国际历史科学大会的起始，官方确认的说法是1900年,埃德曼个人所坚持的"1898年",只能视为大会的"先导"。

一、卡尔·迪特里希·埃德曼:德文版自序(节译)

历史学只能通过文字来处理它的研究对象。它要有条不紊地探究那些存于往昔但现已消逝的事物,也要关照那些将至而未至的事物;所以,不管它的研究对象本质如何,它都能通过历史叙述把当下的现实和它所关注的问题结合起来。书面语言和口头语言都是为了提问题和回答——换言之,都是为了对话所设计的。历史对话不仅是自发的,而且要有不断完善的规则和组织形式为历史学家的讨论创造有利的条件,例如在研讨班、研究院、大学,在19和20世纪史学研究飞速发展的进程中,在地方性、区域性、国家乃至国际性的历史协会等诸多层面中展开的讨论。

我们将要在这本书中详细考察的,就是在过去60年中(编者注:国际历史科学大会至1980年代已有80余年的历史;但属于"国际联盟"的国际历史科学委员会成立于1926年,至1986年为60年)这些讨论的组织者和发起者——国际历史科学委员会(ICHS)和定期举办的国际历史科学大会。

本书是一部史学史。在反思其本身的成果与历史时,历史学采用了包括传记、思想史和社会史、历史哲学、认识论与方法,以及制度史在内的多种形式。后文的研究所关注的,是在国际层面上史学家制度化对话的发展与本质特征。之所以考察这两者,是因为它们与以下三个方面相关:

(1)大会和国际历史科学委员会的内外结构,即它们的组织史;

(2)决定了史学家国际对话的外部政治局势和内在政治动向;

(3)反映在理论与方法论商榷中和大会主题中的历史学科的自我认知。

在这些互动的因素中,本研究主要关注的是史学研究的自我认知。各届史学大会绝非经验研究、理论研究或方法论研究的作坊。它们的意义在于,与史学

埃德曼(K.D.Erdmann, 1910—1990),德国科隆大学教授,著名历史学家,《历史科学与教学》杂志创办人,1962年至1967年任联邦德国历史学家协会主席,1970—1990年任国际历史科学委员会(国际历史学会)执行局成员,1975年至1980年任国际历史学会主席。埃德曼对中国十分友好,认为国际历史科学大会没有中国参与,就很难称其为"国际"。1979年3月他以国际历史学会主席的身份邀请中国加入国际历史学会,并于1980年5月来华访问,直接促成了中国派史学家代表团出席1980年的布加勒斯特第15届国际历史科学大会。

思想和历史书写相关的不同观点在这里相互碰撞、交换意见，并能够因此而反思它们的相互关系。所以，这样的大会把对"超越国家和社会区别的史学对话是否可能"这一问题的探讨化作了现实行动。国际史学大会为史学讨论创造了机会，而其前提条件则是下面这个成为共识的原则：不管参与对话的史学家在语言和历史文化上有无从属关系、在理论思想上有何不同，以及他们的政治和社会观念是否一致，所有的对话机会都应该为科学研究服务。

史学家们在上述诸方面的不一致越是凸显，就越有必要努力形成一种基本的思想共识；如果没有这样的共识，制度化讨论就会失去意义。当这样的努力成功实现以后，其成果就是一个"历史学家的大同社会"（an ecumenical community of historians）——它并非没有任何思想冲突，但从理想上说，它却是一个能够在我们这个分裂的世界里实现思想自由、包容和理解的讨论平台。

本书所依据的最重要的史料是历届大会的论文集，包括经过删节的参会文稿，通常也包括对大会讨论不同程度的报道。这些文本涉及范围皆不一致，质量也参差不齐。由各届大会秘书长编纂的《公报》是基本资料。

此外，许多未刊史料也很有价值。有很多材料都保存在国际历史科学委员会的档案馆中，其中一部分保存在洛桑，另一部分保存在巴黎。更多材料来自洛克菲勒文献中心、各国和各学会的档案。一批私人文献藏品也提供了大量信息，在涉及史学大会和国际历史科学委员会的内部运作方面更是如此。各国期刊对大会的报道和评论也有一定价值，因为有关理论和方法论的论争有时不能只依靠与大会有关的史料来研究，还需要参考同时期的其他相关文献。

迄今为止，只有少数几部简要的研究关注过史学大会的历史。哈尔夫丹·科特（Halvdan Koht）作为国际历史科学委员会的创始人之一曾记述过其草创之初的历史。长期担任委员会秘书长的米歇尔·弗朗索瓦（Michel François）在委员会创立50周年时简单勾勒了它的发展历程。作为国际历史科学委员会执行局成员和主席，我也多次在专题演讲和论文中探讨了史学大会和委员会的历史。由于苏联的意识形态和政治相关性，它对大会的贡献也成为民主德国、苏联和意大利一些学者研究的主题，这些研究也为我们提供了丰富的信息。

这本书会尝试从理论和方法论的高度揭示史学大会的学术意义。

尽管作者尽力尝试客观地记叙史事，但因个人立场的影响，这本著作仍难避免主观色彩。如果我们在看待一届大会时认为它在其议程和会议进程中呈现了科学、政治与个人因素相互交织的复杂网络，而非汇集在一起的个体，那么我们以一个整体的视角考察历届大会时则更应如此。只有专注于经过必要选择的、作者有能力驾驭的一系列特定问题，这项研究的主题才会足够鲜明。

作为一名德国的观察者，我认为有一点特别之处需要引起关注，那就是德国人在大会历史进程中所起到的作用。19世纪的德国经典史学对于历史学科意义重大，因此，不论赞同还是批评，在史学理论和方法的讨论中，它都是一个重要的参照点。我希望大家能够对此理解。但是，由于两次世界大战以及德国历史上与之相伴而生的种种灾难，我们与国际史学主流的联系两次被中止，又两次重建。两次重建都取得了成功，而这对今天的德国史学界至关重要。

二、尤根·柯卡: 英文版前言（节译）

本书记述了自1898年至2000年的20届国际史学大会和国际历史科学委员会（ICHS, 法语：Comité International des Sciences Historique, CISH）的沿革，勾勒了史学家之间的跨国联系的全球性日渐凸显的历史，也展现了20世纪史学研究的跨国和全球性方法逐步形成的过程。

国际历史科学委员会的发展历经三个阶段。

两次世界大战期间，它的主要职责是超越民族主义，弥合在"一战"中相互厮杀的各民族的史学家之间的鸿沟。

自1950年至1990年，委员会及其所组织的史学大会为东方社会主义阵营与西方资本主义阵营的史学家们提供了会晤、交换意见和讨论争议性话题的平台。

20世纪90年代到21世纪初期，国际历史科学委员会的工作则反映了当前的全球化趋势。它鼓励跨国历史研究新方法的探索，并努力包容全世界更多来自非西方地区的史学家。在日益全球化和普世化的过程中，历史学科的研究主题、研究方法、提出的问题及对问题的回应等方面都在不断变化。

本书全面记载了从1898年（海牙）到2000年（奥斯陆）间于各地召开的国际史学大会的议题、大事和争论。从这个角度说，它呈现了20世纪史学史的发展脉络。

关于此领域中不断变化的研究主题、研究视角和研究方法，本书提供了十分丰富的资料；它也清楚地

尤根·柯卡（Jürgen Kocka），1941年生，德国历史学家，2000—2005年担任国际历史科学委员会主席。现任洪堡大学国际研究中心终身研究员，主要从事现代德国史和欧洲史研究，代表作有《西门子的企业管理和职员阶层1847—1914》、《战争中的阶级社会》等。

柯卡2001年12月6日至8日曾应中国史学会的邀请来华访问，并与中国史学会负责人举行了会谈。双方主要就中国申办第19届国际历史科学大会失利后，继续申办此后国际历史科学大会的相关事宜进行了讨论。柯卡认为中国申办条件其实已成熟，他作为主席将予以积极支持。后因种种原因，中国没有提出申办第20届（2005）、21届（2010）大会。在21届大会上，中国申办第22届大会获得成功。

告诉世人,这一时代的核心问题与争论究竟对史学家的工作产生了多大的影响。它揭示了历史学科与政治的相互关系,也呈现了本学科的从业人员与学科组织者间精巧互动的新细节。他们都在尝试跨越国家的界限,努力在世界范围内搭建起沟通的桥梁,以超越由不同国家、意识形态和文化所造成的鸿沟;其中很多人力图建立一个史学家的全球共同体。在某种意义上他们成功了,但在很多方面,他们却没能如愿。

这本书讲述的就是他们的故事。

本书原以德语写成,出版于1987年,英文版在原著的基础上略有增删。

原著作者是杰出的德国史学家卡尔·迪特里希·埃德曼(Karl Dietrich Erdmann, 1910—1990),他的主要研究领域是欧洲背景下的20世纪德国史。同时,他也对欧洲以外的历史有着浓厚的兴趣,并且在学者间的国际合作中十分活跃。

他在1970年至1990年间曾是国际历史科学委员会执行局的成员,并于1975年至1980年担任主席。为了撰写这部著作,他广泛使用了国际历史科学委员会的档案材料和其他史料,既有已刊材料,也有未刊材料。

他把自己的著作命名为 *Die Ökumene der Historiker*(The Ecumene of Historians,《史学家的大同世界》)。书名的选择显示出他的匠心之所在。他深信,历史学是一门具有普世含义的学科,因此他也十分热衷于使这一学科更加"普世"(ecumenical)[1]。

埃德曼对国家、民族间的差异与冲突有着深刻的理解,并在书中有所记叙。尽管如此,他仍对历史学促进不同民族、意识形态和文化间相互理解的力量持谨慎乐观的态度。当他在20世纪80年代写作这本书时,东西方对抗是形成当时国际关系的最重要的单一因素(single factor),并且也深深地影响了史学研究和历史的书写。作为国际历史科学委员会的主席和本书的作者,他把搭建两大阵营的沟通桥梁视

---

[1] 编者注:历史学的"普世性",其实也是柯卡本人强调的重要史学观念。美国罗文大学历史系主任王晴佳(Q. Edward Wang)教授在评述第20届国际历史科学大会时说:"国际历史科学大会的主席是德国史学家尤根·柯卡(Jrgen Kocka)教授。他是当今德国史学界数一数二的人物,亦有很高的国际声望。他的任期虽在本次会议结束,但本次会议的内容则在一定程度上反映了他的历史观和研究兴趣。在本次会议的开幕式上,柯卡以'史学的全球化及其局限'作为主题,做了题为《悉尼、国际历史科学大会和普世史的空想》的发言,并计划由当今国际闻名的女史学家、加拿大的娜塔丽·戴维斯(Natalie Z. Davis)教授做'什么是历史的普世性?'的评论,然后再由来自非洲和澳洲的两位史家作回应。不过,戴维斯由于身体不适,不克赴会,所以她的评论由人代读,回应者因此也多了一位,除了非洲和澳洲的教授以外,还有一位韩国的史学家也加入其内。因此,整个开幕式本来可以聚合五大洲的史家,只是由于戴维斯的缺席才未能如愿。从开幕式的安排来看,此次国际历史科学大会的确想突出其'国际性',或用当今更时髦的术语来说,即是'全球化'(globalization)的特征,而后者正是此次国际历史科学大会的宗旨,会议的主题和专题发言都充分体现了这一特点。"(王晴佳:《文明比较、区域研究和全球化:第20届国际历史科学大会所见之史学研究新潮》,《山东社会科学》2005年第4期)

作自己的使命。

此外，他也对本学科中的方法论的争论有着浓厚的兴趣，尤其关注社会科学导向和叙事史导向之间的论战——他喜欢把后者称作"历史主义"或"新历史主义"，并对其颇为赞同。

本书的精神正在于此。

作者的担当和思想要旨，英译本的读者们必不会在书中错过。他在研究他所处的这个年代时所秉承的精神，是去改变这个时代，如今时代已经改变，我们的关切与期待可能都与以往不一样了。这恰恰证明了卡尔·迪特里希·埃德曼的杰出专业素养——对于史学家们今天所关注的问题，本书在近二十年前已有重要的洞见和诠释。

已故的杜塞尔多夫大学史学家、在伦敦德国史研究所长期担任所长的沃尔夫冈·J.蒙森（Wolfgang J. Mommsen）为本书增补了一章"补遗"。在坚持卡尔·迪特里希·埃德曼的"普世"精神的同时，蒙森把这部历史续写到了2000年召开于奥斯陆的第19届国际史学大会（大会的官方把1898年的第一届大会视作一次先导性的会议，而非第一届大会）。他把大会的历史同21世纪初所提出并讨论的问题联系到了一起。

沃尔夫冈·J.蒙森生于1930年，他是一位杰出的历史学家，也是一位有着国际声誉的公共知识分子。他是有关马克斯·韦伯方面的一位重要研究专家，与他人共同编订了韦伯的全集。蒙森有一种世界主义的精神，对历史学科的跨国特性十分关注，在多个国际性场合上都是德国史学的代表。他多次与国际历史科学委员会紧密合作。我们在2004年夏天完成了本书的绝大部分编订工作，但他不能参与我们最后阶段的工作，也不能阅读他所撰写的补遗的修订本并对它提出建议了。8月11日，他在波罗的海游泳时不幸溺亡。他的意外离世让我们深感震惊，而世界上的整个史学家群体都应对他深表感激。

（张烨凯译）

《联共（布）党史简明教程》的编纂及其在中国传播

许冲　朱宝强等　谷学峰辑

　　《联共（布）党史简明教程》（以下简称《教程》）是在斯大林的主导下，由联共（布）中央特设委员会编著，经联共（布）中央审定的联共（布）党史教科书。《教程》主要按斯大林的观点总结了1883—1937年联共（布）建党、夺取政权和建设社会主义等方面的基本经验，于1938年10月正式出版，全书分导言、正文12章和结语。《教程》出版后，立即成为苏联国内学习联共（布）党史的唯一教科书。联共（布）中央把这本党史教科书宣传为"掌握布尔什维主义的不可取代的指南"，并把它作为"具有世界意义的伟大历史文献"加以推介。《教程》很快就被译为多种文字，传播到世界多个国家。

　　1939年初《教程》就传入到中国，适应了中国革命和中共自身建设的客观需要，受到中共中央和毛泽东的高度重视和推崇，毛泽东评价其为当时"全世界共产主义运动的最高综合和总结"，是理论和实际结合的唯一的完全典型。毛泽东认为，通过《教程》学习掌握苏共革命实践的成功经验，"就可以知道我们在中国是应该如何地工作了"。因此，《教程》被列为学习和研究马列主义的"中心材料"，被列入党的干部必读书书目，受到远远超出一般历史教科书的尊崇。在党的大力宣传推介下，《教程》在中国得到长时期、大规模的广泛传播，在现当代中国史上留下了深深的历史印记。

　　《教程》在不同的历史时期得到了不同的评价，曾被誉为一部"马克思主义基本知识的百科全书"，也曾被指责为一部"个人崇拜的百科全书"，全部肯定者有之，全部否定者有之，也有功过两分之论。不可否认的是，时过境迁，笼罩在《教程》上的光环已经黯然褪去。正当《教程》快被历史渐渐遗忘之际，2004年7月，俄罗斯教育部再版了《联共（布）党史简明教程》。出版者在扉页上用大字写道："你读过《简明教程》吗？她被誉为马克思列宁主义的百科浓缩，曾在世界上以126种文字，发行4 280万部。"《教程》的再版发行引起了不少中国学者对它的关注与深思。

自《教程》传入中国以来，人们就开始关注该书的编纂、翻译、出版、传播和相关评价问题，特别是近年来出现的各种专题或相关论著达100余种，其中，朱宝强的《〈联共（布）党史简明教程〉在中国的翻译、出版与传播》全面梳理了该书在中国的传播情况；许冲的《中国共产党学习推介〈联共（布）党史〉的历史考察——兼议民主革命时期马克思主义大众化的路径选择》、娄胜华的《论〈联共（布）党史简明教程〉在中国的影响》，则阐述该书在中国产生的巨大影响。而在1988年10月由中共党史研究会、《求是》杂志社等六家单位联合召开的"《联共（布）党史简明教程》对中共党史教学和研究的影响座谈会"上，廖盖隆、张静如、苏双碧等人关于《教程》的评价，更是集中反映了中国史学界对该书的全面思考。

【一】《教程》编著的缘起和斯大林的贡献
【二】《教程》在中国的翻译与出版
【三】《教程》在中国传播的意义
【四】 俄罗斯重印《教程》说明了什么
【编稿随笔与图文互动】 许冲、孟令蓉观点 / 1939年苏联外文局出的中文首版《联共（布）党史》/ 任弼时与中文首版 / 1939年博古总校阅的重庆中国社版《教程》/ 1939年延安解放社版《教程》/ 1939年上海启明社出版的民国学者吴清友个人所译《最新联共（布）党史》/ 黄仲宜回忆 / 线装大字本《教程》/ 凯丰论《教程》的意义 / 延安整风 / 1949年后出版的部分《教程》辅导材料

一、《联共（布）党史简明教程》编著的缘起和斯大林的贡献

关于《教程》的编著缘起，许冲、孟令蓉认为：是民族与国家、历史与现实、理论与实践、政党与领袖（尤其是斯大林）等各种因素共同交织作用的结果，而非基于单一目的和需求。

1931年11月，斯大林公开发表给《无产阶级革命》杂志编辑部的信，即《论布尔什维克主义历史中的几个问题》。斯大林的公开信几乎被苏联所有史学刊物转发，产生强烈反应。公开信的发表，使一个党史领域的单纯学术问题，牵扯到几乎所有版本联共（布）党史教程及其编写者，最后牵涉到整个历史学界。《无产阶级革命》杂志被勒令停刊改组；苏联已经出版和即将出版的史学著作，则被要求根据斯大林信件的精神进行"审查"；党史学界的"托洛茨基的私贩或纯粹的托洛茨基主义

斯大林以列宁的战友、学生、继承人的身份走向了前台。在对往昔的美好追忆和对现实的激烈论争中，深谙俄国历史传统和文化的斯大林，既用简明、通俗、易懂的语言阐释列宁主义的基本内涵，也用强力推行着高速工业化和农业全盘集体化这一"唯一的社会主义道路"，同时辅以"一国建成社会主义"理论和"阶级斗争尖锐化"理论作为学理合法性论证。但这一切还不够，权威的确立不能仅仅依赖反对派的失败和局部的成功实践，还必须经过理论化，甚至神圣化的过程。历史学具有重要的政治功能，改写或重写历史对于政党、政权、政治人物巩固自身、树立权威意义重大。俄罗斯民族是一个崇尚权威的民族，因而重写联共（布）党史，对于斯大林领导下的联共（布）具有更为直接的意义。所以如何培养和确立对斯大林的个人崇拜，似乎成了一种"历史传统"的选择和政党政治的"客观要求"。（许冲、孟令蓉：《历史与冲突：〈联共（布）党史简明教程〉编著缘起探析》，《俄罗斯学刊》2012年第4期）

者"被四处批判。就连负责历史教学的副教育人民委员波克罗夫斯基，也从"世界闻名的共产党员学者"、"理论战线上最出色的组织者和领导者"，被批判成"反马克思主义"的"伪历史学家"。1937年4月，斯大林写信给联共（布）历史教科书的编者，总结性地指出历史教科书不能令人满意的原因，即在叙述联共（布）历史时没有同国家的历史联系起来；只简单地叙述各派别斗争的事实，而没有作必要的马克思主义说明；结构和分期方面缺乏条理性。从《论布尔什维主义历史中的几个问题》的发表及其连锁效应可以看出，斯大林和苏联共产党对党史教材的关注，已非单纯的史实澄清、学术论辩和政策指导问题。20世纪30年代的苏联史学和历史教科书，在受到政治家"青睐"的同时，也遭遇了历史与政治博弈的尴尬，仿佛没有一本合乎"时代需要"的党史教程，足以满足苏联共产党对历史、理论和现实问题的书写要求。斯大林对苏联史学和党史学作了如下判断：第一，目前历史研究和理论研究存在诸多难以令人满意的地方；第二，历史学家们由于受到托洛茨基主义的影响而需要"重新改造"；第三，有关联共（布）的各种类型党史教程存在政治、理论和技术上的种种问题，有待审查。由此，编著一本符合斯大林或苏联共产党需要的党史教材，以消解这种"历史"的冲突，就成了"当务之急"。

用斯大林的话说，我们需要的不是各地革命运动概况的汇编，而是需要总结党在发展过程中各重大关键问题的经验的历史。因此，重新编撰联共（布）党史，可以使所有人认识和把握四个问题：1.联共（布）的历史地位和作用；2.马克思列宁主义学说——党的正确指南；3.为什么我们国家是列宁主义故乡？4.无产阶级政党的发展规律。所以，编著一本经苏共中央审定的、统一的党史教材，不仅成为推广十月革命历史经验的重要文本依据，还"给党的积极分子对联共（布）党史有一个统一的指导"，教会他们"应该怎样表达思想、说明观点、阐述党的方针"。

关于斯大林在《教程》编著中的作用与贡献，前苏联著名党史专家马斯洛夫认为，可以从以下几个时间节点上予以把握：

斯大林本人在1932年就已决定，"结束对党史叙述的随意性和混乱状态，消除在已出版的许多党史教科书中存在的大量各种不同的观点和对党的理论和党的历史中的一些重要问题的随意解释"。为此他通过中央作出关于成立"编写联共（布）党史"小组的决定，授权全体中央书记即斯大林、波斯特舍夫、卡冈诺维奇、莫洛托夫、斯捷茨基、皮亚特尼茨基负责这部著作的审定工作。

1935年6月14日，联共（布）中央作出《关于近期的宣传工作》的决定，指出了学习党的历史的重大意义。同年10月，联共（布）中央党的宣传鼓动部和苏联中央执行委员会学术委员会联合召开红色教授学院教师会议，会议讨论了党史教学问题，并提出了编写新联共（布）党史教科书的要求。这一要求得到了联共（布）中央的赞同，遂成立了以联共（布）中央书记A.A.日丹诺夫为首的筹备编写这部教科书的专门委员会。

1935年至1937年间，作者集体在克诺林、波斯佩洛夫和雅罗斯拉夫斯基领导下，编写出未来的教学参考书的几种样本，但均被认为不符合要求。

1937年初，斯大林给这本书的编者写了一封题为《关于联共（布）党史教科书》的信。他写道："我认为，我们的一些联共（布）党史教科书之所以不能令人满意，主要有三个原因：一是它们在叙述联共（布）党史时没有同国家的历史联系起来；二是它们仅限于叙述和简单地描写各种派别斗争的事件和事实，而没有作出必要的马克思主义的说明；三是它们在结构方面，在事件分期方面有不正确的地方。"

接着斯大林建议编者在每一章（或部分）前面，要对国家的经济和政治状况作出简要的历史的说明。他说，否则，联共（布）党史就会显得是"对往事的一种肤浅的、莫明其妙的叙述"。他还建议对前革命时期党内众多的派别作出马克思主义的阶级分析，并要指出布尔什维克同反布尔什维克派别所进行的斗争是维护列宁主义的原则性斗争。此外，在给教科书编者的信中附有斯大林提出的联共（布）党史分期法。这种分期法虽然在理论上不能成立，在史实上不准确，但是，在1937年4月16日，联共（布）中央政治局还是作出决定："建议联共（布）党史教科书工作组，即克诺林、雅罗斯拉夫斯基和波斯佩洛夫同志把斯大林同志的方案和他提出的联共（布）党史分期法作为他们工作的基础……为了在四个月期限内完成这项任务，克诺林、雅罗斯拉夫斯基和波斯佩洛夫同志在这四个月期间摆脱任何其他工作。"作出这个决定之后（这个决定得到了按期执行），编者们拿出了《联共（布）党史简明教程》的最后一种样本，分送中央特设委员会成员和联共（布）中央政治局委员审阅。

特设委员会中唯一一位真正研究了样本并作出认真的原则性修改的成员是斯大林。中央党务档案馆保存有他亲手作过某种标记的样本原稿的照相复制品。这不仅使人可以看到斯大林对本书内容作出的贡献，而且也可以准确地判定他亲自认可的联共（布）党史概念。斯大林亲自设计了教科书扉页样式，在《联共（布）党史简明教程》的所有版本中都未作改动。他在扉页上写了这样几行字："联共（布）党史简明教程。联共（布）中央特设委员会编。联共（布）中央审定。1938年。"

然而，斯大林在审阅《联共（布）党史简明教程》时，并未局限于对原稿作出小的修改和订正，在许多地方他加进了新的很长的文字。众所周知，斯大林为教科书第四章撰写了一个哲学部分"论辩证唯物主义和历史唯物主义"。这个部分发表之后成了对马克思主义哲学的唯一最权威的阐述。［H.H.马斯洛夫著:《〈联共（布）党史简明教程〉——斯大林个人崇拜的百科全书》，马贵凡译，《中共党史研究》1989年第2期］

《教程》的组织、编撰、审定、出版和宣传工作，都是在斯大林和联共（布）中央的领导下进行的。教科书初定名为《联共（布）党史通俗教程》，由雅罗斯拉夫斯基和波斯佩洛夫主编，日丹诺夫在编者中居第一位。出版之际，斯大林把所有作者的名字和"通俗"一词都勾掉了，亲笔写上了"联共（布）中央特设委员会主编，联共（布）中央批准的党校和团校、讲习班和学习小组用书"。在最终方案的审定中，斯大林又将适用"讲习班和小组"的提法也删去。在《教程》的第一版中，编者被表述为"联共（布）中央委员会下面的一个委员会在斯大林同志的领导及亲自积极参加下编写了《教程》"。后来，斯大林又将上述表述改为"1938年，由斯大林同志执笔并经过联共（布）中央特设委员会审定的联共（布）党史简明教程一书出版了"。如此改动，意味深远。因此，《教程》最终以正式名称《全联盟共产党（布尔什维克）历史简明教程》出版，非正式名称是《联共（布）党史简明教程》，有时还简称《简明教程》。［许冲:《消解与建构:〈联共（布）党史〉的编著及推介——以斯大林、联共（布）和共产国际为中心的考察》，《海南师范大学学报》2013年第1期］

二、《联共（布）党史简明教程》在中国的翻译与出版

根据许冲、朱宝强、欧阳军喜等人的研究，从1938年9月9日至19日，《教程》书稿逐章刊登在《真理报》上，后来又刊发在《布尔什维克》杂志上。同年10月1日，《教程》单行本第一次发行。在苏联国内，《教程》有普通版、豪华版和礼品版三个不同的版本。11月，共产国际领导人曼努意斯基要求苏联外文书籍出版局在年

底之前将《教程》翻译为各大语种，中文译本也包括其中，最终出版于1939年1月。

《教程》的中文本翻译出版工作是由苏联外文局中文部负责进行的。当时任中文部主任、主任编辑的谢唯真具体负责了《教程》中文本的翻译编辑出版工作，承担翻译任务的还有张锡畴等中国同志。尤其值得一提的是，翻译工作离不开任弼时同志的关心和帮助。

图为苏联外文书籍出版局1939年1月出版的《苏联共产党（波尔什维克）历史》中文版。这一译本由精通中俄双语的一批资深翻译家反复推敲打磨译文而最终出炉，故译文质量非常之高，与俄文原意的相符度也是诸多译本中最高的。全书用道林纸印，皮面烫金，精装一册。这一译本多流行于陕甘宁边区和华北各抗日根据地，大后方和华中各地亦常见这一译本。

"任弼时对译文的准确性要求非常严格，初稿译出后，就组织在莫斯科的中国学员试读，听取意见，认真修改。有一次，方志纯提问：译稿中把马克思列宁主义当作'鞋子搁在草席底下'是什么意思？这句话是直译苏联的谚语，苏联的读者读来是生动而富有幽默感的，但中国的读者却感到不好理解。任弼时反复琢磨后说：用汉语的意思表达就是'束之高阁'而不去应用。方志纯听了恍然大悟。后来就意译为：'马克思列宁主义理论不是教条，而是行动的指南'。"这样，在任弼时的指导下，谢唯真等翻译的《教程》中文本在1939年1月由苏联外文书籍出版局出版。而该版本的传入中国最早是通过当时的苏联驻中国大使

中共早期领导人任弼时帮助了苏联外文出版局对《教程》的中文本翻译工作。1938年4月上旬，任弼时奉中共中央之命到莫斯科向共产国际汇报工作，在莫斯科期间时值苏联外文出版局正在翻译《教程》中文本，任弼时和中共驻共产国际代表团的同志参加了校订工作。

馆这一媒介实现的，在时间上不晚于1939年2月。当时苏联驻重庆的大使馆在莫斯科中译本出版后将此书引进中国，后来又通过八路军驻重庆办事处及其他大城市的办事处辗转传入了延安和其他抗日根据地。后来，也通过其他渠道传入中国各地。

重庆中国出版社版《教程》中译本，由博古任总校阅，于1939年2月、3月在重庆出版，分上下册。中译本分"报纸本"和"嘉乐纸本"两种纸质本，全书32开本，由生活书店印制发行。这一版本是在中国翻译出版的最早的一个中文译本，多流行于大后方各省。

博古（1907—1946），本名秦邦宪，中国共产党早期领导人，1931年9月至1935年1月为中国共产党实际最高领导人，主持中共中央的工作。（图片来自央视网：http://www.cctv.com）

　　重庆出版社版《教程》中译本由中国出版社在重庆组织翻译，博古（秦邦宪）任总校阅，由中国出版社1939年2月、3月在重庆出版，分上、下册，2月出版上册，3月出版下册。事实上，早在1938年12月，博古就译出了《教程》第四章第二节《辩证唯物论与历史唯物论》一文，作为单行本由中国出版社出版，生活书店代售。1939年1月10日出版的《群众》第2卷第13期第625页还为此刊登出新书推介广告，向读者发售。

　　延安解放社也出版过《教程》的中文本。但这一版本并不是新译本，而是延安解放社根据苏联外文局1939年版的《教程》中文本重新排版印刷的。1939年5月，延安解放社出版这一中文本，分上、下两册。书末附有三个"个别名辞注释"，还附有对莫斯科版中的文字性错误的校正表，即"正误表"。全书32开本，由延安新华书店总经售。这一《教程》中文本主要流行于陕甘宁边区和华北、山东各抗日根据地，这些地区的新华书店一般都是翻印解放社的版本，发行量很大。《教程》这时已被中共中央列为干部必读的十二种书目之一，因而封面上的"干部必读"四个大字非常醒目。

　　上海启明社版《教程》中译本是吴清友翻译的，与先前的三个版本有所区别。

　　首先是在书名和体例上。这一版本的书名定为《最新联共党史（1883—1937）》，以俄国二月革命（公历1917年3月）为界，译者将全书分为上、下两册。第一册是该书导言及前六章，时间段是1883年—1917年3月，即从"为在俄国建立社会民主工党而斗争"到"俄国第二次革命"，译者将之称为"前史部"；第二册是该书后六章及结束语，时间段是1917年4月—1937年，即从"布尔什维克党在准备和进行十月社会主义革命时期"到"布尔什维克党为完成社会主义社会建设和实施新宪法而斗争"，称为"近史部"。这种书名和体例编排体现了译者对苏共历史的自我理解和研究体验，也不失为一种可取的编辑样式。在吴清友看来，俄国革命以二月革命和十月革命为界可以分为前后两个不同的阶段：二月革命之前的革命运动是"旧式革命"，从十月革命开始俄国革命进入了一个崭新的阶段——"新式革命"阶段。所以，作为对苏联政治历史有相当研究造诣的一名民国时期的著名学者，这种翻译体例与编排可体现出他对苏联党史的研究水平，

《最新联共党史（1883—1937）》，由民国时期著名学者吴清友翻译，于1939年5月由上海启明社出版。这一《教程》译本，分上下册，上册是前史部，分六章叙述1883—1917年时期的联共（布）党史，下册是近史部，叙述1917—1937年时期的联共（布）党史。吴清友的译本多流行于上海和新四军活动区域。（图片来自超星学习中心图书：http://book.xuexi365.com）

与吴清友翻译本在上海公开出版的同时，在国统区的知识分子阅读此书是一件风险极大的事情。如1924年出生的黄仲宜（华南理工大学离校教师）回忆说，她和同学常常把《联共（布）党史》"放在农民家里的一口大米缸里，米缸口小肚大，从上面很难看出藏了东西"。（图文来源：华南理工大学网站）

也有助于读者更精深地理解和掌握苏共党史的实质。

　　第二个重要区别体现在翻译者身上。不论是《教程》的莫斯科版、中国出版社版还是解放社版，我们都可以看出它们都是由"官方"组织翻译的"正本"，翻译该书时无不体现着苏共和中共的党派意识和价值诉求，可以说"为政治需要而翻译"是他们的共性，书的翻译也因此得到了组织化力量的大力支持，译本完成后还得到党的宣传机构的大力推介，因此这样的译本在党内外影响很大、发行传播很广。另外，翻译者一般是由一组党内外（特别是党内）颇有影响的资深翻译家组成，他们同时又有无产阶级政治家和马列著作翻译家的双重身份，因此说译本的完成是

"集体智慧的结晶"就一点也不为过。相比之下,吴清友的译本则不具备上述诸多有利条件,吴是民国时期的一名具有独立精神的知识分子,他无党无派,没有很强的"阶级意识"和"党派色彩",他之所以要译介这一异国异党的历史教科书主要是为了开阔学术视野和传播学术新知,这可从他舍弃原著书名而取用"最新联共党史"这样的提示性书名中略见一二。他的译本更多地体现了译者的"自主"精神,在译文的锤炼和取舍上明显地具有"终极决定权"。吴氏译本的翻译出版主要是依托上海启明出版社这样的民间出版机构的力量,在翻译的过程中译者主要是基于自己的力量和能力来进行的,基本上不受官方的干涉,也不可能组织高级别的翻译组,而是独立创作的结果,因此这样的译本也就别具风格,在书名、体例、语言等方面与前述三个译本有所不同了。[以上内容综合集成了下列成果:许冲:《消解与建构:〈联共(布)党史〉的编著及推介——以斯大林、联共(布)和共产国际为中心的考察》,《海南师范大学学报》2013年第1期;朱宝强:《〈联共(布)党史简明教程〉在中国的翻译、出版与传播》,《党史研究与教学》2012年第4期;欧阳军喜:《论抗战时期〈联共(布)党史简明教程〉在中国的传播及其对中国共产党宣传工作的影响》,《党史研究与教学》2008年第2期]

长期以来,《教程》大多沿用32开本小号字印刷,1964年出版的16开大号字线装本开创了一种新的出版品种,体现了书本印刷出版的鲜明的中国传统、中国风格,成为《教程》在中国出版传播史上的一大亮点。《教程》大字本的出版受到读者的欢迎,特别是党内外老干部的欢迎。

中华人民共和国成立后,人民出版社根据解放社版的《教程》,至1953年先后修订出版了7个版本,发行量很大。1954年4月又出版了第八版,以纪念斯大林去世一周年。从1954年4月至1955年12月仅在北京就印刷了14次,这还不计各地方及其他出版机构的翻印量,可见当时畅销之盛!在新中国成立后的十几年中,该版本在全国发行量最多、传播最广、影响最大。

1975年7月,中央编译局根据俄文原版并参照其他中文本翻译出新版《教程》,仍由人民出版社出版。该版本于1975年7月在北京第1次印刷,1976年3月第2次印刷。该版本是《教程》在中国大陆出版的最后一个中文版本,自此以后不再出版新版中文本,它标志着《教程》中文本版本更替的终结。由于距现在时间较近,这一版本现在较为常见,一般高校及科研机构的图书馆中都有收藏。

1980年民族出版社出版了哈萨克文版和藏文版的《教程》,这是由民族语文翻译局根据1975年7月中央编译局中文版《教程》转译出的。这两个少数民族文字版《教程》发行量极少,颇显珍贵,如1980年6月出版的藏文版《教程》仅一版一次印刷500本。这两个版本成为在中国大陆出版的《教程》的最后版本,自此以后,由于种种原因《教程》在中国大陆不再编译出版了,所以这两个版本标志着《教程》在中国大陆的翻译出版历程的终结。[朱宝强:《〈联共（布）党史简明教程〉在中国的翻译、出版与传播》,《党史研究与教学》2012年第4期]

三、《联共（布）党史简明教程》在中国传播的意义

关于《教程》在中国传播的意义,尤其是对中国革命和中国社会的影响,欧阳军喜的《论抗战时期〈联共（布）党史简明教程〉在中国的传播及其对中国共产党宣传工作的影响》,(《党史研究与教学》2008年第2期）有较为系统的研究:

1939年,中共中央宣传部主要负责人凯丰撰文称:我国人民正在伟大的、神圣的抗战中,《联共（布）党史简明教程》中文本的出版,将帮助正在抗战中的中国人民认识苏联人民在长期的艰苦的斗争中取得胜利的历史经验,尤其是认识苏联人民在反对外国干涉者和内部反革命的胜利的历史经验,将帮助抗战中的中国人民获得新的理论武器,将使中国人民在目前困难环境下,更加相信自己的前途。《联共（布）党史简明教程》中文本的出版将帮助中国无产阶级和共产主义者提高理论水准,提高对社会发展的法则和政治斗争知识的认识。

1939年,《解放》杂志刊文评论说:《联共（布）党史简明教程》一书,是苏联共产党（布）党史委员会最近编成的一部最忠实、最完善、最成功的,充满着马克思列宁主义精神

图为凯丰发表的《〈联共（布）党史简明教程〉的历史意义和国际意义》(《群众》1939年第2卷第16期)文章首页图。凯丰(1906—1955),原名何克全,抗战时期曾任中央政治局委员、中宣部代理部长等重要职务。

毛泽东在延安作整风报告（油画，罗工柳作）。延安整风时期，《教程》是最重要的学习材料之一。1943年9月30日，中央决定：从10月份起，用5个月时间组织在延安的高级干部及"七大"代表二三百人，讨论党史文件及《联共（布）党史简明教程》。

的，对全人类有伟大贡献的一部光辉灿烂的党史。这同时是一部俄国革命胜利及苏联社会主义建设成功的历史。它的内容非常广袤、丰富，它的经验非常值得珍惜宝贵。

1941年，毛泽东在其著名的《改造我们的学习》一文中特别强调：《苏联共产党（布）历史简要读本》是一百年来全世界共产主义运动的最高的综合和总结，是理论和实际结合的典型，在全世界还只有这一个完全的典型。我们看列宁、斯大林他们是如何把马克思主义的普遍真理和苏联革命的具体实践互相结合又从而发展马克思主义的，就可以知道我们在中国是应该如何地工作了。

1941年，杨松（时任《解放日报》总编）指出：《联共（布）党史简明教程》一书的出版，纠正了和正在纠正着该书出版前在马克思列宁主义宣传中的许多缺点，纠正了和正在纠正着关于历史战线上，特别是关于联共（布）党史研究的许多缺点。

1949年之后，与广泛学习《教程》相应，中国大陆出版了一批学习《教程》的辅导材料，图为部分教辅图书的截图。

1949年后，《教程》除继续发挥已有的影响之外，还成为知识分子思想改造、青年人树立共产主义理想的重要教材，发挥着重要作用。一些学者，包括历史学家也都撰写过宣传、辅导《教程》学习的文章。1953年，解放社转载此前共产国际法、英、美、德、意五国共产党支部对《教程》的评价说：联共（布）历史简明教程的出版，乃是世界共产主义运动、世界工人运动及资本主义国家劳动者解放斗争中最伟大的事件之一。它在马克思列宁主义的古典文献中占着非常重要的位置。《教程》的使命，就是要在使资本主义国家共产党员胜利地掌握布尔什维主义方面，在巩固共产国际各支部及提高他们思想上、政治上的水平方面，起它伟大的作用——而它也将无疑地起它这方面的作用。简明教程是一部简短的科学的百科全书，它包括了马克思列宁主义科学的基本知识。《联共（布）历史简明教程》满足了愿意研究马克思列宁主义的群众很久以来就感到的需要，而首先是满足了共产主义者的需要。从来没有一本马克思列宁主义的书，在劳动者中曾获得像《教程》这样巨大的反响，并且在这样短的时间内达到这样普遍的传布。（解放社：《马克思恩格斯列宁斯大林论思想方法论》，人民出版社，1953年，第329—335页）

改革开放后，随着国家政治经济环境的改善，中国学术界关于《教程》对中国影响的认识与评价，开始呈现多元化。

1982年，姜琦（华东师范大学教授）、周尚文（华东师范大学教授）著文称：《教程》于1938年出版，是一部在国际共产主义运动中广泛传播并对革命产生过重大影响的著作。可以说，它曾教育和影响了整整一代人，对我们这样一批新中国成立后开始接受马列主义的知识分子来说，《教程》可算是一本马列主义的启蒙书。事实上，《教程》的确有不少优点和特点。例如，它用不多的篇幅，对一系列马列主义的基本原理：辩证唯物主义、历史唯物主义、党的建设、政权建设、工农联盟等方面的理论和策略都概括得又通俗，又明了。《结束语》六条，总结了若干马列主义的基本原理。所有这些，都是联共（布）党史的宝贵经验的总结。今天研究国际共运史，《教程》仍不失为一本值得重视的著作。当然，随着形势的发展，我们日益感到，《教程》确也存在着不少缺点和不足之处。上世纪30年代末的苏联，一方面在社会主义建设方面取得了巨大的成就，另一方面却出现了"肃反"扩大化的错误，个人崇拜盛行，使国内、党内政治生活的许多方面受到损害。在这种情况下出版的《教程》，不可避免地带着那个时代的烙印。在相当长的时间内，由于《教程》不仅作为联共（布）中央审定的党史教材，而且作为斯大林本人的经典著作，被抬到了不适当的地位，加上国际共产主义运动中对苏联经验神圣化的偏差，以致人们不但忽视了《教程》所存在的问题，而且还将其中某些错误的东西当作正确的经验加以推广和运用，对一些国家（包括我国）的党内外政治生活产生过某种消极的影响。《教程》的缺点和不足之处，主要表现为：不恰当地突出党的个别领导人的作用；某些事件的叙述不符合历史的本来面貌；宣传了一些"左"倾理论，造成不良影响。［姜琦、周尚文：《对〈联共（布）党史简明教程〉的几点看法》，《书林》1982年第1期］

1987年11月由中央编译局、华东师范大学和杭州大学联合举办的"首届《联共（布）党史简明教程"研讨会"在上海举行，与会学者认为：《教程》对我国影响很大，培养和影响了我国好几代人。在马列原著还翻译出版得不多的情况下它传播了一些马列主义基本知识，但其本身问题不少，带来的弊病也很多。此书有的地方任意剪裁历史，没能真实反映联共（布）所走过的历程。书中空白区太多，只写了两个人即列宁和斯大林，对其他领袖人物则不提或有意贬低。《教程》虽然大量引用列宁的言论，但在一些根本问题上却违背了列宁的思想。例如《教程》把列宁的合作化等同于斯大林的集体化，在论证集体化的必要性时只引证列宁在战时共产主义时期的有关言论，而不提列宁的《论合作社》这篇重要文章。对全盘集体化中的错误，《教程》文过饰非，不提领导思想上的失误。在经济问题上，《教程》坚持的主要是列宁在1921年实行新经济政策以前的观点和主张，而背弃了列宁提出的新经济政策。《教程》把党内各种分歧统统看作阶级斗争在党内的反映，是走社会主义道路还是走资本主义道路之争。其实在过渡时期党内的意见分歧，大多属于建设社会主义的方法和途径上的分歧。《教程》把已被打垮的反对派叫做"特务、暗害分子和叛国者"，并论证从肉体上消灭的必要性，实际上是把三种人——思想上的反对者、政敌和反革命分子混为一谈，混淆了不同性质的矛盾。《教程》把1925年以后苏联的主要任务概括为彻底击败资本主义，是不符合列宁晚年关于把工作重心转移到文化经济建设上去的思想的。《教程》中到处贯穿着非此即彼的形而上学观点，否定中间状态，把中间阶级、中间力量当作主要打击对象；否定渐变的积极意义，人为地制造突变；否定不同质的事物在一定条件下并存和互相促进的可能性。夸大意识形态对客观世界、上层建筑对经济基础、生产关系对生产力的反作用，在经济建设中忽视生产力自身的发展规律。[《中国学者谈〈联共（布）党史简明教程〉》，《党建》1988年第5期]

1988年10月，由中共党史研究会等单位联合举办的"《联共（布）党史简明教程》对中共党史教学和研究的影响座谈会"，相关学者的评价集中反映了中国史学界对该书的全面思考。

苏双碧（时任《求是》杂志副总编）认为：《简明教程》中译本的出版，为广大干部学习马克思主义提供了一本现成的教材。平心而论，这本书的概括能力和文字水平都是很好的，而且对列宁主要著作进行了系统扼要的介绍，观点也比较鲜明，读起来既通俗易懂，又较容易掌握，于是就成了我党干部学习马克思主义的必读教科书。它的记述基本上是忠实的，苏联党的历程就是这样走过来的。一般来说，此书在十月革命前那部分，主要是写列宁的革命活动，以及布尔什维克党夺取政权的经过，这部分问题较少；十月革命后，特别是建设社会主义的阶段，问题就较多了。列宁去世之后，斯大林当政，突出了党内斗争，残酷地镇压了大批不同意见的人，破坏了党的正常生活，而这些在当时条件下，都被看成是正确的，是党的事业的胜利；受害者如布哈林等人都被看成是党的敌人。《简明教程》是按照斯大林的是非观来写的，当时斯大林是正确的化身，《简明教程》所反映的内容当然也被认为是正确的。正是由于这种原因，中国共产党也就把它当成百科全书来学习和吸收，而且是真心实意的，谁也不是造假。由此对党的事业所造成的不良影响，就十分严重。特别是在建设阶段，以阶级斗争为纲，无休止地发动党内斗争和阶级斗争，和这本书所阐述的斗争哲学是有一定关系的。不少党的干部把这种斗争看成是在维护党的事业，这是一种十分可悲的潜意识。当然，我们绝不能因此得出结论，认为中国共产党在建设阶段所犯的错误都是渊源于《简明教程》的。长时期犯"左"的错误，有中国的内在原因。封建主义、家长制，以及农民小生产者的思想，都是造成平均主义、缺乏民主、宁"左"毋右的原因。这些是必须认真总结的。如果认为我们的错误都是来自《简明教程》，那么，只批判一下这本书不就什么问题都解决了？其实，它的影响只是一个外在的因素，而主动去接受，并把它奉为经典，这才是内在的因素。而这个内在因素根深蒂固，远比外来的影响深刻得多，纠正起来也困难得多。我曾这样想过，假若没有《简明教程》做范本，我们要在十一届三中全会之前编一部党史，恐怕基本体系也会和它一样，突出阶级斗争和路线斗争。

张静如（时为北京师范大学教授）认为：研究《简明教程》对中共党史教学和研究的影响，是从史学史的角度进行总结，使作为历史学科的中共党史学得到更大发展。我们不能把这本书说得一无是处，也不能把中共党史的教学和研究中的一切问题都归因于受了它的影响，但从今天的眼光来看，它给中共党史教学和研究的影响是不好的。《简明教程》对中共党史教学和研究的影响是多方面的，但我认为最根本的是，它不是按照历史学科而是按照理论学科的要求来撰写苏联共产党历史的，弄错了学科性质和研究对象。[《〈联共（布）党史简明教程〉对中共党史教学和研究的影响（座谈会发言摘登）》，《中共党史研究》1989年第1期]

近十年来，关于《教程》的评价的讨论仍然很多，其中娄胜华、张光明、欧阳军喜的相关讨论颇值得关注，也代表了当下三种不同的倾向。

娄胜华（澳门理工学院副教授）认为：《教程》在中国近半个世纪的广泛传播，产生了持久的多方面的影响。（一）学习和研究马克思列宁主义的"中心材料"。《教程》不仅仅是一部苏联共产党的历史教材，从内容上说，它又是介绍列宁、斯大林著作的政治理论教科书。这本书的特点之一是语言通俗易懂，适合文化和理论水平都不很高的干部阅读、掌握，也节省时间，适应战争环境的需要。从普及马列主义基本知识效果看,与其说它是历史书,毋宁说它是政治理论读物。(二)一定程度上成为中国革命和建设效法的"典型"和"榜样"。(三)增强了对党内斗争的认识偏差。《教程》把苏共(布)党内斗争用"路线斗争"来概括,作为贯穿全书的主要线索,把党内路线斗争的意义绝对化,认为党内路线斗争是敌对阶级之间的斗争。对这种演绎论断的移植,在中国党内也凑出了所谓的"十次路线斗争"。(四)党史教研的"范本"和"框框"。[《论〈联共(布)党史简明教程〉在中国的影响》,《南京社会科学》1997年第6期]

张光明(北京大学教授)认为:简单的意识形态宣传取代了独立的思想探索。为此,在1938年推出了那部风行世界的理论教科书《联共(布)党史》,用一种不容怀疑的官方框框把整个思想控制起来。不必有多么深刻的了解,只要读过这本书并拿它与马克思学说的基本著作稍一比较,从印象上便很容易看出差别。马克思、恩格斯的著作是富于启发探讨性的,在思想上留有可供思考的充分余地,《联共(布)党史》则是标准的钦定教本。它在思想上是独断的,在理论方法上是斯大林式的,在文体上也是典型的斯大林风格。在叙述历史时,它按照现实需要去裁剪材料,把丰富复杂的社会主义运动进程描述成一两个领袖人物与一批批敌人、机会主义者、暗藏的匪徒间谍斗来斗去、不断取得胜利的过程,广大人民则仰望天空享受着领袖的恩泽。它在把现成的理论信条灌输给人们的同时,堵塞了接受融会新的知识、新的思想的途径。结果是培育出了一大批意识形态的宣传干部,却窒息了人们独立思考的能力。(《社会主义由西方到东方的演进:从马克思到邓小平的社会主义思想史考察》,云南人民出版社,2004年,第170—171页)

欧阳军喜(清华大学教授)认为:《联共(布)党史》在不同的历史时期对中国产生了不同的影响,不同历史时期中国共产党对《联共(布)党史》的理解和接受,侧重点也是不同的,因此不能笼统地对《联共(布)党史》加以肯定或否定。《联共(布)党史》的出版及其传入中国,对抗战时期的中国共产党宣传工作产生了重大影响。它提高了中国共产党对宣传工作重要性的认识,促进了干部教育的发展,补正了过去宣传工作中存在的马克思主义与列宁主义分离、马克思列宁主义教育与党史教育分离的缺失,加强了宣传工作与抗战实际的结合。这一切为中国共产党实现思想上的统一起了积极作用。需要指出的是,《联共(布)党史》之所以能对抗战时期中国共产党宣传工作产生如此重大的影响,是由当时国际国内的形势所决定的。当然,由于《联共(布)党史》有意夸大斯大林的理论贡献,过分强调苏联共产党经验的普遍意义,也对后来中国共产党的宣传工作和中国社会主义建设产生过不良影响。但总的来看,在抗日战争时期,《联共

（布）党史》对中国共产党的宣传工作起了一定的积极作用。[《论抗战时期〈联共(布)党史简明教程〉在中国的传播及其对中国共产党宣传工作的影响》,《党史研究与教学》2008年第2期]

四、俄罗斯重印《联共(布)党史简明教程》说明了什么

2003年初,俄罗斯教育部决定再版发行《联共(布)党史简明教程》,2004年9月完成印刷装订,并将其作为俄罗斯高校师生历史教学参考书发到了各学校图书馆。此次印刷完全采用1945年的版本和装帧,新书的封面上还特别注明"这是《简明教程》的第302次印刷",并特别在扉页上用大字写道:"你读过《简明教程》吗? 她被誉为马克思列宁主义的百科浓缩,曾在世界上以126种文字,发行4 280万部。"此前,为了配合这次再版,俄教育部还专门邀请著名历史传记学者罗伊·麦德维杰夫撰写了题为《斯大林与〈联共(布)党史简明教程〉》的长篇文章,用大量翔实的材料生动地再现了该历史教科书编撰的全过程,着重介绍了时任苏联最高领导人的斯大林对历史问题和历史教育的高度重视。该文除作为后记附在新版《教程》后外,俄教育部还在其下属的《高等教育》杂志(2003年第7、8期)上进行了刊载。

俄罗斯决定重印《教程》,主要针对苏联后期特别是其解体后俄罗斯知识界、教育界出现的"丑化历史、清算过去"的思潮及其所引起的各种深刻的负面影响。在这一思潮下,许多历史著作包括各类教科书,对苏联各时期的历史评价褒贬不一,但总体上以否定十月革命以来的历史教科书居多。例如,对列宁、苏共的作用大肆贬低,将十月革命直接描述成布尔什维克少数人领导的"一场暴动",将斯大林时期体制上存在的问题蓄意夸大,称之为搞"极权和恐怖",故意贬低斯大林在卫国战争中的作用,将集体化运动描述为"大灾难"、"大饥饿",等等。由此引发的俄罗斯人在历史问题和历史领域的认识混乱,不但成为直接导致苏共丧权和苏联解体的思想基础,也使俄罗斯深深地陷入"精神和领土分裂"的危险之中。(苏联时期著名的持不同政见者、诺贝尔文学奖获得者索尔仁尼琴)因此,2001年普京当选总统后,除加强经济领域的治理整顿外,也开始试图在政治思想领域"拨乱反正"。其中,在历史认识与历史教育问题上,他提出"俄罗斯应当有统一的历史教科书,历史学应当团结社会,而不是介绍各种不同的观点",强调"历史教科书应该叙述历史事实,培养年轻一代对自己祖国和祖国历史的自豪感",要求"结束历史教科书领域的'混乱',修改、统一历史教科书,加强爱国主义历史教育"。在其支持下,俄罗斯教育部门开始清理一些过多地"抹黑历史"的教科书,举行全国范围

内的"历史教科书奖励评选"活动。特别是针对原苏联东欧地区发生"颜色革命"以来，一些独联体国家和东欧各国纷纷修改本国历史教科书，歪曲"二战"中苏联和苏军作用的现象，查禁某些历史教科书，充分肯定那些正面评价苏联的历史著作，并使之进入大学课堂，其中就包括《联共（布）党史简明教程》。[张树华、徐海燕：《俄重新出版发行〈联共（布）党史简明教程〉》，《中国社会科学院院报》2005年12月27日第3版]

时隔半个世纪之后，俄罗斯重印《教程》并作为大学历史教学参考书在全国发行，其意义不同凡响，也在俄罗斯各方引起强烈反响。受此影响，中国的学术界也给予了高度关注和评价。

周新城（中国人民大学教授）认为：历史不是可以被人随意涂抹、打扮的小姑娘。有人可以凭借阶级的力量暂时掩盖真相，但随着时间的推移，总是要恢复原来的真实面貌的。一股历史的风开始刮走堆在斯大林坟头上的垃圾，一时迷住了某些人眼睛的尘埃终于被历史的风刮到太平洋去了，俄罗斯人民开始重新评价苏联时代的社会主义实践。正是在这种情况下，《联共（布）党史简明教程》再版发行。尽管晚了一点，尽管走了一大段弯路造成巨大损失，但这股历史的风是早晚要刮起来的。[《必须尊重历史——俄教育部再版〈联共（布）党史简明教程〉有感》，《安徽师范大学学报》2006年第3期]

蒲国良（中国人民大学教授）认为：近年来，国内不少学者对俄重印《教程》一事评价相当高，试图用这件事情来证明俄罗斯不仅是重新肯定了《教程》本身，而且是在对待斯大林和苏共及苏联问题上的拨乱反正。那么，我们究竟应该如何看待俄罗斯重印《教程》这件事情呢？第一，俄罗斯重印《教程》之举属于历史学专业教学与研究中的一件相当平常且正常的事情，并不包含多少特殊意义。第二，无论俄罗斯国内是否存在重新评价斯大林、重新评价苏联历史的思潮，以重印《教程》之举作为论据未免给人以牵强附会之感。第三，国内学界对国外动态应以客观的态度予以介绍，不宜凭个人之好恶刻意渲染，否则难免有误导读者之嫌。[《不要曲解俄罗斯重印〈联共（布）党史简明教程〉》，《探索与争鸣》2010年第10期]

栾景河（中国社会科学研究院研究员）认为：一个再普通不过的旧书再版事件，如何被演绎成俄罗斯教育部重新再版该书的学术信息了呢。对此，俄罗斯学者罗伊·麦德维杰夫在这个问题上起到了极大的误导作用，因为从《俄重新出版发行〈联共（布）党史简明教程〉》中的"据罗伊·麦德维杰夫披露"一段话的文字来看，这个信息首先是由麦德维杰夫透露给文章作者的。换句话说，就是中方学者在与俄罗斯学者进行的学术交流的过程中，只注意了该问题的重要性，而忽略了该问题的真实性，没有进行调查研究，在还未见到该书的情况下，就匆忙地抛出一个不确切的信息，并由此而产生了误导效应。[《俄罗斯教育部再版发行〈联共（布）教程〉了吗？》,《理论视野》2012年第7期]

徐海燕认为：为了更好地说明该问题，我们有必要详细地回溯一下再版此书前后的背景。正如《再版》一文所言，俄罗斯再版发行《联共（布）党史简明教程》的时间是2004年7月，在我们看来，这是2000年普京当选俄罗斯总统以后在历史教育领域一系列"拨乱反正"的结果。普京总统先后在2001年、2003年的几次公开场合对当时俄罗斯历史教育和教材领域的乱象提出批评，指示俄教育部、科学院以及包括史学界在内的社会团体要加强对青少年的爱国主义教育。2003年11月25日，俄教育部部长弗·菲利波夫在克里姆林宫一次会议上宣布，俄罗斯教育部已做出决定，将对所有的历史教材进行审查。今后推荐的教材要符合新的历史教学标准，择优采用。这位教育部长提出，今后的历史教科书"将杜绝那些歪曲历史的虚假的自由主义"。值得注意的是，再版《联共（布）党史简明教程》正是在这一表态前后完成的。[《俄再版〈联共（布）党史简明教程〉的背景及启示——与栾景河研究员商榷》,《理论视野》2012年第10期]

洪洞大槐

——亦真亦幻的故园想象

赵世瑜 安介生等 韩朝建整理

山西洪洞大槐树，寄托了中国历代多少移民对故园的想象？据洪洞当地的相关资料介绍，目前的"大槐树"是从母树上移栽的第三代大槐树。图为夜景中的山西洪洞县大槐树。

【引言】"问我家乡在何处？山西洪洞大槐树；祖先故居叫什么？大槐树下老鸹窝。"在中国各地的乡村，至今仍然流行着很多关于本族祖先来源的传说。在中国北方地区，流传最广的就是山西洪洞大槐树的移民传说。此类传说已经广泛进入明清以来的族谱等文献，并在近年形成大槐树寻根热。

有关"洪洞大槐"的历史学研究，始于上世纪30年代，如马长寿的《洪洞迁民的社会学研究》、郭豫才的《洪洞移民传说之考实》等。

近代以来，"洪洞大槐"成为学术界关注度甚高的一个热点话题。国家图书馆网站检索"大槐树"，有1 000多条，中国知网则有970条检索结果。

总括近30年来史学界的研究，其学术指向大致可归纳为两个方面。其一，"洪洞大槐"部分反映了明朝洪武、永乐年间大移民的史实；其二，"洪洞大槐"更多的是一种故园想象，是地方士绅重构祖先记忆的一种文化努力。这两种研究指向并未导致明显的学术争论，反而形成了学术上的相互观照，并极大深化了"洪洞大槐"的研究。其中，赵世瑜、安介生、高胜恩等，都在这一领域的研究中取得了公认的学术成就。

一、"洪洞大槐"的真实与虚构

赵世瑜（北京大学历史系教授）：**应把大槐树视为民众便于传承历史记忆的符号，而不必与历史真实联系起来。**

山西洪洞大槐树移民传说在明清以来的华北各地流传甚广，研究者多认为它反映了明洪武、永乐时期大移民的史实，并将洪洞视为政府大规模强制移民的中转站，但其中诸多困惑仍未得到令人满意的解释。据目前的文献资料，在一个相当长的历史时期内，涉及山西的移民活动事属无疑，但根据谱牒统计，祖先来自此处的达到11个省的227个县，移民人口达到百万以上，也引起众多学者的怀疑，但终无合理的解释。如果追寻有关此事的传说和历史，以其中所反映的人口迁移过程中的共同心态、移民有关祖先和家园的集体记忆和历史记忆作为研究对象，探讨大槐树或老鸹（鹳）窝被塑造成为一种神圣象征的过程，对此类话语背后的意义进行福柯（M. Foucault）所谓"知识考古学"的探究，也许可以发现这些话语和象征是如何被创造出来的；也可以通过研究这些传说的不同类型和传承特点，发现其背后的社会文化氛围。（《祖先记忆、家园象征与族群历史——山西洪洞大槐树传说解析》，《历史研究》2006年第1期）

赵世瑜："若问老家在何处，山西洪洞大槐树；祖先故居叫什么，大槐树下老鸹窝。"关于大槐树和老鸹窝（其实文献中多写作"老鹳窝"），即使地方文献也有不同的理解，如属光绪十年（1884）的河南焦作阎河村《始祖刘旺登墓碑》记："刘氏相传本山西洪洞县大槐树村人也。"属光绪十三年的山东菏泽《王氏谱序》说："始祖原籍山西洪洞县老鹳窝木查村。"曹县大马王《王氏合谱》说："始祖原系山西平阳府洪洞县老鹳窝之民。"民权县的《段氏历代世系姓考》说："洪武三年，奉令由山西洪洞老鹳窝卢家村迁移冀、鲁、豫三省交疆之地。"这都是把它们传为地名的。另外也有属康熙六十年（1721）的河南内黄邢固《王氏祖碑》称"山西洪洞县枣林村,乃余家祖居也",而众所周知,枣林村或枣林庄是山东移民通常传说是自己祖籍的地方。还有山东滕县的黄氏族谱称祖先来自洪洞的喜鹊村,江苏沛县孙氏家谱称来自洪洞喜鹊窝,这应该是因"老鸹"即乌鸦通常被视为不祥之物,而故意改为表示吉利的喜鹊,"鸹"写作"鹊"或亦因此故。因此,应把大槐树和老鸹(鹊)窝视为民众便于传承历史记忆的符号,而不必与历史真实联系起来。(《祖先记忆、家园象征与族群历史——山西洪洞大槐树传说解析》,《历史研究》2006年第1期)

高胜恩(山西省社科院社会学所研究员)、**楚刃**(山西省社科院党建与政法所研究员):**洪洞大槐树迁民的历史真实**。

洪洞迁民在明初洪、永两朝不仅次数多,规模大,而且这种类型的移民活动延及有明一代。例如河北《广宗县志》曰:"全县十五社内,崇文、仁义两社是明成化年间陆续迁来的。"另外,从山东定陶县调查搜集的迁民资料中,也可了解到有关明代洪、永之后的迁民的情况,该县洪洞大槐树迁民:明洪武间241人,建文间2人,永乐间100人,洪熙间1人,宣德间4人,正统间2人,景泰间7人,成化间11人,弘治间3人,正德间1人,嘉靖间3人,万历间9人,崇祯间9人。可说明明代大部分帝王时期都有迁民活动。

关于洪洞大槐树迁民次数的问题,林中园等人认定为16次。杨安祥认为是17次。笔者认为外迁的次数应为18次(洪武间10次、永乐间8次)。

洪洞大槐树迁民的迁入地主要是中原和两淮地区。洪武六年和九年曾先后两次"迁山西及真定民屯田凤阳"。又洪武七年,曾从雁北的朔州迁故元士卒及家属到凤阳府的泗州、虹县屯田。可见,朱元璋在开国之初,是把其出生之地凤阳当作根据地重点经营的。此后,他又数次向河南、河北、山东、北京等地移民。到永乐年间,朱棣则把他的封地北京及京畿地区作为移民充实的重点区域,前后8次全是向这些地区迁民的。实行"移民就宽乡"的政策,均衡劳动力的分布,单靠自发式的迁徙无法立即奏效,最佳办法就是实行强迫移民。封建社会落后的生产方式使每一个农民都需要有大片的土地,才能种蚕养蚕、生产五谷以交纳赋税,充实统治阶级的国库,维持其统治。洪洞大槐树迁民就属此种类型。由于是在强制命令下进行,每当朝廷迁民的诏书一下,山西中南部被迁之民就从四面八方赶到洪洞大槐树下,树旁的广济寺里驻着朝廷派员,为迁民登记造册,发放川资凭照(称作迁移勘合)。接着,经户部为迁民编里后,由后军都督府派兵士押解送交迁入地的各州县。对于不愿远离家园的劳动人民,押解的军士用"械系"的办法逼迫他们上路。

河南汲县郭全屯发现的明初迁民碑,是山西泽、潞州迁河南之民组织形式的佐证。当时一里为110户,设里长一人,下设十名甲首,甲首一般由丁多者担当。余下的 100 户分为十甲,每甲统十户。这完全是按明朝的里甲制编排,待到迁民来到河南卫辉府的汲县,便被安置下来。此处,郭全为里长,久而久之,村子便以里长的名字命名,原村名"双兰屯"反而不再使用,可见迁民的势力之大。汲县现在还有如"李亨屯"、"李源屯"、"柳毅屯"、"马正屯"等,其来源盖由此。迁民时,因路途遥远,路上有押解官押送,迁民中有迁长负责带队,数百数千人结队而行。有关迁民远离家园,历尽艰辛的记述,在谱牒、碑文中俯拾皆是。(《关于明初洪洞大槐树迁民的几个问题》,《晋阳学刊》1993 年第 4 期)

赵世瑜:"洪洞大槐"亦真亦幻的建构过程。

在河南济源南水屯村的张家祠堂,祠堂正中所供香案上的牌位上写着:"始祖威卿于明洪武三年由山西省洪洞县迁至济源南水屯,迄今已六百二十九年。"西墙上悬挂的《张家祠简介》除了讲述同样的话外,接下去说:"长子思义系吏员,次子思徽于洪武丙子年举茂才,任湖广荆州府通判,承直九年考满,于永乐年间升户部员外郎。洪熙元年为祭奠父母,撰文刻碑。清乾隆四十二年重刻此碑,保存至今。"我们也在祠堂院内见到了这块碑,由于刻写年代距离传说中的移民时间很近,应该比较可信。仔细观察其中文字,曰:"公讳威卿,乃济源之世家也。其所居县曰沁阳,里曰堽头,村曰南水屯,是其先祖之发庐。□厥先祖其便,□以居焉。"十分清楚的是,这块撰于洪熙元年(1425)二月、距离所述事件仅 20 多年的墓志,不仅没有提到这位始祖从山西洪洞移民的经历,反而写明他是这里的土著。

到了清代中叶,传说中的那些地名也开始在族谱和墓志中出现。如署清康熙六十年的河南内黄邢固村《王氏祖碑》:"山西洪洞县枣林村,乃余家祖居也。"署清乾隆五十八年的河南太康县潭岗西村《赵氏墓碑》:"始祖讳太,始居山右,原籍洪洞县老鹳巷。"署清道光二十三年的河南孟州市冶墙村《孟氏墓碑》:"相传洪武二年携弟原清从山西洪洞县广济寺奉诏迁于此。"

族谱在不断的重修中逐渐变化或丰富,其中的原因可能是非常复杂的。如河南濮阳市胡村有一明弘治十五年(1502)三月的《细城岗任氏先陇记》,其中说"仆家世大同,因兵燹后徙居今郡治之东南细城村"。但到后世所修的濮阳市西郭寨《任氏族谱序》中,内容就变成:"明洪武年间,因兵乱,吾先祖仲康、仲熙、仲和三兄弟自山西大同、平阳,经洪洞东迁……至今六百余年,现有五世祖孟旸于弘治十五年给始祖立石为证。"弘治十五年碑文中既无时间,又未提到洪洞,怎么能为这些新增的内容作证呢?族谱编修因为各种原因中断,导致早期的族谱丢失,后人无法忠实于最初的记载,应该是其中重要原因之一。

其实越是晚近修的族谱,吸收传说的内容越多,而且明确写祖先来自洪洞大槐树、老鹳窝的也越多。传说进入族谱，便成为可信的史料，族谱所说再被采择进入正史或者学术性著作，历史就这样被亦真亦幻地建构起来了。

但是，这并不等于说所有记载其祖先来自山西洪洞的族谱在这一点上都是虚构的，也还有很多族谱记载其祖先来自山西其他地方或者其他省份。在历史上的许多时期，人口迁移是很频繁的，山西也是如此，甚至政府有组织的移民行为也是确定的事实，为什么就不能有洪洞来的移民呢？署乾隆三十六年的河北赞皇县寺峪村《王氏功德碑》谨慎地说，"闻故老传言，系山西洪洞县柳子沟民籍"。而洪洞也确有柳沟和柳沟里的村落。问题在于这些在族谱中自称是洪洞移民的数量太大了，对此，已有学者表示怀疑，并认可洪洞作为移民中转站的说法，但这并无可信的史料依据。(《祖先记忆、家园象征与族群历史——山西洪洞大槐树传说解析》，《历史研究》2006年第1期)

冀满红（暨南大学历史系教授）：**祖源虚构的利益诉求**。

家谱的特征往往在于尽管先世曾经辗转流离，遥远而不可追述，然都奇迹般地与大槐树或珠玑巷这些意象相联系，虽然不排除作为正牌后裔的可能性，但不可否认其中有"虚构自己祖先"这一情况的存在。推究这种情况出现的原因，一方面主要是因为在洪洞大槐树与南雄珠玑巷的传说已经被官方正统意识所认可的情况下，对大槐树或珠玑巷的尊奉为自己在动乱社会的存在身份提供了安全参考；另一方面这也是迁徙民众寻求自我身份认同的需要。在讲求实际的民众当中，大槐树或珠玑巷移民作为具有共同乡土情结的移民集团，在筚路蓝缕的奋斗过程中，具有控制与争夺生活资源的优势地位。这种实在的利益或许是驱使民众虚构自己祖先的重要考虑。(《民众迁徙、家园符号与地方认同——以洪洞大槐树和南雄珠玑巷移民为中心的探讨》，《史学理论研究》2011年第2期)

申红星（新乡学院历史系讲师）：**"攀附洪洞"与"同乡"身份的认定**。

通过对明中后期以及清初两个时间段的考察可知，当时豫北地区应当有大量的流民、囚徒、军户附籍，他们都成为当地的编户齐民。他们的后裔出于改变身份的目的，为了获得国家正统身份认同，就必须同"无籍之徒"甚至囚徒身份划清界限，强调自己祖先是明初奉诏自山西洪洞迁移而来，从而合法地在乡村社会占有各种政治、经济和文化资源。转变这一身份另一优势还在于，在乡村日常生活中，能够最快地以"老乡"身份拉近与乡村社会中山西移民宗族感情，达到互助互利的目的，以便依靠同乡关系壮大声势，巩固本族的地位，维护自己在乡村的利益，更好地在当地生活。由此可知，山西洪洞移民传说的流传，不仅是对祖先历史集体记忆的反映，更为重要的是移民们在现实生活中对于保护与维护自己实际利益的诉求。（《明清时期豫北地区移民问题探析——以山西洪洞大槐树移民传说为中心》，《求是学刊》2010年第2期）

李留文（郑州航空工业管理学院人文社科系副教授）：**宗族伦理的普及与对洪洞的文化归依。**

据笔者所见到的碑刻、族谱之类地方文献看，明代的史料在提及人物籍贯、宗族来历时虽然多数称来自山西，但很少是洪洞的。康雍时期出现的族谱在谈到始祖时洪洞移民的说法就多起来，乾隆以后就更加普遍了，只要祖上没有留下碑刻之类史料的宗族往往称是洪洞移民的后代。

一个很有意思的现象是，凡是提及洪洞移民的资料绝大多数与宗族文化有关，如族谱、祠堂碑刻、墓志铭等，这就暗示我们移民传说与宗族发展有着密切关系。比照来看，我们惊异地发现两者发展轨迹若合符契：宗族文化在华北的发展在明代经历了一个长期的萌发过程，明末到清代的康雍年间有所发展，乾隆以后在民间社会获得普遍发展，出现了大众化的局面。在宗族伦理文化普及于乡村社会时，始祖的籍贯、来历突然之间成为了问题，人们的思想在不断经受正统文化的考问，不得不交代自己的始祖来历、历代世系。

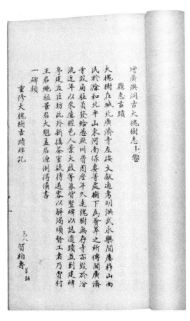

《增广山西洪洞古大槐树志》，洪洞积祥斋石印局代印。书中共收录关于大槐树的碑记、题跋、歌咏、诗、词、序等近百篇。

不搞清这些问题，宗族就无法建立，文化身份就无法确定。在没有任何资料可以凭依的情况下，洪洞的故事就产生出来，并在强烈的社会需求下而变得家喻户晓、妇孺皆知。可见洪洞移民的传说产生于乡村社会宗族大众化的过程之中，一定程度上可以说是宗族大众化的一种表现形式。只有在宗族大众化的社会背景下洪洞移民的传说才能够得到解释，否则就无法理解为什么那么多人都在说始祖是从洪洞迁来。（《宗族大众化与洪洞移民的传说——以怀庆府为中心》，《北方论丛》2005年第6期）

秦燕（西北工业大学人文与经法学院教授）：**归附大槐树与户籍身份的合法性。**
陕北很多家族都声称其祖上是从山西大槐树下来的，但大多数仅是传说，并无任何凭据,以致后代在修谱时疑窦丛生。洛川县阿时村李氏族谱序中讲到,相传祖上是明成化、弘治间由山西迁来,但修谱者对此却颇感疑惑,"考之洛志,洛邑户口不为少,而居洛者率皆云然,抑何迁民之多也?"有学者对珠江三角洲移民有关珠玑巷南迁的传说进行了深入探讨,指出其情节并不可信,但它是移民在当地取得定居权的合法依据,由于声称其迁移有官府的批准和被编入了户籍,其族人在三角洲的地权遂有了合法性。这一解说对我们了解陕北移民的状况颇有启发。

大批的移民在明初、中期到达最初的定居地,但是以后的几代多处于不断的迁移之中,尤其是那些明清各时期自发地由外省迁入陕北的移民,几乎都经历了辗转迁徙的艰难。而在辗转迁徙的过程中,说明自己是奉命迁移和证明国家户籍身份仍然是最重要的。陕北地区移民多来自山西大槐树的传说,反映的社会背景应是国家在明清时期掌握了开发陕北的控制权,各时期迁入的人口不断地被国家编入里甲制的过程。(《明清时期陕北社会宗族的形成与发展》,《中国历史地理论丛》2002年第3期)

吴欣(聊城大学历史系教授):**记忆洪洞是宗族进行宗族建设的动力。**

居于山东东阿县苫山村落西半部的洪洞李氏是移民家族,据家谱记载:"祖常公,字陈夏,自号知己。元(原)籍山西洪洞县人氏,元泰定丁卯科举人,因乱不仕,自顺帝甲辰年迁居东阿县苫山庄家焉。"关于家谱中的这段记述,因为史无所载,我们很难确定这一"移民"属于个人行为还是集体所为。从家谱记述来看,李氏家族始祖李知己被描述为虽已科举但因乱不仕之人,落籍苫山后其子孙均以务农为生,至五世李仁为嘉靖二年癸未科进士,李氏子孙始再获功名。李仁,字元夫,号吾西,嘉靖二年进士,官至都察院右副都御史,是李氏宗族中官职最高的族人。族谱对"陇西"、"洪洞"以及始祖科举身份的历史记忆,是一种历史真实,还是一种历史的选择、想象甚至虚构? 或许这些并不重要,事实上,正如刘志伟所言,"有关移民的历史叙述,应该是被研究的对象,而不是研究所得的结论"。按照这样的研究思路,李氏的历史追忆既包括了族人对陇西、洪洞、科举这样历史事件的认同,也是一种记忆与现实的延续,在这一脉络之中,李氏宗族能够寻找到其社会价值与进行宗族建设的动力。(《村落与宗族:明清山东运河区域宗族社会研究》,《文史哲》2012年第3期)

二、为什么是洪洞县

安介生(复旦大学教授)、**葛剑雄**(复旦大学教授):**自金元以来,平阳的经济**

文化地位一直居山西之冠，而洪洞在府属各县中又居领先位置。

首先，洪洞县所属的平阳府应该是山西输出移民最多的地区。据成化《山西通志》，输出移民的太原、平阳、汾、沁、辽、潞、泽等府州，洪武二十四年共有6万余户，而平阳府有2万余户，超过总数的三分之一。以永乐十年的人口数与洪武二十四年相比，潞州减少了376 845口，平阳减少了203 505口，即使不考虑这

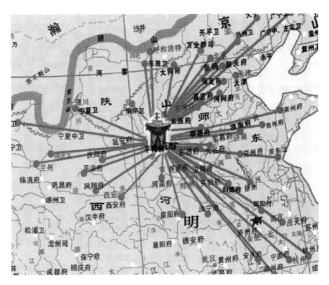

据史料记载，洪武二十四年，洪洞县所在的平阳府人口总数为1 847 790人，到永乐十年，减少为1 644 285人，21年间净减少20万人，可以确证为全省移民之首。而根据万历年间的《洪洞县志》记载，该县洪武二十四年至永乐十年仅减少不过5 097人。

21年间的人口自然增长，迁出的人口至少有58万之多，估计要占山西外迁人口之半。而潞州与平阳毗邻，两地移民合并迁移安置也在情理之中。如果这样，出自平阳的移民自然会成为山西外迁移民主体。

其次，自金元以来，平阳的经济文化地位一直居山西之冠，而洪洞在府属各县中又居领先位置。如金人孔天鉴在《藏书记》中称："河东之列郡十二，而平阳为之帅。平阳之司县十一，而洪洞为之剧。……东接景霍，西临长汾，南间大涧，邑居之繁庶，土野之沃和，雄冠他邑。其俗好学尚义，勇于为善，每三岁大比，秀造辈出。"这种优势一直保持到了明代，据成化《山西通志》所载平阳府属各县的户口数，洪洞县仅次于临汾县而居第二，而洪洞优越的交通枢纽地位又为临汾所不及。正如乔逢辰在《惠远桥记》所言："其始为城者，适当大路津要，骈骖之所奔驰，商旅之所往来，轮蹄之声昼夜不绝。"由于洪洞地当交通要道，本地外迁的百姓既多，又具有雄厚的经济实力，官府选择洪洞为附近地区外迁移民的集合地和出发地是完全可能的。

明代的山西移民基本都是无地、少地的底层贫民，既无社会地位，更无文化；既无煊赫的祖先和高贵的门第值得炫耀，又没有以文字记载故乡家世的能力；所以留给他们印象最深、并由他们的子孙口耳相传的就是繁华的洪洞县和他们出发时告别的那棵郁郁葱葱的大槐树了。等到他们的子孙繁衍为人丁兴旺、富裕体面的大家族时，再要追溯祖宗迁出山西以前的踪迹和世系已不可能，所以只能以洪洞

大槐树为故乡了。

　　另一些移民不仅故乡不是平阳府或洪洞,也不是迁自大槐树,但他们的后代早已不知道祖先的具体来历了。既然自己的祖先来自山西,其他山西移民的后代又都说是洪洞大槐树人,自然也应该以大槐树为故乡。随着大槐树移民后裔的增加,这种文化上的认同和从众心理也会越来越强烈,以致明知自己祖先来自山西其他地方的人也会认同于大槐树。从这一意义上说,大槐树的确成了全体山西移民后代心灵上的根,而不管他们的先人来自山西何处。(《洪洞大槐树——中国历史上的移民发源地之六》,《寻根》1997年第6期)

　　郝平(山西大学中国社会史研究中心教授)**:洪洞是北中国最大的移民集散地,有深厚的历史文化底蕴。**

　　就中国的移民传说而言,类似于洪洞大槐树的移民集散地还有很多,何以唯独洪洞大槐树会产生这样的"根祖"认同呢? 笔者认为,要解答这个疑问,需要从下面两个方面入手探索,一是洪洞本身具备什么样的客观条件,二是有什么样的深厚地方文化促成其独特性的形成。就洪洞而言,就是下面两点:一是明代洪洞是北中国最大的移民集散地这一客观因素;二是汉民族发祥地的优越地理位置和深厚的历史文化底蕴,加之大槐树移民的空前规模和影响,促成千百万移民把洪洞作为他们魂牵梦绕的"想象家园"。把洪洞而不是其他地方作为"想象家园",最根本的因素,恐怕就在于洪洞本身深厚的历史文化底蕴产生了强大的吸引力。(《传说、信仰与洪洞乡村社会——兼及大槐树移民的文化认同》,《历史档案》2006年第3期)

　　乔新华(山西大学历史文化学院教授)**:洪洞士绅积极接续本地文化传统,制造国家认可的主流话语。**

　　山西南部以及从广义上说的黄河流域,是中华文明的发源地之一,有中华民族发源的"直根"之称。伏羲、女娲、黄帝、炎帝、尧、舜、禹等远古圣王在这块土地上留下许多遗迹和传说,该区域从上古至近代历史与这些古老象征资源的再创造始终紧密地联系在一起。洪洞士绅一直在力图接续这一传统,从明初朱元璋礼法之治背景下对皋陶、师旷的塑造,到晚明华夷之辨及道统论思潮下对皋陶的再塑造,最后到晚清民国"民族—国家"建构下对大槐树的利用,洪洞形象一步步地凸显出来。由于地方始终在国家主流话语下对"文化传统"进行灵活的阐释和塑造,因此洪洞形象逐渐超越地域本身;也正是因为士绅在地方上不断制造国家认可的主流话语,洪洞的影响才在传播中逐渐递增,最终成为数千万人认定的"故乡"这样一个特定的象征。[《山西洪洞大槐树:移民者想象的家园》,《农村·农业·农民(A版)》2011第11期]

三、"洪洞大槐"移民的范围、规模和特征

杨安祥：根据正史、方志、著作、家谱、碑文、口碑资料考证，大槐树移民分布11个省227个县。

除正史、地方志和著作40余份材料可知其古大槐树处移民分布安徽、河北、河南、山东、北京市五个省（市）42个县（市）外，根据家谱、墓碑、祠堂碑文资料，古大槐树处移民分布又增天津市、陕西、甘肃、江苏、湖北和山西六个省（市）105个县（市）。根据口碑160余份资料，补充古大槐树处移民分布县（市）80个。考证古大槐树处移民分布有两点历史事实需要说明：其一，根据《清史稿·吴三桂传》载：明末吴三桂降清后被封西平王，他率军转战四川、云南、贵州，部下士卒大多是冀、鲁、豫健儿，古槐迁民后裔，多不愿附逆，随时散居各地。其二是清朝建立后，由关内向关外移民，据《古今图书集成·赋役考》载"顺治十年议准辽东招民开荒，有能招之一百名者，文授知县，武授守备……招民多者，每百名加一级"，这项政策一直贯彻几十年。由此可见，古大槐树处移民间接分布云南、州贵、四川和东北三省。根据以上考证，洪洞古大槐树处移民分布11个省（市）227个县。[《洪洞古大槐树处移民分布考证》，《山西师大学报（社科版）》1986年第2期]

刘郁瑞（原洪洞县大槐树移民文化研究会会长）：**从征集到的资料看，晋、豫、冀、鲁、陕、甘、皖、苏是主要迁入地。**

80年代初，洪洞县组建了县志办公室，不久发了个《古大槐树迁民资料征集启事》，当时因刚刚搞改革开放，启事登在《参考消息》的中缝上。这个小小的启事却引起了较大的轰动。不久陆续收到寄来的数百份家谱、族谱、墓碑和祠堂碑的抄件，还有很多家传资料。河南省寄来资料92件，涉及63个县，占到河南省县市一半以上。河北省和北京地区寄来资料稿件79件，涉及56个县。山东省寄来资料稿件75件，涉及52个县的迁民情况，都谓从洪洞县迁去的，占山东县市一半以上，计40余个姓氏。陕西省寄来资料30余件，说明明初山西农民也有一定数量迁入，主要是关中及宝鸡地区与甘肃交界处多一些，有相当一部分是从冀鲁豫间接迁去的。甘肃来稿10余件，说明山西洪洞移民对西北地区开发也起了一定作用。安徽省有10个县寄来10份资料，大部分是洪武时迁去的。江苏、湖北也来了部分资料，江苏是靠近山东的一些县，湖北是靠近河南的一些县。本省晋北、晋东等地，亦有这方面的记载，定襄、徐沟、平定、寿阳、代县、交城、祁县、太原、阳城、灵石、五台等县（市）都来有资料，表明他们的先祖也是从洪洞大槐树下迁去的。此次征集的资料，云南、

四川、贵州、新疆、东北三省也来了几十件资料，说他们的祖先也是山西洪洞大槐树迁去的。[《古槐移民与古槐文化》，《山西师范大学（社科版）》2001年第1期]

张青（洪洞县县志办主任）：**大槐树移民分布18个省近500县。**

根据《明史》、《明实录》、《日知录之余》等正史及笔记史料的记载，加之笔者收集查阅的家谱、碑文、信函资料和大槐树祭祖园留言簿不完全统计，明朝洪洞大槐树移民姓氏共800余个，移民分布共18个省（市）500余县（市）。其中：河南106县（市），北京、天津、河北129县（市），山东92县（市），江苏、安徽、湖北、湖南62县（市），陕西、甘肃、宁夏51县（市），山西34县（市），内蒙古9县（市），辽宁11县（市），吉林3县（市），黑龙江3县（市），广西1县。（《洪洞大槐树移民考》，《中国地方志》2003年S1期）

安介生、葛剑雄：移民规模估计会有七八十万，甚至可能接近百万。移民迁往河北（含今北京市、天津市）、河南、山东等华北各地。

对洪武年间山西移民的数量，台湾学者徐泓认为："洪武二十二年九月为止，徙居大名、广平、东昌三府的山西贫民约有24 736户，或123 681人；洪武二十五年十二月为止，大名、东昌、彰德等七府从山西迁来移民总数达65 780户，以每户5人计，约有328 900人；洪武二十八年十一月止，东昌、大名、广平等三府的迁民已增至58 124户，较二十二年约增加一倍多。七府迁民总数100 034户，约较二十五年时增加0.52倍。"但很明显，《实录》所记载的只是朝廷在山西迁民及在河北、河南、山东等地进行安置的重大事件，并没有包括移民的全过程，也没有记录完整的移民数量，所以山西移民的实际数远多于统计出的这10万余户、约50万人，估计会有七八十万，甚至可能接近百万。

总之，从明初开始，大量山西移民迁往河北（含今北京市、天津市）、河南、山东等华北各地，也由本省的南部、中部迁往北部和相邻的内蒙古地区，以后又有不少山西移民后裔转迁至各地。但正如前面已经说明的，这些移民迁自山西各地，不可能都来自洪洞县，更不会全部出于大槐树。（《洪洞大槐树——中国历史上的移民发源地之六》，《寻根》1997年第6期）

傅辉（原复旦大学历史地理研究中心博士生）：**同姓与两丁以上之家庭要分遣到不同地方。**

根据华北移民中的部分同宗异姓宗谱，分姓而居的真正原因，是明政府"凡同姓者不准用处一村"的移民分派、安置方案，否则，移民决不会违背血缘情结而改变后代在社会结构中的角色。在政策与亲情矛盾之间,分姓既从现象上顺应了移民政策,又从心态上维系了同姓同宗相处一地的情结,虽形式与内容不尽一致,然这一变通方式却调和了政策与亲情之间的刚性冲突。制定成年男丁分置的理论基础,体现了抑制可能因垦殖区移民家族势力的迅速兴起与扩张,而贻害地方安定的基本思路。所以,在签发移民去向时,尽可能地将移民家庭中有两个或两个以上的成年男子分派到不同地方,以达到移民大家庭分崩离析之目的。这一分遣方式,在一定程度上,抑制了拥有两个或两个以上主要劳动力的移民家庭,因聚居一处,同姓宗族势力迅速滋生、壮大,威胁华北移民区原住民利益与社会和谐稳定的一种发展趋势,从而,凸显了明政府的防范意识与管理的前瞻性。(《分姓现象与明初华北移民政策关系研究》,《中州学刊》2007年第2期)

李靖莉(滨州学院历史系教授):**黄河三角洲山西移民有五大特点。**

黄河三角洲的山西移民既有与其他地区的相同之处,又呈现出区域特色:一是移民时间呈阶段性集中,又呈持续性延散;二是移民原因有均衡天下人口的政府用意,又有躲逃天灾的个人动机;三是转迁后移入,使移民史实见诸方志与民间资料,却不见于正史;四是移民形式以政府强制性安置为主,同时间杂着小股自发性无序移民;五是移民成分单一,既无官吏富民,亦无将士罪因,而是一个由贫苦农民组成的贫民弱势群体。(《黄河三角洲山西移民的特点》,《文史哲》2003年第1期)

李靖莉:黄河三角洲并非移民的初迁地,而是转迁移入区。

据20世纪80年代惠民地区地名办公室的调查,黄河三角洲约半数的村庄为明初山西洪洞与河北枣强的移民所建立的。但是,遍查史籍,却不见明朝政府向黄河三角洲发派移民或黄河三角洲地方政府接受移民的记载。为什么会出现这样的现象呢?一个主要原因,是黄河三角洲地区并非移民的初迁地,而是移民的转迁移入区。

山西移民初入山东,主要分布于空荒的鲁西一带。洪洞移民作为外来者,安置时与土著居民有以"屯"和"社"划分里甲之别,土著者以社分里甲,迁民以屯分里甲,社民先占亩广,屯民新占亩狭。因此,双方难免发生冲突。加上黄河的频繁泛滥,使经过长途流迁的山西移民心力交瘁,一部分人便寻找新的居留地。由黄河携沙造陆生成的黄河三角洲,土地再生性强,处女地多。且黄河新淤地易于垦种,收获丰厚,对移民具有强烈的吸引力。因此,不满现状的山西移民便选择黄河三角洲作为再迁地。(《明初移民对黄河三角洲文化的渗透影响》,《理论学刊》2006年第11期)

四、大槐树移民对明清社会的影响

杨安祥：洪洞古大槐树处作为明初重点迁出地之一，迁民历史长、移民区域广，有它独特的历史作用。

首先是农业的发展。洪武元年到洪武十三年，全国耕地增加了1 803 171顷，占洪武十四年全国总耕地面积3 667 715顷的二分之一。到洪武二十六年全国耕地面积激增到8 507 623顷，比洪武元年增加四倍。移民垦荒，使耕地面积扩大，农产量增加，农业得到发展。永乐时，河北遵化冶铁规模越来越大，后来发展到2 500人，此外阳城等地冶铁也颇有盛名。棉花的种植由江南推广到河北、河南、山西、山东、两淮等地区，棉花的发展，为手工业的发展准备了原料。上述地方均有古槐树处移民。移民与当时当地人民在长期的斗争中为手工业和矿业的发展作出了贡献。随着农业、手工业的发展，商业也繁荣起来。永乐时，洪洞古大槐树处移民所迁地如临清、济宁等地皆成为"商贩所聚"、"百货倍往时"之地，在农业、手工业、商业发展的同时，南北两京成为当时的政治中心，同时还是重要的经济城市。可以说，洪洞古大槐树处迁民对于促进社会生产力的发展，加速封建社会的灭亡，为明代中后期资本主义生产关系萌芽的产生奠定了基础。（《问我祖先来何处，山西洪洞大槐树——大槐树迁民历史地位初探》，《山西师范大学学报》1984年第3期）

李永芳（河南师范大学历史文化学院教授）、**周楠**（四川大学历史文化学院博士研究生）：**河南迁民对社会经济和习俗有重要影响。**

明初山西移民迁居河南，其影响和作用是广泛而深远的，概括起来，笔者认为主要有以下几点：第一，平衡了河南与山西的劳动力。第二，加快了明初河南社会经济恢复的进程。第三，对河南的风俗习惯、社会生活产生了重要影响。一是对风俗节令产生了重要影响，最突出的影响是寒食、清明的有关习俗；二是对行为习惯及民俗语言产生了一定影响，其行为习惯方面之影响最突出的是倒背着手走路；三是以迁民姓氏来命名村落，在明代浚县、滑县、内黄县、胙城县以迁民里长命名的屯、寨甚多。第四，对迁民后裔寻根念祖、增强中华民族的凝聚力，有着更深远的历史影响和作用。不过,明初封建官府移民政策本身的弊病及由此而产生的不良后果也是不可忽视的。主要表现为:迁徙时的强制性,安置中的盲目性,以及对迁民的歧视。由于迁民时间上有先后以及迁民的盲目性,有些州县在授田于迁民时,将田亩单位面积缩小。有些迁民,因其田少,不能养家糊口,不得不再迁或"求佃社地而倍输其租",这一问题在明代始终未能得到解决。(《明初洪洞移民在河南的历史考察》,《商丘师范学院学报》2004年第4期)

王兴亚(郑州大学历史系教授):**浚县的很多村落是以移民的姓氏或姓名命名的**。

迁入浚县的山西民,在明初鼓励迁民垦荒政策的号召与支持下,用自己的双手,披荆斩棘,不仅重建了自己的家园,而且开垦了大量的荒地,从而摆脱了原来衣食不足的窘境,其中有一部分人在此日渐富裕起来。该县有些村落的名称是以迁民姓氏或姓名命名的,如该县白寺乡郭庄,之所以名为郭庄,就是由于明初郭浚由山西洪洞迁浚后,"建茔于本庄之东"而得名。正德《大名府志》载该县有姬文中乡、李小二乡,这些屯名、乡名,都是以人的姓名来命名的。以上这些材料不但反映了明初这些迁民在该县的地位,同时以他们的姓名或姓氏来命名村庄,也反映了明初迁民对地名的影响。(《浚县明清碑刻中的明初迁民资料》,《中原文物》1985年第2期)

叶涛(中国社会科学院世界宗教研究所研究员):**山东尤其是鲁西南地区民俗受到大槐树移民影响**。

明初洪洞移民迁居山东,虽然人数不如传说中所讲那么多,但由于移民来到山东后,无论是军屯还是民屯,最初多是移民们聚居一处,这就为保留其固有民俗创造了条件。另一方面,移民来到山东,在新的社会文化环境中,其固有民俗与当地民俗必然发生碰撞,在这种文化交融中,民俗的变异必不可免。此外,洪洞移民在山东的广泛分布,在村落、家族等社会民俗方面留下了深刻影响。在鲁西南一带,大约有半数村庄是在明代建立的。在民间谱牒、碑文所涉及的家庭资料中,与洪洞移民相关的记载比比皆是。明初山西移民于山东,在节日方面,最突出的影响是寒食、清明的有关习俗。清明节山东各地都有插柳条、松枝的习俗,据说也是为了纪念介子推,冷食、面燕、柳条等节俗,本来是山西之俗,随着明代移民迁居山东,这些习俗便流布山东全境了。如今,流行在山东聊城、菏泽、定陶一带的山东梆子,也叫"泽州调",即山西晋城调,又叫"本地催"而"催"字就是由山西人三字组成,从中可见山西色彩影响的浓重。在山东人的行为习惯方面,也留下了洪洞移民影响的痕迹,这方面最突出的是倒背。在山东的民间故事和民间歌谣中,有关洪洞移民的内容也为数不少。(《移民·山东人·山东民俗》,《东岳论丛》2007年第6期)

张书剑(时为山西大学哲学社会学学院硕士研究生):**移民传播了儒家纲常伦理,对中华民族的文化融合起到重要作用。**

凡是有华人的地方就有大槐树移民后裔,现今洪洞大槐树成为了闻名海外的明代移民遗址,即大槐树寻根祭祖园,是海内外数以亿计的大槐树移民的圣地。洪洞大槐树被当作"家",被称为"根",是移民后裔的精神家园。大槐树移民以坚韧不拔的毅力扎根异乡,恢复和传播了儒家的纲常伦理,使儒家文化辐射更远,改变了落后地区的伦理道德文化,影响巨大;促进了各地区、各民族之间的文化融合,使得宋代理学的伦理道德思想得以发展,儒家伦理思想达到完备形态和顶峰;大槐树移民带着相对先进的完善的儒家伦理思想规范了当地的公共伦理道德,普及了礼教,提高了个人的道德素质,使社会有制有序,为中华文明的发展作出了贡献。大槐树移民对当地人在伦理道德上的渗透,为他们在文化上、心理上、生活习俗的相互融合统一发挥了促进作用,对明朝的恢复和发展,对整个中华民族经济的发展和文化的融合起到了不可忽视的作用。(《明朝洪洞大槐树移民的伦理意义》,《沧桑》2012年第1期)

黄泽岭(河南南乐县统战部部长):**移民激发了人的潜在素质,促进了中原地带人类的进化。**

明朝大移民前后历经洪武、建文、永乐三代皇帝,长达50年,覆盖中原、华东数省,波及大半个中国,不仅在我国历史上是空前绝后的,而且在世界移民史上也是非常罕见的。几百年前,山西人与各地的土著人杂处而居,既有交流和融合,也有矛盾与竞争。正是在这些不断发生和消解的矛盾、竞争中,克服了民族惰性,激发了聪明才智、生机和活力;也正是在一代一代婚配、交流和融合中,优化和提高了人类的生存能力,激活了人的各种潜在素质,在我国中原地带的人类进化史上发挥了积极的作用。(《寻访老家》,《中州统战》1998年第4期)

五、"洪洞大槐" 与近代以来的民族国家认同

赵世瑜:"洪洞大槐" 由移民的家园象征提升为国家象征。

本文并不试图再进一步证明许多自称来自洪洞的移民,其实是本地的土著或

来自其他地方,也不试图纠缠于考证在历史上的某个时期,是否有大批移民从洪洞或经由洪洞去到各地,而是试图通过分析大槐树、老鸹(鹳)窝之类象征的创造过程,去理解这些北方移民是如何建构自己的历史的。它的指向的确不在于移民史的真相,而在于移民心态史的真相。

民国之初,曾在清末任山东观城、茌平等县典史的洪洞贾村人景大启卸任回乡做幕,向一些商人、士绅募得390多两银子,在所谓古大槐树处树碑建坊。据他自己说是由于树和寺均已不存,"第恐年代愈远,稽考无从,亟思所以表彰之"。但据同时人的记载,似乎直接的原因是辛亥革命时"卢协统督师南下",军队到洪洞时,因为这里相传是自己的祖籍,于是"城郭安堵","洪人感大槐荫庇无穷,仍酿资建设牌坊、亭榭于其侧"。这种做法本来极类似于对地方神灵庇佑百姓的一种报答,或者就是塑造神灵权威的一种做法,但是当时人却把它与民族—国家的现代构建联系起来。民国六年《洪洞县志》中有一篇贺柏寿撰写的《重修古大槐树处记》,其中说道:

> 自来名胜古迹,率以帝王将相所发祥,高人逸士所隐迹,遗后人勒石记载……然此为续文献之征,而非民族之系也。方今民国肇造,社会主义播腾寰区,凡有关民族发达之原者,允宜及时表章,藉识人群进化之由,俾免数典忘祖之诮。然则吾邑古大槐树处之待于揭橥者,故不重哉!……盖尔时洪地殷繁,每有迁移,其民必与,而实以大槐树处为荟萃之所,宜乎生齿蕃盛,流泽孔长,后世子孙,闻其地而眷怀乡井者,种族之念为之也。

大槐树已经不再只是山西移民的家园象征,而成为在现代化进程中凝聚整个中华民族的象征,它的意义被提升到团结民族、抵御外侮的高度,成为现代民族主义话语中的一个组成部分。

清末民初,一方面,初步丧失了可以同化一切异族优越感的中国有了亡国灭种的威胁;另一方面,西方达尔文的单线进化论和近代民族国家概念也开始传入中国,影响到许多知识精英的思想。对于那些地方的知识精英来说,他们便开始利用自己手中的文化权力,对传统的资源加以改造,他们希望把大槐树从一个老家的或中原汉族的象征,改造成为一个国族的象征。本来任凭树倒寺塌,人们并没有对这些象征多加关注,本地的文献对此也只字不提,但自此时起,他们开始重新发掘这些象征的意义,重建那些有象征意义的实物,在地方文献上记录有关史实,然后他们再通过碑记或者志书点明其意义所在。我个人不主张说,这些传说是在这时大批制造出来的(但也不会早于清代中叶),但是这些传说的广泛传布,一定与这个时期、与知识精英的推波助澜有关。(《祖先记忆、家园象征与族群历

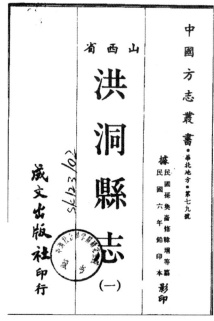

据赵世瑜查考：目前国内现存最早的《洪洞县志》是明朝万历年间修的，由于大部分传说和族谱把洪洞移民事定位在明洪武或永乐时期（也有少部分定位在明中叶和清初），应该说这个版本距离这个时段还不太久远，但全书竟没有任何地方提到移民事情，更没有提到过大槐树和老鸹（鹳）窝。

顺治《洪洞县续志》、康熙《洪洞县续志》和雍正《洪洞县志》也没有任何记载大槐树、老鸹窝以及洪洞移民的资料。

直到民国6年的《洪洞县志》中，大槐树移民才有了痕迹。在其卷七《舆地志·古迹》中，"大槐树"等条记为"新增"，即："大槐树在城北广济寺左。明永乐间屡移山西民于北平、山东、河南等处。树下为集会之所。传闻广济寺设局驻员，发给凭照川资，因历年久远，槐树无存，寺亦毁于兵燹。民国二年邑人景大启等募赀竖碑，以志遗迹。"

史——山西洪洞大槐树传说解析》，《历史研究》2006年第1期）

冀满红、吕霞：士绅建大槐树遗址和编辑地方志，反映了其文化焦虑。

大槐树遗址修建的资金提供虽然有从商者的捐助，然而，洪洞大槐树遗址的修建从最初的策划以及之后的志书编撰，主要贡献当推景大启、刘子林和贺伯寿等乡绅的努力。为改变既定遗址历年久远，槐树无存，寺亦毁于兵燹的状况，洪洞地方士绅在募集到一定资金之后便着手在原先荒烟蔓草之地植树、刻碑、立坊等，初步建立起了大槐树移民遗址的雏形。因为对于地方士绅而言，利用自己的文化权势，塑造具有区域特色的符号象征是提升地方形象的重要手段。

洪洞大槐树遗址的修建，仅仅是地方乡绅为打造移民传说迈出的第一步。为了使大槐树移民得以穿越单纯的民众传说视角进入地方士大夫或者说地方的正统文化领域，文字记载便成为普及大槐树遗址印象的重要手段。为了获得更广泛范围内的移民情感认同，地方乡绅策划在原先《洪洞古大槐树志》的基础上进行增修补订，以期充实。这种想法得到包括时任洪洞县知县柳蓉等众多乡绅的支持。

进一步而言，选择在民国肇始之际打造洪洞大槐树形象，也隐隐反映了地方士绅在社会变革时期对地方文化的一种焦虑。清季以降，社会阶层发生变化，商人地位上升，而相应的则是地方士绅在基层民众中控制力的减弱，为维护作为地方权威代言人的优势，强化地方认同，选择具有广泛影响力的社会行为诸如具有文化韵味的书院建设、寺庙改造以及洪洞大槐树遗址的修建，都是维护其精英地位的有效策略。（《塑造地方形象的努力——洪洞大槐树移民传说中的士绅角色分析》，《中国地方志》2010年第9期）

乔新华：洪洞士绅在"民族—国家"的主流话语下塑造地方形象，接续传统。

民国三年，曾任山东县令的洪洞人景大启等人在其致仕后联合当地士绅贺柏寿等倡修大槐树迁民遗址。他们"创建碑亭，建立巨坊，新构茶室"，于是成为大槐树迁民遗址的雏形。民国二十年，时任知县柳蓉在为增修的志书撰写序言时说："现值大同世界，一本散为万殊，四海皆是同胞，民族合群，共同奋斗，异族罔感侵略，同种日跻富强，遐迩交称曰：古大槐树关系种族，扬国争光，晋乘生色，彼夫召伯甘棠，播仁声而记遗爱。"由此看来，洪洞士绅在民初"民族—国家"的国家主流话语下，通过塑造大槐树形象又一次凸显了地方形象。从洪洞地方历史的脉络来理解，大槐树是明清以来士绅阶层彰显洪洞历史的最后一次成功的实践。在这个意义上，大槐树形象的塑造和明代皋陶、师旷等传统再造的活动是一脉相承的。(《四种鲜为人知的专志与明清以来的洪洞问题研究》，《中国地方志》2006年第8期)

石菊红（原西北农林科技大学硕士）：**大槐树祭祖经历了国家符号进入、意识形态强化、下放主办权等阶段。**

民国时期，虽然并没有什么祭祖仪式，可是在遗址修建的过程中出现了国家符号。祭祖遗址是由政府官员筹建的，政府官员本身就是国家权力的代表，而且遗址修建的目的除了满足移民后裔祭祖的愿望外，还有一个重要目的就是强化国人的血缘观念，号召人们共同抵御外辱，以增强民族团结，提高民族凝聚力。

新中国成立后，大槐树遗址被国家视为民族文化遗产加以保护，为了进一步迎合国家意识形态，得到国家的认可，祭祖仪式与祭扫烈士墓同时进行。无论是遗址称谓、祭祖仪式还是仪式的空间，都充满了国家符号。首先，遗址被百姓称为"大槐树祖先遗址"，而被国家称为"县级文物保护单位"；其次，祭祖仪式与祭拜烈士一起进行，祖先和烈士享受同样的祭拜和供献；最后，祭祖堂的东面就是烈士亭，烈士亭正对着百姓祈福的二代、三代古槐。"文化大革命"期间，祭祖被当作旧思想加以破除，祭祖仪式被迫中断。改革开放以后，政府对民间信仰政策逐步放宽。从1991年开始，洪洞县开始举办大槐树寻根祭祖节，由政府主办，从祭祖时间、祭祖仪式到仪式内容、祭祀人员等都由政府决定，国家存在于祭祖仪式的所有环节中。

从2008年开始，地方政府将祭祖权力下放，由原先的政府主办变成政府主导，将祭祖的主办权力交给了政协，由政协牵头，鼓励全社会共同参与。将仪式分为公祭和民祭两部分，先公祭后民祭不仅确保了国家的主导地位，而且还在一定程度上体现了公平性，协调了国家与社会之间的关系。(《信仰、仪式与象征——基于洪洞大槐树寻根祭祖的研究》，西北农林科技大学硕士论文，2010年)

杨乃武与小白菜案：
史学研究的关键点和若干"意外"结论

王策来 张帆等 张友臣整理

【引 言】 发生在清代同治、光绪年间的"杨乃武与小白菜"一案,是晚清四大奇案之首。这起惊动清朝最高统治者的"惊天冤案",审理近四年,历经同、光两朝,先后经过余杭知县、杭州知府、浙江按察使、浙江巡抚四级审理,复经都察院咨回浙江巡抚,交杭州知府复审,又经步军统领衙门奏奉谕旨交浙江巡抚督同桌司复审,并经特旨钦点的浙江学政胡瑞澜复审等,均未能纠正冤案,最后经过最高统治者谕旨,交刑部进行审理,始得平反纠正。

由于审理过程曲折,才子、佳人、冤狱,以及官僚集团的相互冲突等为世人关注的要素无一不备,且有当时外国人主办的《申报》的追踪报道,故案件自发生以来,就影响全国。此后一个多世纪以来,"杨白案"持续吸引着人们的目光,并被从不同角度、以不同方式回忆、叙述、想象、阐释与重构着,又以各种文学艺术形式改编、演绎乃至搬上舞台、银幕、荧屏。上世纪90年代,陶慧敏主演的大陆(1990)版电视剧《杨乃武与小白菜》和张晨光主演的台湾(1994)版电视剧《杨乃武与小白菜》更是让这个故事家喻户晓;而2005版电视剧《杨乃武与小白菜》中"小白菜"勇于追求爱情、抗争命运的新形象,又引起了人们对此案的新一轮热议。

然而,文学艺术作品和影视剧中塑造的这些形象,都是这一案件的艺术展现,其中有着相当多的艺术虚构,与历史事实有着很大的出入。近代以来,尤其是近30年来,学术界已经发表有关此案的学术研究论著近百篇(部)。其中既有根据杨乃武女儿杨浚口述整理的《我父杨乃武冤案始末》,也有像王策来《杨乃武与小白菜案真情披露》(中国检查出版社,2002年)那样的集档案文献资料搜集和案件研究于一体的专著;陆永棣《落日残照——晚清杨乃武案昭雪的历史、社会与制度因素》、牛创平《清代档案中的杨乃武与小白菜案件——葛品连身死案的冤狱与平反》以及郑定、杨昂《不可能的任务:晚清冤狱之渊薮——以小白菜案初审官刘锡彤为中心的分析》等则是研究"杨白案"的重要论文。这些论著,对于冤案发生的原因、平反的原因及其现实启示等问题都进行了深入讨论,基本理清了"杨白案"的历史真相,并有若干让我们颇感意外的结论。

【编稿随笔与图文互动】 杨乃武与小白菜奇案展示馆 / 清朝官员问案的场景 /
《杨乃武小白菜奇案御档》/ 杨乃武与小白菜的"合影"/《申报》报道"杨白案"/
慈禧对"杨白案"平反起了重要作用 / "杨白案"刑部主审桑春荣 /《杨乃武与小
白菜案真情披露》/《申报》报道"杨白案"

一、杨乃武与小白菜案的简要过程

杨乃武与小白菜案的案情
本身,既不复杂也不神秘,实在
是既简单又普通。

杨乃武,道光十六年
(1836)生。浙江余杭乡绅,于
同治十二年(1873)癸酉科乡试
中举。以养蚕种桑为业,也常
帮人写状书。小白菜葛毕氏本
名毕生姑,小杨乃武15岁,因
肤白貌美而得绰号"小白菜"。
自幼丧父,其母喻王氏在小白
菜8岁时携女再嫁。11岁时,
由其母做主与葛品连定亲。

婚后的小白菜夫妇租住杨乃武家。平时丈夫在外做工,小
白菜一人在家,时常跟从杨乃武识字诵经,有时就在杨家进餐,
与当时鳏居的杨乃武过从较密。瓜田李下,以致传出两人有染
的流言。图为浙江余杭新建的杨乃武与小白菜奇案展示馆中杨
乃武教葛毕氏读经场景还原。

同治十一年(1872)小白菜与葛品连成婚后,租住杨乃武家一间房屋。葛品连
在豆腐店帮工,经常不在家。小白菜一人在家,时常跟从杨乃武识字诵经,有时就
在杨家进餐,与杨乃武过从较密。恰逢杨乃武丧妻鳏居,慢慢地就出现了两人有染
的传言。葛品连有几次特意夜晚回家站檐下窃听,但并未发现有暧昧情事。杨乃
武为避嫌,借故增租,葛氏夫妻在租满一年后搬出杨家。

同治十二年十月初,杨乃武至杭州办理中举事务并至岳母家探亲。十月九日

清朝官员问案场景。这两幅照片在网络中都可以查到,细节有差别,但都有明显的舞台戏剧感或摆拍感。照片来源不甚清晰。据孙燕京、张昭军教授考证,上图的年代为1904年(《晚清遗影》,山东画报出版社,2000年)。这与"杨白案"发生的时间正好吻合,可由此联想"杨白案"审理的场景。另外,旁边站立者高礼帽是明显的西洋装饰。这与当时外国人主办的《申报》积极介入"杨白案",也可发生一些联想。

早晨,葛品连患流火病病倒,服药皆无效,申时死亡,次日尸首口鼻流出血水。其义母冯许氏等怀疑是中毒而死,葛品连之母沈喻氏向县衙提交了呈词,要求官府前来验明是否中毒致死。

余杭县知县刘锡彤接案后,带衙役、仵作赶到葛家验尸,当时仵作检验后并不能断定是否为中毒而死。知县刘锡彤由于之前听到杨乃武和小白菜有染的传闻,先入为主,臆断葛品连中砒霜身亡。并根据巷间传言,连夜开庭审问葛品连之妻小白菜,刑逼小白菜妄供与情夫杨乃武合谋用砒霜杀夫。小白菜经受不起酷刑,招供与杨乃武有奸情。

刘锡彤根据小白菜的口供传讯杨乃武,杨乃武不服。刘锡彤认为案情已经明了,于是拟了请求朝廷革除杨乃武举人身份的报告,并将此案提交杭州知府。由于杨乃武没有招供,杭州知府陈鲁便将杨、毕二人和案卷押解杭州府复审。此时,由于同治帝已经批复了革去杨乃武举人身份的报告,陈鲁对杨乃武严刑逼供,杨被迫招供与小白菜有奸情并指使她下毒谋害葛品连,同时还编造了其从仓前镇爱仁药店钱宝生(真名钱坦)处购买砒霜交给小白菜。刘锡彤为了及早定案,威胁钱坦做了伪证。依据两个案犯的口供,杭州知府判杨乃武斩立决,小白菜凌迟处死。案件又提交浙江按察使、浙江巡抚审理,浙江巡抚杨昌浚还曾派人密查并亲审此案,都维持了原判。这样,浙江省内各审终结,就等刑部复核、皇帝朱批处斩了。

同治十三年(1874)四月,杨乃武自作亲供,申辩冤情,嘱姊具呈,使人赴京呈控。都察院咨解回浙复审,浙江巡抚杨昌浚令杭州知府陈鲁重审,维持原判。同年九月,杨乃武家人再次进京,将申诉材料提交步兵统领衙门,上奏皇帝,同治谕旨,再将案件发回,令浙江巡抚与浙江臬司公审。浙江巡抚杨昌浚将此案交湖州知府锡光等审理,因此次公审未用刑逼供,杨、毕二人均翻供。由于案件久拖未决,刑科掌印给事中王书瑞上奏朝廷,参劾浙江各审有弊。特旨钦点浙江学政胡瑞澜复审,但仍未能纠正冤案。

由于杨乃武家人不断上诉、《申报》的跟踪报道与众多朝廷官员对此案的关注和介入,光绪二年(1876)正月初七日,军机大臣奉慈禧太后、光绪皇帝的旨批,"此折着交刑部归案讯办",刑部即下文令浙江提集被告及相关人证到部审讯。光绪二年十二月九日隆冬时节,刑部在北京海会寺当众开棺验尸,最终证实葛品连系病亡,冤案终得平反。光绪三年(1877)二月十六日对案中各渎职失职、伪证诬陷而造成冤案的公职各员和民人都一一判决并分别处理执行,二品大员杨昌浚、胡瑞澜均被革职,其他相关审理官员及审办人员共14人也遭受处罚。其中刘锡彤则被从重处罚,发往黑龙江效力赎罪,且不准收赎。杨乃武、小白菜无罪释放,但亦被处杖八十与杖一百,杨乃武被革举人也不再恢复。案件审理全过程历经同、光两朝,历时近四年。

杨乃武回到余杭后,曾一度出任《申报》编辑,不久仍回余杭,以农桑为业,于1914年病故,享年74岁。小白菜回到余杭后,因亲友无靠,衣食无着,出家做了尼姑,法名慧定,于1930年圆寂,享年75岁。

二、冤案形成之因：重要学术观点集成

王策来(浙江省高级人民法院审判员):该案先后经过余杭知县、杭州知府、浙江按察使、浙江巡抚四级审理;复经都察院咨回浙江巡抚,交杭州知府陈鲁复审;又经步军统领衙门奏奉谕旨交浙江巡抚督同臬司复审,并经特旨钦点的浙江学政胡瑞澜复审,均未能纠正冤案,后经谕旨交刑部审理始得平反纠正。冤案的形成及屡审不能平反,个中原委发人深思。一是初

《杨乃武与小白菜奇案御档》。该书一函两册,宣纸线装,由华宝斋书社出版。书中选取影印了中国第一历史档案馆所藏清宫秘档中有关该案的档案40件,其中许多是从未公开过的,是官方权威真实的历史记录。这些档案比较全面地反映了该案艰难曲折的过程。

审官员先入为主、罔顾事实成为冤案的始作俑者；二是复审人员玩忽职守，草率定案；三是复审环节所用非人遗祸；四是不重事实迷信口供酿悲剧。（参见《杨乃武与小白菜案真情披露》，中国检查出版社，2002年，第111—120页）

陆永棣（浙江省高级人民法院办公室主任）：杨案成冤有其自身的内在原因，中国古代社会是一个"极端注重伦常的社会"。杨乃武与葛毕氏这种公开的、密切的往来很难见容于街坊。它在葛品连生前导致巷间流言四起，死后则为知县刘锡彤的先入为主、主观臆断提供了基调，又为葛毕氏的畏刑诬供准备了"素材"；而刑讯逼供和秘密审判无疑为冤案的形成提供了制度基础。从更广阔的历史背景看，王朝式微，西风激荡，清朝此时即将走到它的历史尽头，整个社会可以说已经病入膏肓。在司法审判中，由于官员无能与官场腐败，幕友"锻炼"与幕帮回护，衙蠹贪婪与衙门放纵，冤案层出不穷。（《落日残照——晚清杨乃武案昭雪的历史、社会与制度因素》，《中外法学》2007年第4期）

郑定（中国人民大学法学院教授）、**杨昂**（时为中国人民大学法学院博士研究生）：在清代狱讼制度中，实在有一种导致冤狱发生的潜在机制。而导致冤狱之直接渊薮，当为清朝失之理性的政治、诉讼体制，包括清律规定过严之官员决狱之责任。一方面，从体制上讲，中国传统社会大多要求地方长官亲理狱讼，而通过科举而入仕途的官员，先天缺乏决狱理讼的专业知识，在威权体制下，错罚错判似乎容易成为家常便饭。另一方面，严格的责任制度，又给官员们枉法裁判提供了一种动力。在清朝，对承审官员，律例既有不得作为之规定，亦有不得不作为之规定，看似罗网严密、衔接无缝，但是揆诸实际情形，则多有龃龉抵触之处。而承审官员慑于律例之严厉处罚，为图尽其法律上之职责，常陷身于进退两难之境地，顾此失彼，动辄得咎。一步不慎，重罚即至，故往往只能将错就错、掩饰弥缝，进而由小错酿成巨案。这在清代讼狱官司之中，实属司空见惯。刘锡彤之审杨乃武案，不过是千万此种案件之一而已，只不过因为杨乃武的举人身份与《申报》报道，方才震动天下，闾巷遍传。（《不可能的任务：晚清冤狱之渊薮——以杨乃武小白菜案初审官刘锡彤为中心的分析》，《法学家》2005年第2期）

牛创平（中国第一历史档案馆研究馆员）：查阅全案文件，造成冤案的真正原因是浙江各审中有关人员的渎职所致，从余杭县一审到浙江省三审乃至刑部，并无勒索原被告钱财或各审官员之间的钱财情弊。余杭县一审当中从验尸到问案，工作粗枝大叶，主观片面，不深入调查研究，带着主观框框而刑讯逼供，诱供骗供，造成弄虚作假。杭州府二审工作马虎，不细心阅读一审案卷，对一审中的诸多矛盾歧异未能发现，亦未进行调查，造成一错再错。案到三审，仍未细心审理，前两审中的诸多矛盾漏洞，仍未能发现。杨昌浚虽委派官员去密访案情，但所委官员并未密访，只会同一审原问官刘锡彤含混察复了事，再未进行任何访查。而杨昌浚等三审官员对这种敷衍了事的密访及其察复，亦未进行任何责备处理，也未继续查访，因此，杨昌浚的委员密访，完全成了一种形式，无任何实际意义。（《清代档案中的杨乃武与小白菜案件——葛品连身死案的冤狱与平反》，《档案学通讯》1992年第1期）

胡铭（浙江大学光华法学院副教授，法学博士）：1. 极为残酷的刑讯是导致错案的最直接原因。该案中，杨乃武承受了各种酷刑的折磨，不仅被打得皮开肉绽、鲜血横飞，还使用了专门针对江洋大盗的天平踏杠和最为残忍的所谓炮烙酷刑。对于小白菜这样的柔弱女子，亦使用了夹棍等酷刑。正可谓捶楚之下，何求而不得？于是，屈打成招往往是必然的结果。虽然我国古代自唐朝以来，法律对刑讯制度就有了明确的限制性规定，但是司法实践中为了获得想要的口供，这些限制便往往成为一纸空文。2. 裁判者过分依赖言词证据，凭主观臆断来随意取舍言词证据，实物证据则处于可有可无的次要地位。3. 忽视无罪证据，有罪推定成为裁判者的普遍心理。如杨乃武根本没有作案时间，所谓购买砒霜的时间其正在外地，大量的人证直接证明了这一点。但是，这些无罪证据被裁判者有意无意地忽略，这与裁判者心中根深蒂固的有罪推定是紧密关联的。4. 裁判者在发现有错或有疑问后为了自身利益不愿意纠错。（《冤案背后的程序逻辑——从晚清四大奇案透视正当法律程序》，《政法论坛》2009年第4期）

刘练军（杭州师范大学法学院副教授）：此案由知县刘锡彤诬认尸毒、刑逼小白菜引发而来。先入为主是刘锡彤产生诬认的关键，而先入为主的根源就在于刘锡彤对一介民妇小白菜的傲慢及偏见心理，草率检验、臆断定论及刑讯逼供等等都是以这种心理为基础的。不但刘锡彤，整个官吏及社会上层阶级对小白菜都存有此种心理。这在他们的奏章、舆论中毫无隐瞒，随处可见。如给事中王书瑞在"请钦派大员，秉公查办以雪奇冤而成信谳"的上奏中将本案定性为"浙江余杭县民妇葛毕氏毒毙本夫葛品连诬攀举人杨乃武因奸同谋一案"。王这句臆断定性的言语在此后的上谕及其他官员的奏章中广为引用、流毒甚远。对此案采取跟踪式报道的《申报》舆论也不例外，其对小白菜的傲慢与偏见心理路人皆知。在此案的司法过程中，形成了一个以官吏为主的阶级对一介民妇小白菜个人的构造。这种构造的成因主要在于杨乃武是个读书的举人。所以，为把此案办成"信谳"的铁案，皇上应奏而先后下了十四道谕旨。官吏阶级所要求的"信谳"，无非是要给杨乃武申冤昭雪，而孤家寡人的小白菜就成了他们同仇敌忾的目标。不止杨乃武，小白菜同样有冤，并且纯属官吏阶级刑讯逼供而来。但在控制着话语权的阶级面前，失语，成了小白菜凝固的、唯一的表情。

概言之，杨乃武案是中国古代社会非正义的社会结构的产物。此种非正义的社会结构在中国古代冤案，尤其是有女性涉及其中的冤案之孳生过程中的作用，实值得我们作更进一步的分析。(《冤案与话语权——围绕女性立场而对杨乃武案的一个分析》，《法学》2005年第11期)

陈翠玉(西南政法大学副教授)：1. 官吏上下其手与刑名幕僚的恶必然导致刑事司法冤假错。余杭县令刘锡彤在办理杨乃武与小白菜一案中，不是客观、全面地取证，而是主观随意、任意取舍对证明有罪的证据入卷上报；对证明无罪的证据扣押不报。地方官吏如此随心所欲地违背法律规定办案，当然也就不能保证司法公正。该案作为一起并不复杂的刑事案件，其纠正与改判之所以历时三载，屡屡拖延，实与当时司法官员上下袒护，有很大关系。2. 刑讯制度是造成本案错误的直接祸首。本案中，刑讯逼供甚为突出。起初刘锡彤诱逼小白菜招供，小白菜不供，刘锡彤便滥用刑具，小白菜受刑不过屈打成招，被逼供认与杨乃武因奸情谋害亲夫葛品连致死。杭州知府陈鲁动用大刑逼迫杨乃武招认与小白菜因奸谋害致死葛品连之事。在此后的复审复核中，杨乃武、小白菜又多次被严刑逼供。当事人杨乃武与小白菜在几次审讯中，只要被动刑就只得选择招认本无的罪名，以免在投诉无门的情况下空遭刑讯。而只要不动刑，则不约而同双双翻供。3. 重口供的证据制度使简单案情复杂化；4. 不尊重科学技术检验导致案情事实颠倒。清代虽详细规定了命案的验尸规则和程序，但实际上地方官吏并不重视勘验结果，而是更多地偏爱于以严刑逼取的口供和编造旁证。抛弃尸检证据，将刑讯逼取的口供和编造的旁证作为主要证据定案，只能导致案情事实颠倒。(《清代刑事司法实际透视——杨乃武与小白菜案件评析》，《中国刑事法杂志》2006年第2期)

林思超：关于杨乃武与小白菜案形成的原因，档案上只泛泛说是主观臆断、疏忽大意造成的。难道那么多官员都犯同一个错误？似乎很难让人信服，这就给了人们一个充分的想象空间。于是有人说是官员为勒索杨乃武设的圈套，也有人说刘锡彤与杨乃武素有仇怨，更有人说各官员之间则是互贿互利的关系，所以翻案才会阻力重重。但若将档案中的本章综合一下，便可看出，这种渎职根本是不需要任何原因的。因为就在这个案子刚结束时，四川立即就有案子重审并推翻了原判，而在此之前却很少有翻案的先例。由此可见，此案过后，很多地方官都怕了，急于改邪归正。而怕的原因就是他们平时视民命如草芥，经常草率断案。高层官员对上诉的百姓也是见惯不怪，且官官相护早成积习。如果非要给官员的渎职找个理由的话，恐怕应当说是"习惯使然"。(《杨乃武与小白菜旧案重提》，《中国档案报》2000年12月21日第 A 01 版)

潘巍松（时为南京大学法学院硕士生)：本案的关键在于余杭仵作沈祥对死者葛品连尸体所做的错误鉴定结论。知县刘锡彤正是基于这个鉴定结论而认定葛品连系毒杀身亡，而其妻毕生姑 (小白菜) 必系杀人的凶手。……在当时的司法制度设计中，鉴定机构和审判机构是不分的，或者说鉴定机构是隶属于审判机构的。作为鉴定人的仵作，不过是作为审判机构的县衙门一个工作人员而已，他的鉴定结论自然也就是该衙门以及该衙门中的最高长官（知县）的结论。因此本案中，在当时这种"审鉴不分"的制度下，余杭知县刘锡彤绝无可能主动去质疑鉴定结论。对他而言，仵作的鉴定结论就是他的结论，如果这个结论是错误的，那么他本人也难逃干系。这也就不难理解当他后来发现该鉴定可能有误、该案有可能系一个冤案，而仍旧对浙江省各级官员的多次复查复审百般阻挠了。

本案的司法鉴定并不是在独立的状态下完成的。鉴定人受到了来自其隶属的审判部门的相当大的影响，而鉴定结论本身又影响到审判的中立性。正是由于鉴定和审判的相互影响，造成错误的鉴定结论以及错误的判决，而这种鉴定和审判的相互影响在当时"审鉴不分"的制度下是不可避免的。某种意义上讲，不论是杨乃武、小白菜，还是余杭仵作沈祥、余杭知县刘锡彤，都是这种"审鉴不分"制度的牺牲品。(《试论司法鉴定的独立性——以清末"杨乃武与小白菜案"为例》，《法律与医学杂志》2005年第 4 期)

张忠军、秦涛（时为武汉大学法学院博士研究生)：杨乃武一案原因复杂，但关键一点就是清代死刑案件的审理程序设置不合理，看似慎刑，实际上几乎没有考虑当事人的利益，导致当事人获得救济困难。冤案在地方审判中形成了，就只能获得皇权的救济。而皇权作为最高司法权力，成为小民百姓的救济资源可能性太小，致使这样一个并不疑难的命案成为轰动朝野的晚清四大奇案之首。(《艰难的洗冤之路——杨乃武一案复杂原因的程序性探析》，《理论月刊》2007年第2期)

周姗姗（时为天津师范大学研究生)：杨乃武与小白菜冤案是由清朝刑事审判制度弊端造成的。这主要包括四个方面：一是刑讯逼供。在我国古代，由于当时的

据2007年《青年时报》记者姜胜利报道：余杭文史专家俞金生先生多年关注130年前发生在家乡的这桩奇案，收藏大量与"杨白案"有关的资料。其中有一幅一男一女披枷戴锁的照片，是晚清押管犯人常见的场景。据俞金生先生说，这张照片是一法国记者于"杨白案"终审时抓拍的，从照片中可以"一睹当年杨乃武与小白菜的真容"。就照片的场景、人物的装束和俞金生先生所述照片来源看，这张照片有一定的可信度。

但是，据许永明《"杨毕"合照真伪辨》一文（余杭新闻网）考察，此照片乃英国摄影师威廉·桑德斯（William Saunders）1863—1888年间在上海开设的"森泰像馆"所摄，这已为拍卖公司确认。而且刑部开棺验尸的海会寺是一所寺庙，照片中两犯背后的建筑却是典型的嵌格西式木门，照片中人物也与刑部大审时"杨乃武膝伤未愈，准许席地而坐"的情形不符。据许氏推测：威廉·桑德斯的摄影有些制作成了明信片，供旅游者选购。此明信片应是当时在京的法国记者买来寄友人的，恰巧当时"杨毕案"轰动朝野，因此记者或收信者误认此照为杨乃武小白菜的"合影"。

刑侦技术还不发达，在刑事诉讼过程中，为了得知案件的事实真相，必须要以当事人的口供来作为最有力的证据。为了获得相对真实的口供，则需要采取一定的手段。在本案的审理过程中，多次施用重刑，甚至超出了法律规定的范围。最终，杨乃武和小白菜二人受尽酷刑，只得违心作出"系因奸情而谋害葛品连致死"的供述。

二是清末官场的腐败。上至朝廷下至衙役，贪赃枉法和玩忽职守已经成为正常现象。当时的许多司法官员为了争取快速结案，追求表面的审判效率，往往草率结案，许多冤假错案都是从初审就开始形成。而下级的误断一经查出后，会对上级官员的仕途也有所影响，于是各级官员层层包庇，上下沆瀣一气，经常是将错就错，形成了大量的冤案。在杨乃武与小白菜一案中，也正是由于从验尸的仵作一直到督抚这一系列的官员玩忽职守，官官相护，才造成了冤案的出现。

三是不公开审判。我国古代传统的审判方式是不公开进行的，不准任何人进法庭旁听。如果案件的审理得不到公众的监督，都是由审判人员一个人掌握生杀予夺的大权，案件结果何谈公正？

四是监督机制的缺乏。清朝地方司法审判制度中，有一个重要特点：人命等徒刑以上（含徒刑）的刑事案件须根据律例拟罪后逐级向上申报，从而构成上一级审判的基础。每一级都将不属于自己管辖范围内的案件逐级上报，层层审转，直至有权作出判决的审级批准后才终审。这样,徒刑至督抚,流刑至刑部,死刑最后直至皇帝,形成严密的逐级审转复核制。

杨乃武与小白菜一案一审由知县审理;二审由知府审理,二审判决葛毕氏凌迟处死,杨乃武斩立决;三审由按察使司(即臬司)审理,维持原判,后呈给巡抚定谳;巡抚依照杭州府原拟罪名断结,此是最后一审,等待刑部回文后即可立即执行。按照规定,本案在逐层向上级申报审理的过程中,每一级的官员都应该对案件进行仔细核对,审查下一审级是否有误,但是这几级官员都对案件中的疑点视若不见,即使偶尔审查一下,也是走走形式,没有起到任何作用。

逐级审转复核制的立法原意是为了将案件在统一审判流程中逐层进行监督,在案件审理的同时防止案件发生枉法裁判。这既是清朝诉讼审判制度的重要特点,同时也是清朝诉讼审判制度较为完善的重要标志。但由于整个司法系统是下级对上级负责,因而从上到下集体徇私的案件又屡见不鲜。在监察职能弱化的情况下,这种弊端就更为明显。而且,由于各级司法机关负有共同责任,因此,即使冤情重大,也难以平反昭雪。(《从杨乃武与小白菜案看清朝的刑事审判制度》,天津师范大学硕士论文,2011年)

徐哲(时为吉林大学研究生):杨乃武案发后,清廷御史的奏折、浙江籍官员的上书、民间的街谈巷议、外国公使的微词以及《申报》的跟踪报道,都间接地反映了新的时代和旧的司法体制之间的碰撞。此案所折射出的晚清司法体制内出现的如政、法合一,审案程序拖冗繁琐,罪从供定、法外刑讯和秘密审讯,司法官吏"先入为主"的观念在判案中起决定作用,法律的不平等性等一些弊病,都是冤案发生及长期难以平反的影响因素。(《从杨乃武案透视晚清司法制度之弊病》,吉林大学硕士学位论文,2006年)

三、冤案平反之因:重要学术观点集成

李慈铭(晚清著名文史学家):闻主此驳者,全出翁侍郎同龢力与尚书桑春荣争而得之也。浙人多言主杀葛品莲者实余杭知县刘锡彤之子某,及兵房吏某协谋而嫁祸于杨乃武。且胁诱药肆人为之证,县之幕友某者为之计划,余杭士大夫言之甚悉。而刘锡彤者,盐山人,大学士宝鋆之乡试同年也。故葛毕氏供及刘某,承审官辄置之不问,且以非刑怵之。翁侍郎求得其原供,而此次胡瑞澜所咨送供词,亦有及刘某者,侍郎因指刘某何以不一传质,为大疑,其余歧互甚众,定议驳奏。若侍郎者,可谓不负所职矣。(见《越缦堂日记》第24册第3页,光绪元年十月三十日

日记）

陶毅（北京航空航天大学法学院教授）：杨乃武案最后得以昭雪，绝不是什么"皇朝圣明、体恤民情"，而仅仅是出于最高统治者巩固独裁权力的政治需要。它不过是清廷统治集团派别之争中打击政敌、排斥异己的一个口实和把柄。完全可以说，杨乃武案造成冤错并非偶然，平反昭雪倒是少见的一个例外。（《杨乃武案告诉了我们什么？》，《人民司法》1980年第1期）

徐载平：在百余年前报纸事业尚不发达的时代，《申报》能够始终重视这桩命案，而且立场严正，这是值得后来的新闻工作者学习的。……他们对此案作了连续的报道，帮助此冤案得到平反。（《申报关于杨乃武案的报道始末》，《新闻研究资料》1981年第1期）

光绪三年二月二十四日（1877年4月7日）《申报》刊载《书邸抄王侍御奏浙江省大吏承审要案疏后》。

陈翠玉：本案虽历经曲折最终还是被平反昭雪，或许有人会认为是清代封建刑事司法运作机制使然。但实际上杨乃武与小白菜能被洗冤昭雪，并没有制度的必然性。因为在古代，冤假错案大肆泛滥的同时，能被昭雪的可说是寥寥无几。也就是说，本案最终能得以被平反具有很大的偶然性，我们必须看到这一点。首先，冤案得以昭雪与当时的特定背景有密切关系。当时正是同治、光绪两朝，慈禧太后两度垂帘听政，为了维护其专制统治及独揽大权，她有意排挤汉臣，打击地方势力。加之，此时朝廷官员分裂为以大学士翁同龢为首的江浙派与以四川总督丁宝桢为首的两湖派，两派争斗不已。有人正是利用了这一难得的机会替杨乃武申冤。慈禧太后惊闻后，则视此案为斩除异己的良机，明里暗里有意扩大参与案件审判的官员范围，增强审判力度，然后通过平反该冤案以打击参与审判的某些湖南籍官员。因此，实际上冤案得以昭雪，派系争斗、最高统治者的意志等制度外因素起了主导性作用。其次，《申报》这一新闻媒体的跟踪报道和大肆宣传起了很大作用。《申报》新创刊不久即遇到奇案，便大肆报道宣传，从而引发了下至黎民百姓上至在朝官员甚至是最高统治者的全国性关注，于是民愤群起，部分官员也纷纷上折。正是在这样的背景下，朝廷多次下令再审，才使真相有机会被揭示。再次，杨家家底殷实和杨乃武的能写诉状也是本案得以平反的一个重要条件。试想连吃饭糊口都成问题的大多数的穷苦百姓，哪有能力支付一次次找人写诉状、千里迢迢赴京城告状以及上下打点的所需的大量银两呢？（《清代刑事司法实际透视——杨乃武与小白菜案件评析》，《中国刑事法杂志》2006年第2期）

慈禧太后(1835—1908)，叶赫那拉氏，满洲镶蓝旗人。咸丰二年(1852)入宫，咸丰六年(1856)生皇长子载淳(即同治帝)，晋封懿妃，次年晋封懿贵妃。1861年，咸丰帝崩后，称圣母皇太后，又称西太后，上徽号曰慈禧皇太后。同治帝即位后，开始垂帘听政。她对杨乃武案平反起了重要作用。

陆永棣：1. 朝廷的决心。朝廷通过复查该案，敲打地方督抚，重振自19世纪50年代始逐渐衰落的皇权，进而改变"内轻外重"的权力格局的意图还是十分明显的。而这也正是杨乃武案能够得到纠正的一个首要原因。可以说，杨乃武与葛毕氏一案的最终处理，是同光时期朝廷与督抚权力博弈的结果。2. 举人的力量。在杨乃武案的演进过程中，内阁中书汪树屏等18名浙籍京官的联名呈诉起了非常关键的作用。正是这份呈诉，使杨乃武案进入了一个柳暗花明的顺途。3.《申报》的影响。4. 制度的余荫。京控铺就一线生路。杨菊贞和杨詹氏的京控，在杨乃武案的演变过程中，其作用不可或缺。可以这么说，正是这两位不屈的女性，面对强大的封建国家机器，承受了巨大的精神压力，利用制度允许的申冤之路，使得杨乃武案的审理峰回路转，并最终在多种力量的共同作用下，拯救了杨乃武，也拯救了葛毕氏。正是这些因素的相互影响、相互交织，共同促成了案件真相的大白天下。（《落日残照——晚清杨乃武案昭雪的历史、社会与制度因素》，《中外法学》2007年第4期）

徐忠明(中山大学法学院教授)、**杜金**(时为中山大学法学院硕士研究生)：通过对冤案当事人杨乃武与葛毕氏所拥有的各种资本的考察与分析我们可以看到，无论在经济资本、文化资本还是社会资本的占有上，举人杨乃武都明显优越于民妇葛毕氏。这也正是他能够逐渐上升为案件第一主角，积极推动案件平反的根本原因。就本案平反的过程来看，杨乃武与葛毕氏在司法场域中能够占有的资本数量和质量均有

图为杨白案刑部主审桑春荣。桑春荣（1802—1882），字柏侨，浙江山阴（今绍兴）人。清道光十二年（1832）进士。历国史馆总纂、河南道、四川道监察御史、云南临安知府、贵州按察使、云南布政使、云南巡抚、兵部右侍郎、都察院左都御史、刑部尚书等职。职掌刑部十余年，在刑部尚书任内，曾主审平反"杨乃武与小白菜"案。

很大差异，这便导致了他们在司法场域所处的位置极为不同，对申冤行动的后果所能产生的影响和发挥的作用也就产生了根本性差异。杨乃武成为申冤的积极推动者，而葛毕氏则成为结果的消极承受者。

它也反映出当常规司法程序出现问题、偏离预设的轨道时，一些制度性因素和非制度性因素的介入，也会在一定程度上使司法程序重新回归平衡。无论这些因素介入的动机是什么，它们毕竟在客观上促进了正义的实现。而真正的问题可能是，这些因素的介入过多地依赖了当事人所掌握的资本。正如本案所表现出的那样，举人杨乃武可以凭借各种资本来积极推动冤案平反的进程，而民妇葛毕氏只能选择沉默而被动地等待机遇到来。这种资本占有的不平衡状况极易导致司法的不公正，有时甚至产生新的冤案。更需值得我们注意的是，如果从现代司法独立的角度着眼，这种非制度性因素的介入，不仅会扰乱司法程序的正常进行，而且还会严重破坏审判权的独立行使，最终影响正义的实现与社会秩序的安定。而最终的结果就是，对正义的诉求蜕变成了原告、被告两方所拥有的各种资本的较量。（《杨乃武冤案平反的背后经济文化社会资本的分析》，《法商研究》2006年第3期）

潘巍松：杨乃武与小白菜案中，对该案昭雪起了决定性作用的刑部海会寺会鉴更加凸显出司法鉴定独立性的重要意义。刑部主审官员不远千里将死者尸体运进京城，并且不使用刑部自己的仵作而从各地抽调仵作进京会鉴，可见其高明之处。试想如果不将死者尸体运京重鉴，而只是在浙江省重鉴，因该案涉及浙江省不少官员，浙江仵作很可能会有所偏袒，这样很可能仍旧无法得出准确的鉴定结论。而即便是将尸体运京重鉴，如果只是使用刑部自己的仵作，则又将陷入"自审自鉴"的泥潭。而从各地抽调的仵作，因为和该案并没有利害关系，和主审官员也无直接隶属关系，他们实际是一个相对独立的鉴定团体，也就能够不偏不倚地做出准确的鉴定结论。这样看来，如果说本案当事人蒙冤是受累于不独立的司法鉴定体制的话，那么本案的昭雪，也正是审判人员聪明地规避了当时"审鉴不分"、"侦鉴不分"制度，充分尊重司法鉴定的独立性的结果。（《试论司法鉴定的独立性——以清末"杨乃武与小白菜案"为例》，《法律与医学杂志》2005年第4期）

牛创平：在谈到本案平反的问题上，特别值得一提的是30年前就曾听到该冤案之所以能够得到平反，主要是浙江地方势力与清王朝中央有矛盾，清宫要借此案打击地方官吏以使其更加效忠朝廷，浙籍官员与杨昌浚等外省籍在浙官员矛盾，以及此案发生在同治、光绪二帝交替之际，否则，也难以平反昭雪。笔者并不否认上述意见。

但在阅读了本案的全案档案文件之后，所得出的更为直接的平反原因或结论是：第一，本案浙江各审中歧异多端，冤情难弥。第二，杨乃武的胞姐和妻两人的京控以及杨乃武自写供状诉说冤情，使冤情能够被清宫知晓并被批回复审。虽然浙江复审仍维持原案，但叶杨氏和杨詹氏的状并未白告，它引起了清宫经办等官员的同情和重视。上谕批令杨昌浚复审，又要胡瑞澜接办此案的本身，就给京城内外预告了该案各审确有问题，也是对杨乃武及其同情者的有力支持。第三，内阁刑科掌印给事中王书瑞、户科给事中边宝泉和浙籍18名京官的上奏，对本案的平反具有重要作用。当杨乃武的姐和妻上告被批回浙复审的结果仍是维持原判后，王书瑞上奏的当日即下谕旨，令杨昌浚将此案交胡瑞澜接审；胡审后仍维持前审定拟的奏折到达清宫三天，边宝泉又立即上奏，要求由刑部接审，奉旨此折由刑部议奏；在刑部复奏中请旨接审此案的奏折上报70多天未见获准的情况下，浙籍的18名京官要员联名上告到都察院，一是为杨乃武鸣冤，二是控告浙江各审官员，三是要求由刑部接审。都察院接到控状，立即具奏转报，积极支持，态度明确。在这种情况下，朝廷方下旨将此案交刑部审办。王书瑞、边宝泉和浙籍18名京官的三个奏折和控状，在上陈的时机上都在关键时刻，都起到了积极作用。这里需要说明的是，我们不能把这20名京都要员的上奏行为，当作是浙籍官员与外籍官员的矛盾。边宝泉是满族汉军镶红旗人，并非浙江人，他之所以积极具折上陈，为杨乃武鸣冤，并非他与杨昌浚、刘锡彤等外省籍官员有什么矛盾，而是其主持正义的表现。另外也多少与他的职务所在有关，边宝泉于同治十一年补为浙江道监察御史，而此案发于同治十二年十月，他的奏折时间是光绪元年十月十八日，他迁任内阁户科给事中的时间当在同治十一年以后光绪元年十月之前，如果他不上奏陈明该案冤情，他因曾任浙道御史，定有知情不报之罪。即使18名浙籍官员，他们与其他省籍的京官相比，自然要对浙江的这一三下谕旨的大案更为关切。因此，他们的联名控告本身，并非是对非浙籍官员的排挤，而是正义与非正义、正确与错误的斗争，是维护本阶级统治的表现。特别值得提出的是当时浙籍京官和在浙任职的杨昌浚等非浙籍官员，他们并无利益冲突，他们都是忠于清王朝统治的。在当时，各省的县以上官吏，很多都不能在本省本县作官吏，而要到外省任职，这是当时较普遍的现象，也是回避制度的要求。所以，在这一案件上并不存在浙籍与非浙籍官员的矛盾，也不存在清王朝中央与浙江地方势力的矛盾斗争，此案的平反，如同清代以前的各朝也有过重大冤案得到平反一样，对于提高当时统治者的威信、巩固其政权是很有积极作用的，而不能简单地归功于皇帝、皇太后。第四，此案的平反，刑部起了关键作用，这一点可从刑部的行文当中看出其积极态度、影响及其对推动平反所起的重要作用。另外，都察院对刑部的支持配合作用也是值得充分肯定的。(《清代档案中的杨乃武与小白菜案件——葛品连身死案的冤狱与平反》，《档案学通讯》1992年第1期）

周姗姗：杨乃武与小白菜案几经波折，最终真相大白于天下，具有两个层次的因素，首先是清朝政府的内部监察机制，其次是新闻及官绅势力所形成的外部监督机制。清朝的当事人在对案件的审理结果不服时，可以选择向其他部门申诉。清律规定：军民人等遇有冤抑之事，应先赴州县衙门具控；如审断不公，再赴该管上司呈明；若再屈抑，方准来京呈诉。

在杨乃武与小白菜案的审理期间，杨乃武在狱中书写了申诉材料，由其妻小杨詹氏即詹彩凤向杭州各衙门申诉，但没有引起浙江巡抚及臬司等地方官员的重视。后杨家亲属进京告御状，向步军统领衙门、刑部、都察院等多处投递冤状。本案在审理过程中，各级府衙都是没能实行法律赋予的监督权，致使冤案几成定论。如此反反复复，案件久拖不决，社会影响很大。与此同时，杨家亲属再次进京告御状，刑部上奏要求重审此案，最终由慈禧太后决定提审此案，刑部调集本案的有关证人及杨乃武和小白菜进京，由刑部主审，都察院、大理寺会审。经过几次会审，才使此案大白于天下。这种对案件的再审和提审制度，是从高层上实行监督，虽然属于事后监督，但具有一定的权威性。

本案能够平反的主要原因是《申报》对此案的连续报道所造成的舆论监督作用。《申报》在杨乃武和小白菜一案中始终有专人采访，对案情据实报道，对官府酷刑取供、草菅人命进行了揭露与抨击，形成了社会舆论的压力，为平反此案起了促进的作用。正是由于《申报》对此案的长期且生动的报道，同时又刊登多篇不同观点的评论，使得此案终为广大民众所关注，造成了一定的舆论，也引起了朝廷官员的关注。在舆论的推动下，18位浙籍京官联名向都察院呈控，最终慈禧下令将案件交朝廷刑部审理，案情终于大白于天下。

另外，杨乃武的举人身份及优裕的家境条件也为冤案平反有很大帮助。(《从杨乃武与小白菜案看清朝的刑事审判制度》，天津师范大学硕士论文，2011年)

四、学术研究所揭示出的若干"意外"结论

（一）未见受贿情事

郑定、杨昂：考察此案，从主观角度看，余杭知县刘锡彤实在无太多可指责之处。首先，从案发到案结，刘锡彤始终没有收受贿赂，故清律"受赃"各条均无触犯，刘并无为贪赃而枉法之犯意；其次，从接呈、受理、验尸、挙捕、审理、定案、上报等各步骤看，刘锡彤完全没有拖延时间，超过清律"捕亡"卷各条与"断狱"卷"淹禁"等条所定的各程序之期限，甚至从接到沈葛氏之呈文到初审审结，将案卷与人犯上交杭州府的全过程，一共还不到10天。以19世纪末叶审判技术、证据采集分析技术、交通发达程度而言，已可谓"神速"。由此可见，刘锡彤办案实不可谓"消极"。由是可知，刘锡彤既非"贪污"，亦非"无能"。则传统认知中对"代表统治阶级"的"清末封建官吏"的"贪污无能"的描述，至少不适用于本案，不适用于本案初审过程。而中央刑部官员由上述可知亦非敷衍塞责的无能之辈——至于案子闹大之后，与杨乃武关系密切的浙江京官的活动，以及涉案各部吏与疆吏之间的回护，则更多属于政治范畴，非法律史研究所预设的框架能容纳与研讨，故不论。(《不可能的任务：晚清冤狱之渊薮——以杨乃武小白菜案初审官刘锡彤为中心的分析》，《法学家》2005年第2期)

牛创平：查阅全案文件，造成冤案的真正原因是浙江各审中有关人员的渎职所致，从余杭县一审到浙江省三审乃至刑部，并无勒索原被告钱财或各审官员之间的钱财情弊。(《清代档案中的杨乃武与小白菜案件——葛品连身死案的冤狱与平反》，《档案学通讯》1992年第1期)

王策来：审判是古代地方官员的主要职责之一。参加审理杨乃武和小白菜案的官员虽然不多，但从县官直至最高层的大小官员均有登场表演，给我们了解清末官场提供了较为生动具体的素材。

都说清末官场腐败，许多有关本案的一些文艺作品均有审判官员大量行贿受贿的描写，给人们留下清末官场腐败的深刻印象。官场腐败，历代如此，清末也不可能例外。可能是腐败的表现形式有所不同，就本案而言，尚未能发现审判官员有

《杨乃武与小白菜案真情披露》(中国检查出版社,2002年)。该书是目前国内研究此案资料最翔实的权威著作。作者王策来,系浙江省高级人民法院法官。他在广泛搜求、分析原始档案的基础上,向人们全面完整地披露了"杨乃武与小白菜案"的真情内幕。

受贿之情事。

余杭知县刘锡彤是本案最大的受贿嫌疑人,当年刑部就曾专为刘锡彤是否存在受贿情事对其进行审讯,结果未曾发现。笔者认为,刑部否认刘锡彤受贿的结论是可信的,从刘锡彤在本案中的表现看,甚至连受贿的动机也不存在。

至于陈鲁、蒯贺荪、杨昌浚、胡瑞澜等不可能收受他人贿赂,因他们在审讯中均主张杨乃武有罪并欲予惩处。当年刑部也未对他们的廉洁问题提出质疑。后世的文艺作品中都将这些人描写为受贿官员,以刘锡彤为行贿人。这一描写是以刘锡彤之子谋害小白菜之夫葛品连为基调的。本案事实上并不存在这一情节,因此,也就不存在行贿受贿的动因。文艺作品中的描写经不起推敲。

另据资料载,杨乃武之女杨浚透露,在本案平反纠正过程中,多亏如夏同善、汪树屏等浙籍京官的鼎力相助,并介绍了一些找关系、托门路的情况。杨浚意在感激这些浙籍京官。此说可信性较高,既如实反映了平反冤案道路上的艰难,又是当年官场的真实情况,没有这些因素,浙籍18位京官就不可能联名向都察院呈诉状,平反冤案也就不可能。若果有此事,这些找关系、托门路的行为也可算是一种"腐败"现象。(参见《杨乃武与小白菜案真情披露》,中国检查出版社,2002年,第131—138页)

(二)官员敢于直谏

王策来: 从本案的奏章看,其内容锋芒毕露,言语犀利,不怕得罪人。既反映了当年官场争斗激烈、矛盾尖锐的一面,也反映了一些官员恪尽职守、为民请命的品格。

都察院景廉等要求将本案提交刑部审理的奏折,也是要冒极大风险的。因为针对给事中边宝泉的奏折已有上谕,认为外省案件纷纷提解刑部审理,向无此先例。既然皇上、皇太后已有言在先,再提此事,显然犯忌。而且都察院在奏折中还含蓄地批驳了上谕中"向无此政体"的旨意。列举了山西和浙江的两个案件,分别是在道光和同治年间,谕旨交由刑部审办的。

在奏折中明争也好，暗地较劲也罢，为臣子的敢于直谏，对朝廷都是好事。也反映了当时最高统治者也有开明的一面。（参见《杨乃武与小白菜案真情披露》，中国检查出版社，2002年，第131—138页）

（三）处置尚属公道

王策来：有的材料和文艺作品对本案的最终处置问题作了扩大的宣传，有说大小官员被处置的多达一百余人，也有说三十余人。事实上，据奏折明确记载，被处理的官员有余杭知县刘锡彤，杭州知府陈鲁，宁波知府边宝诚，嘉兴知县罗子森，嘉兴候补知县顾德恒、龚世潼、郑锡滜，浙江巡抚杨昌濬，浙江学政胡瑞澜，以及训导章濬即章抢香，仵作沈祥，门丁沈彩泉。浙江按察史蒯贺荪本应处置，但其已故世。其他官员则未见有处置，包括湖州知府锡光等。至于被处置官员聘用的书办之类，与朝廷处置并无直接关系。如杨昌濬被革职后，有八九名长随书办请辞，其原因并不是朝廷对他们的处理，而是"惟大人格外矜全，恐新任来遭谴责"，感动得杨昌濬眼泪都流下来。可见，清朝统治者在处理本案时并没有扩大化的倾向。（参见《杨乃武与小白菜案真情披露》，中国检查出版社，2002年，第131—138页）

光绪二年三月二十七日（1876年4月21日）《申报》刊载《书余杭葛毕氏狱》。

《申报》1872年4月30日由英商安纳斯·美查（Ernest Major）等在上海创办，是旧中国历史最长、影响最大的一份报纸。创刊初为双日刊，从第5号起改为日报。至1949年5月27日停刊，前后办了77年，共出版25600号。杨乃武与小白菜案发后，《申报》对该案连续跟踪报道，为此案的最终平反起了重要作用。

周姗姗：本案是清末追究错案责任人的典型案例，被追究责任的官员前因后果都有十分清晰的记载，这一制度的具体内容体现于本案的全过程，经过了刑部的审理，杨乃武与小白菜被断定为冤枉，其有罪供述是在严刑逼供之下被迫作出的虚假供述。刘锡彤未按合法程序勘验现场与审理案件，被刑部参奏，革去知县的职位，从重发往黑龙江效力赎罪，不准收赎。其他相关审理官员也各自因审理不利而遭受处罚。

清朝政府在发现案件审理确实出现错误之后，积极地要求案件重审，并且追究案件承办人的责任,这种制度的优点在于能够充分调动行政长官个人的办案责任心。

此案能够平反,也是由于当时民众对此案的关注,所造成的社会舆论给予清朝政府巨大的压力。舆论是社会公众的意见,它对社会的政治、经济、文化具有深刻的影响力,而新闻媒介是舆论的激发器、承载者,它对社会舆论的形成具有深刻的影响力。(《从杨乃武与小白菜案看清朝的刑事审判制度》,天津师范大学硕士论文,2011年)

(四)打击湘军等地方势力之说难以成立

王策来:以往研究本案的学者,有人认为清朝统治者之所以交刑部提审本案,是为了打击自恃在清剿太平军中立有战功、气焰嚣张的湘军势力。当然,仅从文字资料上还难以准确判断清统治者的真实用意。只是我们现在也只能运用文字资料来进行分析,其他传闻、野史更无说服力。从本案资料看,打击湘军势力一说难以成立。首先是被处置者并非以湘军出身为主,除杨昌浚外多为科举出身的文职官员。其次是处置对象比较明确,既无扩大又无任意牵扯现象,并不存在有意识地针对湘军的任何迹象,而且被革职的杨昌浚和胡瑞澜后来均又被重新起用。(参见《杨乃武与小白菜案真情披露》,中国检查出版社,2002年,第131—138页)

世界历史上的游牧世界与农耕世界

吴于廑

【导言】 在长达50多年的学术生涯中,吴于廑先生为中国世界史学科的建立和发展做出了不可磨灭的贡献。早在上世纪60年代初,他和北京大学周一良教授共同主编了新中国第一部四卷本《世界通史》,以及配合此书的辅助教材四卷本《世界通史资料选辑》。他还主编了《外国史学名著选》九种,将西方史学大家的著作系统介绍到国内。"文革"结束后,年逾六旬的吴于廑先生提出了一系列强化世界史研究的新观点和新思路。在1978年全国文科教材座谈会上,他做了《关于编纂世界史的意见》的讲话,强调破除"西欧中心论"以及把各国历史分段排列的旧的世界历史编纂体系,并形象地把新的世界历史比喻为"长卷的江山万里图"和"宏观历史"。他认为世界史研究不应简单地将世界各个国家的历史加以汇总,也不应仅仅局限于中国的域外史,而应当具有全球的视野和整体的

吴于廑先生(1913—1993)是新中国世界史学科的奠基者和开拓者之一。1935年毕业于苏州东吴大学,1941年秋考取清华大学第五届留美公费生,入哈佛大学文理研究院学习,1947年回国任武汉大学历史系教授,先后任武汉大学历史系主任、副教务长、副校长,世界史研究所所长等,1993年4月在主持《世界史》编务会议发言时突发脑溢血逝世,享年80岁。

观念,着重研究人类历史怎样由分散发展为整体、最终演变为世界历史的。

　　1982年10月,吴于廑先生应邀为云南省社会科学院做了题为《世界历史上的游牧世界与农耕世界》的报告,随后《云南社会科学》1983年第1期和《世界历史》1983年第1期分别发表了这篇报告的全文和摘要,《中国社会科学》1983年第3期以《游牧世界对农耕世界的三次大冲击对于历史成为世界史的作用及其历史限度》为题对报告的内容作了介绍。吴于廑先生在报告中指出,从公元前21世纪

图为吴于廑先生的部分著作

中叶迄公元13世纪，欧亚大陆草原地带游牧世界诸部族先后对农耕世界掀起了三次大规模移徙、冲击的浪潮。这种历时长久的游牧民族与农耕民族之间和平与暴力的接触，在打开地区间闭塞、扩大彼此物质和精神文明交往，乃至促使历史"在愈来愈大的程度上成为全世界的历史"方面，起了不容低估的作用。这一认识颠覆了传统历史研究把游牧世界看成是历史上破坏力量的片面结论，体现了吴于廑先生的世界史新思维在具体历史研究实践上的应用，对于新时期中国世界史学科的建设具有里程碑式的意义。

10年之后，著名历史学家庞卓恒先生回忆说，吴于廑教授"勇敢地撇开奴隶制或封建制的生产方式的机械分期这个'主线'，径直从上古直到15世纪存在着的'游牧世界'与'农耕世界'的划分及其相互冲突这个客观事实作为分析的着眼点，这在当时包括我本人在内的一些同行中，难免引起惊诧。但惊诧之后仔细思量，就发现吴于廑教授确有充分的依据。……如今，分散到整体的世界史观和编史体系已被越来越多的学者所接受。自然，不少同行们还在从另外一些角度进行着有意义的探索，但也许大家都会承认，促进这方面的探索的第一次有力的启动，来自吴于廑教授"。（庞卓恒：《开拓世界史新视野的第一创举》，《武汉大学学报》1993年第4期）

在发表《世界历史上的游牧世界与农耕世界》一文直至去世的10年间，吴于廑先生进一步完善了他的世界史体系，先后写出了《世界历史上的农本与重商》、《历史上农耕世界对工业世界的孕育》和《亚欧大陆传统农耕世界不同国家在新兴工业世界冲击下的反应》等重磅论文，同时把他的思想贯穿到他和齐世荣先生主编的六卷本《世界史》教材的导言和编纂框架中，这些成果不仅在国内史学界引起强烈反响，而且受到了国际史学界的重视。丹麦学者李来福就曾在欧洲学术刊物上多次介绍吴于廑教授的观点。庞卓恒先生如此评论了吴于廑教授世界史研究的世界意义："事实上，我们的欧美同行如果把吴于廑教授提出的世界史观和编史体系与《剑桥世界史》、沃勒斯坦的'世界体系'和斯塔弗里阿诺斯'环球通史'体系等等相比较，都不难发现前者独有的新意。可以说，它也是我国的世界史学科正在走向世界的标志之一。"（同前文）著名历史学家齐世荣先生也总结说："1978年以来中国学者对世界史体系的深

图为吴于廑先生的部分著作

入探讨，以吴于廑先生的成就最为突出。"（齐世荣：《我国世界史学科的发展历史及前景》，《历史研究》1994年第1期）

30年之后重新刊发吴于廑先生《世界历史上的游牧世界与农耕世界》一文，一方面是为了纪念吴于廑先生诞辰100周年和逝世20周年，回顾改革开放初期中国世界史学科走过的历程；另一方面也是为了让年轻一代的学者学习老一辈历史学家宽广的视野和勤奋治学的精神。吴于廑先生生前一再勉励后学要"眼在远处，手在近处，视野要开阔，研究要具体"。（《吴于廑学术论著自选集》，首都师范大学出版社，1995年，第569页）他曾将一幅旅游途中看到的石刻对联改为"置身须向极高处，放眼通观大世间"附在30年前的那篇文章后赠送给同行。在今天看来，吴于廑先生的教诲仍然有着深刻的现实意义。（邢佳佳）

【一】 引言
【二】 亚欧大陆游牧世界与农耕世界的形成与并立
【三】 游牧世界对农耕世界的三次大冲击
【四】 三次大冲击对于历史成为世界史的作用及其历史限度
【编稿随笔与图文互动】 吴于廑先生的部分著作 / 周吴本《世界通史》大字体版 / 盛洪观点 / 乌尔军旗 / 蒙古军骑士图 / 林樾观点 / 哈德良长城 / 旭烈兀西征图 / 吴于廑先生题词

《云南社会科学》1983年第一期原编者按：中国世界中世纪史研究会于1982年10月13日至21日在昆明举行。会议期间，学会理事长、武汉大学副校长吴于廑教授应云南省社会科学院邀请，向云南省史学界作了题为《世界历史上的游牧世

界与农耕世界》的学术报告。本文系根据报告整理而成。

一、引　言

历史这门学科之所以引人入胜,原因之一在于这门学科研究的对象,即人类的过去,常常要求人们对它进行再认识。对历史进行再认识之所以必要,其一是基于哲学的原因,如中世纪基督教史学家认为历史由于天定,18世纪启蒙史学家认为人的理性可以改变历史,唯物主义者认为物质生产的进步是历史演变的基础。其二,有决定意义的新史料的发现,例如19世纪西亚楔形文字泥版文书的发现,20世纪初克里特线形文字的发现,我国甲骨文、敦煌文书的发现以及重要古代文明遗址的系统发掘等等。其三,某种历史事件在发展上蕴蓄着潜在的力量,在一个时期内只能发挥到一定的限度,因而一个时期内的历史观察者不能充分认识其意义。随着时间的推移、延续,潜在的力量发挥得愈来愈明显、充分,这就要求后一时期的历史研究者对前人已经考索研究过的同一历史事件的发展进行再认识。例如18世纪中叶,1769年英国人瓦特发明蒸汽机,这是工业动力供应上的一次革命。但在当时,也不过作为一项新奇事物看待而已,可以说,没有一个历史观察者认识到这一事件及其发展是一次意义深远的革命。过了六七十年,即1837年,法国人布朗基首次提出"工业革命"这个词,并且以之与法国革命并称,这才对这一重大历史事件进行了深入一步的再认识。又过了半个世纪,英国人安诺德·陶因比对工业革命作了比较深入的考察之后,作了多次学术演讲,后来由他的门生汇为一书,题为《英国18世纪工业革命论集》,这才对由瓦特的发明而肇端的工业革命,进行了又一次更为深入系统的再认识。如果不是经过一个多世纪的发展,要从一开头就能充分认识由瓦特的发明而引起的工业生产上的巨大变革,任何有预见之才的历史学家也不能做到。

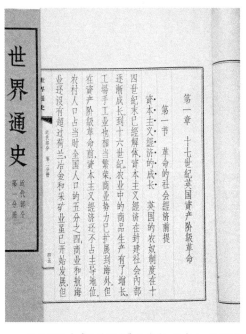

图为周吴本《世界通史》大字本,分中古、近代两部分,内有插图。1972年至1976年,晚年的毛泽东主席患有眼疾,为方便他的阅读,国家出版局承印大字本线装书129种。印刷精致,字大如钱。由于费工费时,所以印量不大,流传稀少。

还有一种原因我一时还找不到恰当的表述,姑且称之为观察历史广度的变化。马克思在《〈政治经济学批判〉导言》中曾经说过这样一句话:"世界史不是过去一直存在的;作为世界史的历史是结果。"在说这句话以前,在与恩格斯合著的《费尔巴哈》一书中,马克思曾经提出这样一个看法,这里不逐字引用原文了,其主旨是,"各民族的原始闭关自守状态"因生产的发展"消灭得愈来愈彻底,历史也就在愈来愈大程度上成为全世界的历史"。这就是说,历史之成为世界历史,经历了一个发展的过程。由各民族、各地区、各国家之间相互闭塞的历史,发展到有联系以至于密切联系为一体的世界史,不是一下子就能达到的,它有一个漫长的过程。这种在历史尚未发展成为世界史之前存在着的长期彼此闭塞的状态,必然影响人们对历史观察的广度,限于这一国、那一国,这一地区、那一地区,这个影响至今存在。我们研究世界历史或著述世界历史,观察问题的广度,习惯上还是分区分国,甚至可以把本国置于世界史之外。虽然自15、16世纪以来,特别是18世纪工业革命以来,如马克思所说,历史已经在愈来愈大的程度上成为世界历史了,但我们考察世界历史上的问题,视野总难以跳出分区分国的那种考察的局限。要使世界史这门学科真正是以世界全局为历史考察对象,那么研究者就必须适应历史发展为世界史这一过程的演进,在考察世界历史问题上,必须突破旧的局限,具有宽阔的广度,这样,就有可能达到对世界历史的新的再认识。近几年来我们看到的国外所出关于世界历史的部分图书,其视野之广,已显然和过去不同。这种趋向值得注意。

我想本着这样的想法,即从放大观察广度上着眼,谈谈世界历史上的游牧世界与农耕世界。关于游牧世界和农耕世界各自的社会发展阶段问题,两者的内部矛盾包括民族矛盾和阶级矛盾问题,都不列在这次讨论的范围之内。尽管如此,涉及的问题还是很广泛,疏漏谬误的地方,必不能免,请与会同志们指正。

二、亚欧大陆游牧世界与农耕世界的形成与并立

距今约1万年前,由旧石器向新石器过渡,开始发生了农耕。大约与此同时,也发生了畜牧。从这个时期起,人类开始由食物采集者转变为食物生产者,包括以种植谷类为主的农业生产者和以繁殖畜类为主的牧业生产者,这是人类历史上生产发展的一次飞跃。

由此开始,世界上先后出现了几个各具特色的农耕中心。最早的是西亚,在美索不达米亚周围地带,驯化了野生麦类,发展为种植小麦、大麦的农耕中心。其次是包括中国在内的东亚、东南亚。中国的黄河流域可能是一个独具特色的农耕中心,因为这里培育了稷,即小米。《诗·豳风·七月》"九月筑场圃,十月纳禾稼。黍

稷重穋,禾麻菽麦"的"禾"就是小米,这点清代学者已经指出。中国长江以南以至东南亚、印度恒河一带,则是以培育水稻为特色。1973年冬至1974年春,浙江余姚河姆渡新石器遗址发现籼稻谷种,说明早在6 700年前,中国长江以南已经栽植水稻。还有一个中心是墨西哥,约在7 000年前培育了玉米。这个农耕中心是约两万几千年前由亚欧大陆通过白令海峡的陆梁进入美洲的印第安人开拓的。由于冰川的北退,陆梁消失,这个中心和亚欧大陆完全断绝联系。秘鲁可能是另一个单独发展种植玉米的中心,和亚欧隔绝的情况与墨西哥相同。还有撒哈拉沙漠以南的非洲内陆,可能也有独自发展起来的农耕中心,也是长期处于和外界隔绝的状态。我今天讲世界历史上的游牧世界与农耕世界,地理范围大体限于亚欧大陆,有时要讲到北非,在年代上不会涉及公元14、15世纪以后。因之海道大通之后的世界形势,不属这次讨论的范围。下面谈的游牧世界与农耕世界,墨西哥、秘鲁以及非洲内陆都不包括在内。

　　农耕中心形成之后,就缓慢地向其他宜于农耕的地方扩展。

　　美索不达米亚周围大、小麦的培植,逐步向东西两翼扩展。向东,一条线到达伊朗中部和北部,可能更延伸到阿富汗境,另一线偏南到达俾路支,远及印度河流域。向西,最早进入爱琴海诸岛和希腊,然后大体沿形成扇状的分线深入中欧、南欧和东欧:偏北一线由巴尔干进入多瑙河流域和莱茵河流域诸地,以后向东分入乌克兰平原,向西越海分入不列颠岛;偏南的一线沿地中海岸进入南欧诸地,包括今意大利、法国南部和伊比里安半岛。埃及和北非之种植小麦,大概是经由巴勒斯坦传过去的。把这些麦类种植传播所及的地区和前面讲到的中国和东南亚培植小米、水稻等地区合在一起加以考察,经过好几千年之后,就亚欧大陆而言,中国由黄河至长江,印度由印度河至恒河,西亚、中亚由安那托尼亚至伊朗、阿富汗,欧洲由地中海沿岸至波罗的海之南,由不列颠至乌克兰,还有与亚欧大陆毗连的地中海南岸,都先后不一地成为农耕和半农耕地带,发展的水平当然很不一致。这个地带绵亘于亚欧大陆两端之间,形成一个偏南的长弧形。我们不妨称此长弧形地带为亚欧大陆上的农耕世界。

　　农耕世界的经济是以农为本的经济。它的基本特征在于它是自足的自然经济,具有狭隘的地方性,彼此闭塞;尽管这种闭塞并非是绝对的,在不同社会历史阶段在程度上也并非是一致的。农本经济可以发展到较高的水平,包括手工业、商业,以及市集、城镇等等的发展;各个以农为本的地区之间,也可以发生不同程度的交往,并且彼此发生不同程度的影响,但是,只要还是以农为本,总不能彻底改变各个民族和地区之间的闭关自守的状态。我想我们可以这样说,在前资本主义的各社会形态里,凡属农耕地带的各个地区,其基本情况都是这样,都是以农为本,彼此之间相对闭塞。马克思在《〈政治经济学批判〉导言》中曾经这样提到："在从事定居耕作——这种定居已是一大进步——的民族那里,在古代社会和封建社会,耕作居于支配地位……"这些话,尽管不是针对我们现在讨论的问题讲的,但为理解这里所讲的前资本主义不同社会阶段以农为本的问题,重温这些话极有意义。

当农耕最初出现于历史的时候,它往往是与畜牧相结合的。许多由考古发现的最初农村遗址说明了这一点。但是,由食物采集者转变为食物生产者的人类,逐步沿着两条不同的道路发展,一条是从植物的驯化到农耕,另一条是从动物的驯化到游牧。雨量充足、河渠充盈、土壤肥沃的地带,逐渐发展以农耕为主,农耕不断扩展,就形成上面所说的一个横亘亚欧大陆偏南的农耕地带。雨水很少,但是草原辽阔,冬季白雪覆盖的山峦,到了夏季,山坡上却牧草丛生,像这样的地带,就逐渐发展以游牧为主,形成了游牧地带。在亚欧大陆,宜于农耕的地带基本偏南,即上面所说的从东到西的长弧形农耕世界。宜于游牧的地带基本偏北,几乎和农耕地带平行,东起自西伯利亚,经我国的东北、蒙古、中亚、咸海里海之北、高加索、南俄罗斯,直到欧洲中部,也是自东而西,横亘于亚欧大陆的居中地带。对这个地带,我们不妨也援前面提出的农耕世界之例,称之为游牧世界。在这两个世界之间,从亚欧大陆的东头说起,兴安岭、燕山、阴山、祁连山、昆仑山、兴都库什山、萨格罗斯山、高加索山,直到欧洲境内的喀尔巴阡山,大体上构成它们的分界线。

亚欧大陆两大平行地带形成之后,它们的历史发展的前景不一样而又相关联。农耕生产的增长率,大于游牧生产的增长率。农耕之必然趋向于定居,又使它的发

农耕世界与游牧世界的形成很大程度上与气候和环境有关。历史学家曾提出过著名的400毫米等降雨线。这条线的北边,降雨量少于400毫米,为半干旱地区,不适宜种植农作物,因此成为游牧地区;而在南边,由于降雨量多于400毫米,为半湿润和湿润地区,适宜农业,因此成为农耕社会。对照一下,这个边界大约在内蒙古自治区的南部边界上,呈向下(南)弯曲状;也与长城的走向大致一致。向下弯,是因为越向内陆,同一纬度地区的降雨越少。(资料和图片来自盛洪《长城与科斯定理》,上海远东出版社,2011年)

117

展以及随之而来的社会、文化方面的发展,有较大的和较为稳定的连续承袭的可能。食物生产丰饶以后,就有可能分出一部分或更多的社会劳动力从事于农耕以外的活动。例如手工制造、金属开采和冶炼、建筑、开凿河渠、贸迁有无、社会管理、宗教祭祀等等。总之,较快地诞生了文明,较早地出现了阶级分化和公共权力,也在较大范围内形成了有利于扩大再生产的社会秩序。由于管理、防卫和交换的需要,还逐渐兴起了城市或社会分工较细的居民密集点。这就使农耕地带富庶并且文明了起来。东西方古典文明,中世纪东西方各国的封建文化,都诞生、发展于这个偏南的长弧形农耕世界。与此相比,游牧地带的生产当然也在发展增长,但增长得缓慢,不能或很少能分出较多的社会劳动力用于游牧以外的各种活动。也有社会阶级分化,但分化很有限度,原始部族制度牢固存在,停留于一种淳朴的然而是落后的状态。这两个平行存在的世界,一个富庶先进,一个贫瘠落后,南农北牧,南富北穷。两者之间的南北划分,当然不是绝对的。农耕世界偏南,在偏南的地方,也有从事游牧的部族,阿拉伯半岛上的游牧部族就是一个突出的例子。游牧世界偏北,在偏北的地方,也有从事农耕或半农耕的部族。《史记·大宛列传》记载汉朝出使西域的张骞的见闻,中亚一带,既有"行国",也有"其俗土著,耕田,田稻麦"的农耕民族。

　　图为《圣经》中代表农夫的该隐和代表牧民的亚伯。农夫和牧民的故事其实是人类历史上最古老和最重要的故事之一。在西方,它仅次于亚当和夏娃的"原罪"。这桩原罪导致该隐和他的弟弟亚伯的诞生。"亚伯是牧羊的,该隐是种地的。"在中国,炎帝的"姜"姓透露出"牧羊的母系社会"的信息,其"神农氏"的称谓,无疑又说明他是农夫的先祖。农夫与牧民的故事就发生在欧亚大陆。(盛洪:《长城与科斯定理》,上海远东出版社,2011年)

农耕世界形成国家以后，在游牧世界和农耕世界的接壤地区，并不存在一个明确的、不可逾越的界线。古代国家的疆界，去中心越远越模糊，不能用近代的有精密地图为据的国界线的概念去看古代国家的疆界。总有一个两方都可出入的、两不相属而又两皆相属的所谓边界。边界对于古代国家，是一个沿其领域而延伸的狭长的面的概念，而非线的概念。就在这个面里，发生和发展着两个世界间的各种交往和矛盾。交往常常是通过和平的方式，不过，交往不总是和平的、田园诗式的。马克思在《资本论》中说："在真正的历史上，征服、奴役、劫掠、杀戮，总之，暴力起着巨大的作用。"在游牧世界与农耕世界之间，同样存在着以暴力书写的历史。

三、游牧世界对农耕世界的三次大冲击

亚欧大陆游牧世界和农耕世界的矛盾，爆发为暴力的形式。自古代起，直到公元13、14世纪，我认为，可以总括为游牧部族向农耕世界三次冲击的浪潮。

游牧世界在生产发展水平上，在人口数量上，都不如农耕世界。它在这两方面不具备优势。但是在主要的、关键性的生产技术方面，许多游牧部族与

"乌尔军旗"两个画板分别为"战争"与"和平"，描绘的场景栩栩如生。图为战争一侧，描绘了四匹驴拉的战车和手持长矛的步兵。敌方的士兵或被战斧砍死，或被扒光衣服，交由手持长矛的国王发落。

农耕世界的差距不大。金属冶炼和制造就是这样。农耕世界具有的金属武器，游牧部族也能具有。活动于亚欧草原上的游牧部族斯基泰人就善于铸剑。源出游牧部落、后来进入西亚边缘的赫梯人，最早冶炼并锻造了铁器。游牧世界使用金属武器，起初是青铜武器，后来是铁武器，并不落后于农耕世界。既然双方使用武器的水平大体相当，一旦出现其他因素，如农耕世界的国家因内部矛盾，包括统治阶级内部的和对立阶级之间的矛盾而出现力量衰落的情况，毋宁说，游牧部族在这种时机向农耕世界进行冲击，完全有可能占据优势。

游牧世界具有一个农耕世界无法与之比拟的特点，这就是它的流动性，它有相对于农耕世界的较高的机动能力。在军事上，这个特点非常重要。有了这个特点，机动性强的少数就能制胜安土重迁的农耕世界的多数。自从战车和马进入历

马在传统社会中的战略地位，一点也不亚于今天的机械化运兵车。汤因比曾说，"游牧人就是一种半人半马怪"。图为蒙古军骑士图。（采自蔡美彪等著《中国通史》，转自盛洪《长城与科斯定理》，上海远东出版社，2011年）

史之后，游牧世界的各部族本来就已具有的机动性，更其成倍地增强。由此而形成的冲击力量，往往使农耕世界的文明先进的国家，特别当它们因内部矛盾而陷于衰落的时期，处于难以防御的地位。我们现在知道的最早的战车，是公元前27至前26世纪苏美尔人的战车。这种战车见于从乌尔王陵中发现的"乌尔军旗"上镶嵌的图像，四个实心车轮，由已被驯化了的野驴拖拉，非常笨重。苏美尔人不知有马。不仅他们不知有马，就是过了八九百年，到汉谟拉比时代，公元前18世纪，农耕世界比较先进的两河流域也不知有马。汉谟拉比法典的条文中，多次提到牛、羊、驴、大小牲口，但没有一处提到马。连马都没有，更不用说用马拉的战车了。驾马的战车出于何时何地，不清楚。有的学者认为可能出自高加索一带的山地游牧部族。不论怎样，约当公元前2000年前后由外高加索进入小亚细亚的赫梯人，就已经知道用马驾车。

赫梯法典从58条起一再提到马，驾车的马，还提到马勒和驾具。公元前21世纪中期，一些冲入两河流域和埃及的来自北方的游牧、半游牧部族，都已使用了马驾的战车。这种车双轮，车轮有辐，一般是六辐，不是实心的。每车载两人，一个御者，一个战士，用弓箭，比苏美尔时代的驴拉的四轮车，轻便快速，具有远为超越的机动性能。公元前17世纪从西亚经巴勒斯坦长驱直下埃及并加以征服的喜克索斯人，用的就是这种战车。公元前16世纪初大掠巴比伦的赫梯人，稍后入侵巴比伦并且建立长期统治的迦喜特人，先后经高加索山南来的游牧部落西密里安人、斯基泰人，进入两河北部立国的米丹尼人、胡里特人以及和他们敌对并又彼此敌对的乌拉尔图人、亚述人等，大都已知驯马，以驾马的战车加强他们的战斗力量。古代世界两个农耕文明发达最早的中心，美索不达米亚和埃及，都抵挡不住以战车武装起来的来自北方的游牧、半游牧民族的冲击。

同时期内，即公元前21世纪中叶，在美索不达米亚东西两面，都有来自北方的印欧人部落向南的冲击。东面，雅利安人冲入印度，有马有战车。而早于他们的印度河流域上的哈拉巴诸城邦，这时也是不知有马，他们的车是牛挽的车，显然不是战车。只有牛挽的车的哈拉巴人，抵御不了拥有马驾的车的雅利安人。在西面，另一支印欧种人，即最早一批的希腊人，冲入希腊半岛，文特里斯释读成功的迈锡尼线形文字乙，证明他们有马、有战车，后来他们进入爱琴海文明中心的克里特。这批最早南下的希腊人，在《荷马史诗》中也有反映。《荷马史诗》所追忆和歌颂的属于这个时代后期的英雄人物，就是驾着战车去打仗的。

公元前21世纪中叶，亚欧大陆东端的中国，也经历着商朝取代夏朝的变化。消灭夏朝的商从哪里来？是个可以探讨的问题。《中华文史论丛》第七辑，金景芳先生有一篇论证商人来自北方的文章，我觉得应当引起我们的注意。关于战车，夏朝有没有，不能光靠后代的文献记载，现在只能存疑。至于商代，考古发现已经使人信而有征。商都附近的大司空村、孝民屯大墓的发掘，从随葬的车马坑证明有车有马，而且车是双轮，用双马，还有御者。这和甲骨文中"车"字的一些字形对照，真是不爽毫厘。很有可能，如果商人确如金景芳先生所说，来自北方，则他们利用的双轮车也会是从北方来的。至于商克夏的鸣条之战，是否以战车取胜，还无从回答。如果讲到约5个世纪后周武王伐商末王纣的一战，则回答是可以肯定的。《史记·周本纪》记牧野之战说："诸侯兵合者车四千乘，陈师牧野。"四千之数，可能有夸大。《孟子·尽心》中说"武王之伐殷也，革车三百两"，这大概没有把诸侯来会的车包括在内，可能接近真实。不论怎样，看来这是一次规模颇为可观的车战。

由上所说，在古代亚欧大陆整个农耕世界，约从公元前21世纪中叶开始，都经历了由北方来的以战车为武装的各个部族的入侵。这是游牧世界向农耕世界第一次冲击浪潮。当然，在中国灭掉夏朝的商，不能说是还处于游牧状态的部族。卜辞反映了它们已经经营农耕生活。可以引起注意的，是他们也有马驾的双轮车，并且还有人提出了他们来自北方的看法。

这里不打算谈由战车发展为骑兵的问题了。只指出一点，即在亚欧大陆的东

左图为冒顿单于(？～前174)，中国少数民族中第一个有雄才大略的军事家、统帅。右图为油画《白登之围》。西汉高祖六年（公元前201年），韩王信在大同地区叛乱，并勾结匈奴企图攻打太原。刘邦亲自率领32万大军迎击匈奴，先在铜辊（今山西沁县）告捷，后来又乘胜追击、直至楼烦（今山西宁武）一带。时值寒冬天气，天降大雪，汉军虽然"卒之坠指者十二三"，但见匈奴只有老弱残兵，更是获胜心切，便不顾前哨探军刘敬的劝解阻拦，直追到大同白登山，结果中了匈奴冒顿单于的诱兵之计。（资料来自林樾著《帝国的崛起与没落》，中国社会出版社，2008年）

建造于古罗马时期的哈德良长城至今保存完好,是英国文化遗产保护的样本。

边、西边,都是先有马驾的战车,然后才有乘在马上的骑兵。骑兵比战车的优越性,只举一点就明白了。战车在西亚是一个御者,一个战士,每车二人,驾御和作战分工。中国是每车御者一人,战士左右各一人,共三人,也是驾御和战斗分工。骑兵一人一马,下肢驾御,上肢战斗,人力配备少,而机动性能大为加强。和战车相比,还不大受地形的限制。早在游牧世界各部族发动第二次冲击浪潮之前,他们已掌握了骑射结合的骑兵战术,铁兵器也早已代替了青铜兵器。

当游牧世界对农耕世界第二次冲击浪潮将临未临之际,亚欧大陆东西两端兴起不久的两大帝国,即汉帝国和罗马帝国,对具有骑兵优势的北方游牧或半游牧部族,都基本上采取戒备防御政策。公元前200年,汉帝国的开国之君汉高祖,到今大同东南的平城,匈奴冒顿单于"纵精兵四十万骑围高帝于白登七日",如不是向单于的阏氏纳了重贿,几乎脱不了身。北方游牧部族第一次显示出来的骑兵威力,不得不使汉朝统治者对北方边界的防备高度重视起来。

汉武帝之所以把长城一直延伸到敦煌以西玉门关,置河西四郡,沿边设置烽燧,随时报警,目的就是防止游牧民族南下。西边罗马帝国采取类似的防备策略。它把多瑙河、莱茵河当作自然边界,两条河上游的空缺之处,它筑起城寨来堵住这个缺口。在进入不列颠岛之后,又在苏格兰、英格兰之间筑了一道城,号为哈德良城,几乎是和汉朝把长城向西延伸同时。他们这样做,以为可以把游牧、半游牧以及正转向农耕的部族阻止于农耕世界的边线之外。汉文帝曾经说:"长城以北,引弓之国,受命单于;长城以南,冠带之室,朕亦制之。"汉文帝是一位躬行黄老之术的言行谦慎的皇帝,这些话说得宛转而和解。他很想把长城作为南农北牧的一道屏藩,彼此相望而不相犯。但是,从古以来亚欧大陆两个骈列地带的矛盾运动远未结束。北方的游牧民族要求从南方富庶的农耕地带取得他们所需要的财富、物产,特别是他们部族中的上层。汉文帝时,一个投匈奴去的中行说,后来成了匈奴统治上层的代言人。《史记·匈奴列传》曾经记下他说过的一段话,用现代汉语说,就是:你以农耕为本的汉族,要拿足量的上好的丝布粮米给我游牧的匈奴,否则,等秋天你们田里的谷子熟了,我们的骑兵就来抢收。还有倾向于农耕的要求内居,获得比北方肥沃的土地。南方农耕世界国家的统治者,当条件具备的时候,也要开疆拓土,移民实边。罗马的恺撒就曾推进到莱茵河外。汉朝的武帝也曾进入朔方,并且"往往通渠置田,官吏卒五六万人,稍蚕食,地接匈奴以北"。司马迁用"稍蚕食"三个字,是站在农耕世界国家的立场落笔的,实质上是侵夺了游牧世界的土地。还有,为了强化自己的兵备,也要向游牧部族取得马匹。和平的办法是市马,或者像汉武帝对乌孙那样,允许乌孙以千匹马聘汉宗室女江都公主,这其实也是"市",是以婚聘礼仪掩盖起来的"市"。这是和平的办法,但有时也要用暴力手段去夺马。也是汉武帝,派贰师将军李广利伐大宛,逼迫大宛拿出马3 000多匹。总之,两个世界之间的矛盾远远没有结束。以后的历史是大家所熟知的。东汉窦宪把北匈奴逐到中亚以后,在亚欧大陆的东端,即中国,北匈奴赶走了,南匈奴内迁,接着原来在匈奴之东的乌桓、鲜卑以及拓跋诸部,跟踪而来,在他们后面还有东西突厥。后来他们推翻了西晋,在长江以北先后成立了十几个政权,完全改变了中国的政治地图。这个局面直到唐朝才算结束。在亚欧大陆的中部,被匈奴赶过去的大月氏,其五部之中有一部是非印欧语系的贵霜,可能源出塞人或突厥人,进入大夏、印度,建立贵霜国。在公元1世纪迄2、3世纪,其统治范围南达印度的北方邦,接近恒河流域。还有一支匈奴人和大月氏人的混合种嚈哒人,称白匈奴,约在公元5世纪初由中亚南下,到5世纪后期,占有伊朗东部和印度西部的大部分,迫使一度强盛的笈多王朝勉强保持残局。直到6世纪中叶,才退入克什米尔,结束了对印度的冲击。

亚欧大陆西部罗马帝国在大体同一个时期所面临的游牧世界各部入侵的形势,比东部和中部先后所临遇的还要困难。汉和魏晋之际的中国也好,笈多时期的印度也好,萨珊波斯也好,入侵的北方部族主要是匈奴人、突厥人,少量是由匈奴和操印欧语的吐火罗人混血的白匈奴。罗马帝国所面临的,除了精于骑兵战术、强悍善战的匈奴人外,还有东西哥特和其他各支日耳曼人,斯拉夫人,还有从中国北部被突厥人赶到西方去的柔然,西方史书称为阿瓦尔人。可以说,在横亘亚欧大陆创建各古典文明的长弧形地带,当游牧世界各族,包括一些已在趋向农耕的部族,向农耕世界作历史上第二次大冲击的时期,西半壁受到的压力最为沉重。以后的历史也是大家所熟知的。在由阿姆河一带席卷而西的匈奴人的进逼之下,东西哥特人最先突入罗马帝国的边境。阿德里亚堡之战(378年),哥特人歼灭了罗马的主力兵团,东罗马皇帝瓦伦斯战死,说明罗马已经无力阻挡北方各部族的南下。此后,匈奴人,尤其是日耳曼的其他各族,一批又一批波涛相逐,涌入罗马帝国的西部,劫掠、征服之后,建立了日耳曼人各族的统治,使欧洲的政治地图也大为变样。东部罗马在阿瓦尔人和斯拉夫人的冲击下,龟缩到巴尔干半岛的南部。有点像中国的东晋、印度的笈多,保持一个偏安的局面,这就是拜占庭帝国。

公元7世纪,还有从亚洲西南角冲入农耕世界的属于闪族的游牧部族,这就是也精于骑兵战的阿拉伯人。骑兵在什么时候引入阿拉伯,现在还不清楚,但最早恐怕要在公元1世纪或稍后。公元前5世纪,波斯皇帝薛西斯向受他辖制的各部族征集兵力,阿拉伯带去了骑兵。不过这些骑兵骑的不是马,据希罗多德所记,是和"马一样快的骆驼"。自从马引进了阿拉伯的草原地区,阿拉伯就组成一种特别的马和骆驼相配合的骑兵。马用以奔驰作战,驼用以载运辎重。在行军缺水的时候,就宰杀骆驼,从驼囊中取水饮马。阿拉伯人在出击后的一个多世纪,占有了亚欧大陆包括北非农耕世界将近一半的地区,建立了地跨亚、非、欧三洲的阿拉伯帝国。游牧世界对农耕世界第二次大冲击随之结束。

第二次冲击后约四五个世纪,到了13世纪,又爆发了第三次游牧世界对农耕世界的冲击。这是最后一次,也是范围最广的冲击。发动这次冲击的主要是蒙古人,投入冲击成为主力的还有大量的突厥人。冲击的范围包括东亚、中亚、南亚、西亚、东欧和中欧。在第一、第二次冲击中作为主力的印欧人和闪人,原来是驾御战车或驰马弯弓的部落,这时大都已接受了农耕世界的定居生活。时间有好几个世纪以至一两千年之久了,他们不但不再是冲击力量的主体,而且变成了受冲击的客体,成为农耕世界的防御者。发动这次冲击的蒙古人,各部族估计在内,总人口大概不出100万人,其兵源最大限额不出十二三万人。如果没有众多的突厥部落与它联合,没有机动性极高的骑兵,就很难设想它能把兵力作如此大范围、大幅度的有效分布。蒙古骑兵战马日驰约一百四五十公里,大弓射程可达180米,作战时善于分兵突袭,围歼人数远远超过己方的敌军。其攻击力的旺盛,使分散的俄罗斯人、德意志人,衰落中的南宋和哈里发,都对之难以形成有力的防御。松散的、不稳固的蒙古帝国形成之后,到13世纪后期,第三次冲击高潮渐渐平息。14世纪,自称是成吉思汗后裔的突厥首领帖木儿对中亚、西亚、印度的入侵,只能算是这次大冲击的余波,帖木儿帝国在他本人死后也就随即瓦解了。

对游牧世界各部族对农耕世界的三次冲击浪潮作了历史回顾之后,可以看出,三次冲击的部族构成有明显的变化。卷入的部族最多的是第二次,有匈奴、鲜卑、拓跋各部、突厥人、塞人、白匈奴、阿尔瓦人、西部印欧种人的日耳曼各支、斯拉夫各支、闪族的阿拉伯人等;第三次则大大减少,主要只是蒙古人和与之联合的突厥人了。为什么会这样?我的初步解释是:每一次冲击浪潮的结果,来自游牧世界的游牧部族、倾向于农耕或开始从事农耕的半游牧部族,很多被吸收、融化于农耕世界之中。从而,在卷入部族最多的第二次冲击高潮之后,第三次冲击的范围虽然很广,但卷入的部族却很少了;而在第三次冲击之后,更多的来自游牧世界的游牧、半游牧部族融入了农耕世界,虽然这里、那里还有游牧部族的存在,但已再也发动不了向南冲击的浪潮了。农耕世界虽然在受到冲击时军事上处于劣势,但它在经济和文化上的先进终于显示出优越性,显示出吸收、融化打进来的游牧、半游牧、趋向于农耕的各部族的能力。公元前后3 000年南农北牧矛盾的这一历史运动的结果,是农耕世界的日趋扩大、游牧世界的日趋收缩。游牧世界对农耕世界的第三次大冲击结束的时候,世界历史已经进入14、15世纪之交。亚欧大陆上游牧世界和农耕世界的历史矛盾运动至此终止,世界历史的发展将面临新的形势。现在,我们应当讨论一下游牧世界对农耕世界的几次大冲击对于历史发展为世界史的过程起了什么作用,而这些作用又有怎样的历史限度。

四、三次大冲击对于历史成为世界史的作用及其历史限度

我这样觉得,有一种民族的、种族的、植根于农耕世界文明的偏见,往往使得对于游牧世界对农耕世界几次冲击的历史意义的考察受到不应有的局限。在近代工业文明出现以前,农耕世界孕育了人类历史上最高度的文明,文字的发明就是农耕世界的骄傲之一。有了文字,就有了历史记载。农耕世界的历史记载,几乎都打上了农耕世界思想观念的烙印。在近代以前,几乎所有的历史学家,都是农耕世界文明的产儿。因此,很少例外,农耕世界的历史学几乎都对游牧世界带有歧视,都把以战车和骑兵武装起来的、使农耕世界屡次吃了亏的游牧部族、半游牧部族,看作是历史上的破坏力量。这种歧视的影响一直传到近代,有些西方人给他们所厌恨并怀有敌意的人加上"匈奴"的谥号。德意志作家施托尔贝格(1750—1819)反对法国革命,就把革命的法国人称为"西方的匈奴"。这种歧视、偏见不破除,就不可能客观地、如实地考察游牧世界诸部族冲击农耕世界在历史发展为世界史过程中的意义。我们之所以要讲游牧世界和农耕世界的问题,是因为、而且完完全全是因为,自人类由食物采集者发展成为食物生产者之后,这两个世界必然并列形成,而且又必然发生各种矛盾,由于各自内部阶级分化而趋于激化的矛盾,而对于由此矛盾产生的游牧世界诸部族向农耕世界的几次大冲击,必须从超越地区和国别的广度,来考察它们在历史之所以成为世界史这个漫长过程中的意义以及这种意义的限度。

游牧世界对农耕世界的冲击,为历史之发展为世界史带来了不少有积极意义的影响。首先是两者之间扩大了通道,彼此都向对方学得自己所缺少的某些技术。喜克索斯人驾着双轮战车冲进了埃及,统治埃及100多年,埃及原有的统治阶级却从征服者手中得到了制造和使用战车的技术。十八王朝的末帝吐坦哈门驾着十分

华美的战车的场景,保留在1922年所发现的他的墓中殉葬物的装饰画面上。中国的赵武灵王曾经从北方胡人那里学得了骑射之术,强化了他的国家的守备。而入侵农耕世界的游牧部族从农耕世界接受了更多的东西,即便是打了就跑、破坏之后就引兵他去的,也学到了东西,并且往往是重要的东西。斯基泰人从农耕世界学会金属冶炼,不但自己学会了,而且传播给草原上的其他游牧部族。蒙古人和突厥人的入侵,是历史上游牧部族对入侵地区破坏最烈的一次。即使如此,蒙古人和突厥人在大肆破坏之后,还把有技巧的工匠带走。成吉思汗远征花剌子模时对攻陷的城市是这样做的,帖木儿对所征服的中亚、西亚也是这样做的。他们带走工匠的目的,是为了供应生活和战争的需要,但是,发展着的历史却通过这一点,当事者的他们所无从意识到的这一点,向游牧世界散布农耕世界经济文化的影响,为多少打开各个民族的闭塞,向程度越来越大的世界史发展尽到了他们自己意识不到的力量。

在大举冲击之后在农耕世界定居下来的游牧、半游牧民族,其发展的前景就更值得重视了。他们是以征服者的地位定居下来的,其上层统治者成为被征服地区的新的统治者,其一般士卒成为有某些特权的阶层。开头,他们都鄙视农耕,认为游牧高于农耕,挽弓优于扶犁。阿拉伯的贝杜因人认为只有游牧、狩猎、劫掠才是大丈夫的事业,农耕无异损害他们的尊严。根据《元史·耶律楚材传》所载,蒙古进入长城以南之后,就有这样的统治人物,主张把汉人赶走,把耕地全改为牧场,如别迭等。但是,相对于游牧而言,农耕这一先进经济的吸引力是抗拒不了的。进入农耕世界的游牧、半游牧部族,到头来很少例外,大都走上农耕化的道路,从以游牧为本的经济走向以农耕为本的经济。一旦走向农耕化的道路,他们就按照他们进入农耕世界时社会发展所达到的阶段和水平,逐步采取和适应了定居地的生产技术、生产方式、社会阶级制度、道德规范、思想、学术、文艺等等。他们还会利用被征服地区原有的统治阶级,沿袭原有的制度,把农民的生产作为他们的租税俸禄之源,从而把他们的统治建立在农本经济的基础之上。他们有的建立了大帝国,强大的王朝,越是能够适应农耕世界的社会经济政治文化的,就越能维持他们的统治,这和农耕世界在不同社会阶段上自身崛起的强大国家在本质上没有什么区别。前面所考察的发动和卷入三大冲击浪潮的来自游牧世界的各部族,包括半游牧、趋向农耕的部族,如赫梯人、胡里安人、米丹尼人、迦喜特人、喜克索斯人、匈奴人、塞人、突厥人、鲜卑人、日耳曼人、阿拉伯人、蒙古人等等,基本上都逐渐融入农耕世界,一批又一批地成为农耕世界历史发展中的新因素,使农耕世界的范围越来越扩大,越来越显示它在经济文化上相对于游牧世界的优势。蒙古人建立的大帝国,在客观上促进了亚欧大陆东西之间的陆上交通。阿拉伯人的帝国除发展了亚欧两大洲之间的陆上交通而外,还发展了连接红海、印度洋、西南太平洋的海上交通。大食商人在我国唐代东南地区的活动,是大家熟知的。所有这一切,都有利于在某种程度上打破各民族间的闭关自守,在历史发展为世界史的进程中,有着不可忽视的积极意义。

但是,仍然应当看到,游牧民族进入农耕世界后建立的国家也好,农耕世界原已存在的国家也好,它们在前资本主义时期,在奴隶制的古代也好,在封建制的中古时期也好,如马克思所说,都是耕作居于支配地位的社会,其经济都是以农为本的。以农为本的经济就是一种狭隘的、相对闭塞的、基本上属于地方自足的经济。就其在中世纪史所研究的封建社会阶段而言,为国家生产赋税、为地主生产地租、为农民自身生产口粮,就是这种经济的根本。不是说地方和地方之间没有交换,但那是处于附庸地位的,改变不了相对闭塞这一基本状态,不能彻底打破各民族各地区之间的闭关自守。这种以农为本的经济,距离彻底打破各民族之间的闭塞,使历史在越来越大的程度上成为世界史,还有一段必须跨过的行程。但这段行程也就在眼前了。15、16世纪,在亚欧大陆农耕世界的西端,社会生产力和生产关系都开始有了新的变化。作为西方农本经济基本细胞的庄园在瓦解,资本的原始积累在进行,海上交通在发生巨大突破,与亚欧大陆隔绝了几万年的地区,这时都因航海的发展而联系起来了。从这时起,历史才真正成为世界历史,不是一直存在着的世界历史,到这时才开始了它的存在。——这些自然是越出本题之外的话了。

最后,我想应该指出,游牧世界各部族,包括其中趋向农耕的各部族对农耕世界的冲击,无疑对遭受冲击的地区、国家造成了破坏,有的破坏非常严重。这种破坏对被侵入地区、国家的社会经济发展,在一个时期内,往往会发生促使停滞甚至倒退的作用。古代爱琴海克里特文明和印度河流域哈拉巴文明的毁灭,原因何在,论者不一,但最早进入这两个地区的东西两支印欧人,即第一批希腊人和雅里安人,多少不能逃避破坏的罪责。公元1258年,旭烈兀攻陷阿拉伯政教和经济文化中心巴格达,其杀戮之惨,焚掠之烈,是历史学家常常用以说明蒙古人入侵西亚造成严重破坏的典型

旭烈兀西征图

事例。末代哈里发穆斯台尔绥木已经投降，事先他的使臣还向旭烈兀提出伊斯兰信徒所能提出的警告，说，如果杀害哈里发，就会造成天地之间的大混乱，太阳不出，雨水不降，草木不生。但这个游牧民族的头目对此全不相信，在哈里发投降后10天，把哈里发连同他的官员、亲属，与盈千累万的被杀害的人们一样，全都处死，繁荣的巴格达几乎变成了一座荒城。从一个地区、一个国家的历史来说，像这样的野蛮破坏，必然会带来发展中的严重挫折。但在历史发展为世界史的漫长过程中，游牧、半游牧部族入侵农耕世界，从远古直到公元13、14世纪，问题就不止于这一方面。世界史的发展，不可避免地常与暴力相伴随。游牧、半游牧部族以暴力进入农耕世界之后，一旦扎根定居下来，那么，不以他们的意志为转移，却又往往抵制不了他们所曾破坏过的经济和文化的吸引。随着时间的延续推移，他们自己，包括他们的后代，也就构成遭到破坏后的农耕世界历史继续发展的因素之一。第一批希腊人进入希腊，不但奠立了带有克里特文明风貌的迈锡尼文明，而且，在克里特文明毁灭之后，迈锡尼文明还持续发展约两个世纪之久，成为后来更高水平的古典希腊文明的前奏。进入印度的雅里安人所创造和发展的文明，与被破坏的哈拉巴文明之间，有无某种承续关系，现在还不清楚。有些学者认为，在宗教信仰方面，雅里安人可能吸收了哈拉巴文明的某些因素。至于对巴格达肆行破坏的旭烈兀，在接受被征服地区先进文明的影响上，看来也并不例外。伊儿汗国建立之后，旭烈兀不但接受伊朗文化的熏陶，而且加以扶植。他的后代皈依了伊斯兰教，合赞汗的统治，事实上也就是奉伊斯兰为国教的伊朗封建主阶级的统治。由此而论，从世界历史的全局着眼，来自游牧世界的各部族被吸收、融化于农耕世界，一批又一批接受农耕世界的先进经济和文化，也应该认为是历史的一种发展，尽管这种发展往往是经过野蛮破坏才获得的。我们不能设想，世界历史上游牧世界和农耕世界的长期矛盾运动，可以杜绝或避免破坏，听从人们的理性要求，遵循人们的道德准则，和平地向前发展下去。

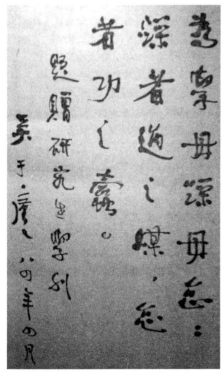

1984年4月，时为武汉大学副校长的吴于廑先生为《武汉大学研究生学报》题词："为学毋躁毋怠，躁者过之媒，怠者功之蠹。"

　　前几天去西山，在攀登龙门的中途发现了一副石刻对联："置身须向极高处，举首还多在上人。"这既是描述攀登龙门半途上的情景，也反映了作联者的一种人生哲学。但在归途中，我忽然又想到世界历史。对于从事世界历史这一学科研究的我们，我觉得上联很有意义，当然不是作联者的意义，而下联却必须改写。我保存上句，将此联改为："置身须向极高处，放眼通观大世间"。这里说的极高处，是指马列主义历史唯物主义理论的极高处。把自己置身于这一理论的极高处当然不容易，但我们可以有志于此，所以说是"须向"，就是应当向极高处努力。能够站得高一点，就便于放开眼界，开阔视野，对这个广大世界的历史加以通观，进行全局的考察。从旧诗词的用字来说，"大世间"的这个"大"字有点生，但也无妨，要表达一点新意思，就不妨用一个生字眼。不过，通观必须以对一个一个的关键问题进行具体深入的研究为前提。我们自己要研究，还要熟悉别人专门研究的成果和著述，尽管它不一定是从较为宽阔的广度来考察的。没有这个前提，通观就会流于模糊，不清不楚，就不会是一种比较透彻的、在大小轻重之间能够取舍得当的通观。要做到这点，我们还必须付出认真的、艰苦的努力。

1950年代的教授分级与史学大家

屈 宁[*]

【摘　要】　1956年的教授分级,是新中国成立以来教育史和学术史上的一件大事。从国家层面上讲,它是中央调整对高级知识分子政策的产物;对于教授群体而言,则是一项事关其"名分"和"地位"的重要认定。从历史学科的情况来看,大批史学名家跻身三甲级别教授行列,集中体现了本学科发展的整体面貌,尤其是入围"一级教授"之列者,更是荟萃了当时的学术泰斗,可谓实至名归。虽然在实际评定过程中,因操作不当,加之各种非学术因素的影响,引发了不小的矛盾与争议,但其历史影响不可忽视,既树立了学人之典型,诠释了学术评价之最高标尺,又奠定了以后职称评定的方向和基调,"级别"一词从此成为中国除农民之外各阶层人群政治经济生活排序的无法回避的重要标准。而有关教授分级制的利弊得失,何去何从,至今仍是学界乃至全社会热议的话题。

【关键词】　教授分级　一级教授　二、三级教授　职称评定　历史学家

---

*　屈宁,1981年生,山东淄博人,历史学博士,山东大学历史文化学院讲师,主要从事中国史学史研究。

一级教授（按姓氏音序排列，从左往右依次为）：陈序经、陈寅恪、陈垣、冯友兰、何干之、季羡林、翦伯赞、李剑农、刘文典、吕思勉、汤用彤、向达、徐中舒、周谷城、朱谦之。

作为当代知识分子研究的一个重要内容，教授分级问题一直颇受学界关注。不过，从目前研究现状来看，以某一学科为具体切入点的成果，尚不多见。[1]本文拟以历史学教授为视角，对上世纪50年代教授分级制的实施背景、过程及影响概作一梳理，在体察那个时代学者学术情怀和价值观念的同时，反思时代变迁、政策变动与学术演进、学者荣辱之间紧密而微妙的关系。

一、"知识分子早春"的来临

表1　1917年大学教员等级及薪俸情况（单位：银圆）

职别 \ 薪俸等级	一级	二级	三级	四级	五级	六级
助　教	110	90	80	70	60	50
预科教授	240	220	200	180	160	140
本科教授	280	260	240	220	200	180
正教授	400	380	360	340	320	300

资料来源：《国立大学职员任用及薪俸规程》，载中国第二历史档案馆编《中华民国档案资料汇编》，江苏古籍出版社，1991年，第166页。

表2　1940年大学教员定级及薪俸情况（单位：元）

职别 \ 薪俸等级	一级	二级	三级	四级	五级	六级	七级	八级	九级
助教	160	140	120	110	100	90	80		
讲师	260	240	220	200	180	160	140		
副教授	360	340	320	300	280	260	240		
教授	600	560	520	480	440	400	370	340	320

资料来源：《大学及独立学院教员聘任待遇暂行规程》，载宋恩荣、章咸编《中华民国教育法规选编（修订本）》，江苏教育出版社，2005年，第649页。

教授分级制早在民国时期即已产生。1917年，北洋政府出台的《修正大学令》明确规定：大学设正教授、教授和助教授三级，必要时延聘讲师。其中，讲师具有特殊的地位，不列入大学教员的等级。此规定主要针对当时"凡在一校任教授，在他校兼课即称讲师"这一约定俗成之惯例而设。其薪俸不分等级，计时发放，每小时二至五元不等。其他四级则各细分为六个档次（教授一级又分为本科教授和预科教授两类）。

南京国民政府时期对大学教师之职称等级和聘任条件作了更为细致的规定，1927年颁布的《大学教员资格条例》和1929年7月公布的《组织法》均明文规定：大学教员的等级，分为教授、副教授、讲师、助教四级。后者实以立法的形式，标志着中国近代国立大学教师职聘体制的基本成型。这一等级划分形式及同级别教员薪俸分档的办法，作

---

〔1〕有关这方面的论著主要包括：赵炳起：《教授分级制的提出与架构》，《淮阴师范学院学报》（哲学社会科学版）2001年第6期；袁海泉、力量：《论教授分级的必要性与可行性》，《淮阴师范学院学报》（哲学社会科学版）2001年第6期；张晓唯：《高校教师管理：分级的公平与效率》，《江苏高教》2007年第3期；徐彬：《1956年一级教授评定之研究》，南京师范大学2007年中国近现代史专业硕士学位论文，指导教师：萧永宏教授；奚平：《教授分级能够走多远》，《中国社会科学报》2009年6月9日；刘青：《大学教授分级问题研究》，南京师范大学2012年硕士学位论文，指导教师：王建华教授。

为衡量和界定学者水平的一个重要尺度，一直沿用至今。至于各级之薪俸级差，则更趋细化。

上世纪50年代教授分级制的实施，既有明显的历史渊源，可视作民国时期大学职聘体制的延续和发展，同时又有其特殊的时代背景和历史特色。社会主义建设目标的提出，客观上要求重视和培养各领域的专业人才，从而推动了国家有关知识分子政策的调整。1956年1月14日至20日，中共中央在中南海怀仁堂举行关于知识分子问题的会议，周恩来在《关于知识分子问题的报告》中鲜明地提出"最充分地动员和发挥知识分子力量"的方针，强调要充分发挥其专长，给予其充分的了解、信任和支持，积极改善其工作条件、生活待遇和政治待遇，尤其是要完善职称升级制度，解决当前普遍存在的等级多而等距小、高校毕业生等级过低等问题，制定合理、稳定的升级办法和升级标准。[1]毛泽东则在闭幕

冯友兰在《人民日报》1956年1月15日第三版发表《发挥知识分子的潜在力》一文，反映了部分知识分子待遇偏低的问题："很多的人没有余钱买书，但是大多数的教师都喜欢买书。自己的书可以随时看，也可以在上面随意批点。买书是读书人的一种快乐，可是现在有很多的教师不能有这种快乐。"

表3 1956年工资调整后高校各级教师之待遇：以北京地区为例（单位：元）

职别＼薪俸等级	一级	二级	三级	四级
教授	345	287	241.5	207
副教授	241.5	207	177	149.5
讲师	149.5	126.5	106	89.5
助教	89.5	78	69	62

资料来源：《关于1956年全国高等学校教职工工资评定和调整的通知》，载中国人民大学劳动人事学院编：《学校劳动工资政策指南》，内部发行本，中国劳动出版社，1990年，第251页。按：当时全国高校教师工资发放标准按地域划分为11类，1类地区为基准，以3%的标准逐类递增，其中，北京属于6类地区。

会上总结道："我们现在革什么命，革技术的命，革没有文化、愚昧无知的命，所以叫技术革命、文化革命；搞技术革命，没有科技人员不行，不能单靠我们这些大老粗。……要培养大批知识分子，要有计划地在科学技术上赶超世界水平，先接近，后超过，把中国建设得更好。"[2]大学教授评级政策和工资改革制度的实施，即是在这样的背景下逐渐拉开序幕的。

---

[1]《周恩来选集》下卷，人民出版社，1984年，第168—172页。
[2] 薄一波：《若干重大决策与事件的回顾》上卷，中共中央党校出版社，1991年，第507页。

　　二、三级教授（按姓氏音序排列，从左往右依次为）：白寿彝、蔡尚思、岑仲勉、陈登原、陈恭禄、陈守实、陈同燮、戴家祥、邓广铭、范文澜、方国瑜、冯汉骥、冯家升、冯文潜、韩儒林、何兹全、侯仁之、黄云眉、雷海宗、李平心、梁方仲、林惠祥、刘启戈、蒙文通、纳忠、齐思和、商承祚、尚钺、谭其骧、唐长孺、童书业、王静如、王仲荦、王重民、吴廷璆、杨人楩、杨荣国、杨向奎、于省吾、张岱年、张维华、张政烺、赵光贤、赵俪生、郑鹤声、郑天挺、周一良、周予同。

1956年3月，与重视和改善知识分子待遇直接相关的全国工资会议在北京召开。6月，国务院先后下达《关于工资改革的决定》、《关于工资改革中若干问题的规定》和《关于工资改革实施程序的通知》等文件，特别强调要克服只重视行政人员而忽视专家学者的错误倾向，大幅度提高高级技术人员和高级科学研究人员之工资待遇。据调查，当时全国高级知识分子的整体生活状况是："大部分够吃够穿，但不宽裕，小部分感到生活困难。据天津南开大学经济系最近的调查，全系讲师以上四十九名教师中，近三分之二够吃够穿够零用，但不能添置重要物品；三分之一感到生活困难；生活较宽裕者只占百分之五（多为家庭负担轻者）。据科学院一九五四年对北京区一五五名高级研究人员的调查，生活困难者约占百分之三六，今年情况因已采取了一些临时救济办法，略有改变，但基本状况和南开大学的情况相似。"[1]"担负科学、技术、教育、卫生、文化工作主要任务的学者专家，绝大多数人基本工资在二百元上下。"[2]以历史学科为例，郭沫若（时任中科院院长）为行政二级，工资500元；范文澜（时任历史研究所三所所长）为行政六级，工资300元；顾颉刚为一级研究员，工资228元；罗尔纲、夏鼐、裴文中为二级研究员，工资200元；陈寅恪、陈垣为二级教授，工资253元（一级教授空缺）；汤用彤为三级教授，工资235元；翦伯赞为四级教授，工资218.8元；向达为五级教授，工资200.2元；冯友兰、季羡林、刘文典为六级教授，工资184.8元。相较于其他学科尤其是理工科学者，待遇明显偏低，如山东工学院力学专家刘先志为特级教授，工资达350元。[3]重理轻文的倾向较为明显，且存在许多非学术的因素。一般说来，大学中主要负责人之待遇要明显高于普通教授学者，

费孝通在《人民日报》1957年3月24日第7版撰文《知识分子的早春天气》中说："几年来，经过了狂风暴雨般的运动，受到了多次社会主义胜利高潮的感染，加上日积月累的学习，知识分子原本已起了变化。去年1月，周总理关于知识分子问题的报告，像春雷般起了惊蛰作用，接着百家争鸣的和风一吹，知识分子的积极因素应时而动了起来。但是对一般老知识分子来说，现在好像还是早春天气。他们的生气正在冒头，但还有一点腼腆，自信力不那么强，顾虑似乎不少。早春天气，未免乍寒乍暖，这原是最难将息的时节。逼近一看，问题还是不少的。当然，问题总是有的，但当前的问题毕竟和过去的不同了。"

---

〔1〕《关于高级知识分子待遇问题的意见》，转引自智效民《1955：著名文化人收入知多少》，《同舟共进》2008年第10期。

〔2〕《关于高级知识分子待遇问题的意见》。

〔3〕《关于高级知识分子待遇问题的意见》附录"全国860位高级知识分子及高级艺人待遇名单"。

对此,冯友兰先生指出:"在待遇上,学校的主要负责人,跟他们的分别似乎太大一点。工资表上明确地规定,教师的工资只能到第四级。一、二、三级是专为主要负责人设的。虽然有特级教授之说,可是事实上还没有人享受这种待遇。"[1]而稍后推行的工资改革,在一定程度上打破了这种分配格局,通过实行教学人员与行政人员各自分级评定的办法,开始有相当多的非行政型教授跻身一、二、三级行列。

当时一般大学教师的生活普遍拮据,不少人甚至无余钱购书,冯友兰先生曾深有感触地说:"一般说起来,现在的大学教授的生活比解放以前是好多了。但是如果他没有过去的储蓄或者是稿费的补贴,而家里人又多一点,生活还是很紧的。有些人还要做些家庭琐事,这当然占去了他的精力和时间。很多的人没有余钱买书,但是大多数的教师都喜欢买书。自己的书可以随时看,也可以在上面随意批点。买书是读书人的一种快乐,可是现在有很多的教师不能有这种快乐。"[2]1956年7月,高教部发出关于评定和调整高校教师工资标准的通知,其中一个重要的宗旨,便是着力解决知识分子待遇普遍偏低的问题。

相较于1955年10月高等教育部发布的《关于高等学校工作人员全部实行工资制和改行货币工资制的通知》中所指定的工资标准(教授、副教授140.3元—217.8元;讲师100.1元—117.7元;助教45.1元—60.0元),此次调整力度颇为明显,有人形象地将其喻为"知识分子的早春"。[3]

二、分级过程中的是非波澜与学者群态

针对大学教授工资等级的划分,高教部先后出台了若干文件,最终分作六个等级,最高为特级,最低为六级。所谓"特级"教授,系指"在教学工作和科学研究工作中有突出的成就和贡献,达到或接近世界科学的先进水平,能够指导重大的科学研究工作"者,或"在科学水平上,曾经达到或接近过世界水平,在培养科学技术与教学干部工作上或对我国经济建设有卓越贡献的,在全国教育界负有极高威望的老教师"。所谓"一级"教授,系指"科学水平较高,在教学工作和科学研究工作中有显著的成就和贡献,能指导科学研究工作,担任科学博士研究生的学术导师",或"辛勤地从事高等教育工作和科学研究工作多年,有丰富的科学知识和教学工作经验,在培养科学技术和教学干部的工作中有显著的成绩,在全国范围内具有声

---

〔1〕冯友兰:《发挥知识分子的潜在力》,《人民日报》1956年1月15日。
〔2〕冯友兰:《发挥知识分子的潜在力》。
〔3〕费孝通:《知识分子的早春天气》,《人民日报》1957年3月24日。

望的老教授"。[1]不过,在最终实际执行过程中,只分作四个级别。

从当时出台的评定标准来看,并无十分具体的量化细则,主要依据教师的德才、资历与声望。具体办法是由高教部、文化部、教育部等中央业务主管部门同地方党委、各省高校三者合作拟定工资等级名单。如山东大学历史系的陈同燮教授,作为我国世界古代史学科的创建者和奠基者之一,早在民国时期即被南开、厦大、北大等多家名牌大学聘为教授,享誉学界,齐思和、傅衣凌、王树民、全汉升、何兹全、杨向奎、邓广铭、孙思白、张政烺等史学名家皆曾从其受学,然因"述而不作",成果不多,结果在此次教授分级过程中遇到不小阻力,部分人认为其达不到三级水平甚至对他多有非议,最后系主任杨向奎先生力排众议,坚称:"陈先生是我二十多年前在北大读书时的老师,他当时是讲西洋史的教授,如果陈先生不定为三级教授,那么我杨某人断断不能评为三级教授。"[2]最终,陈老被定为三级。可见,学界威望、地位和年资,在当时的教授分级过程中占据了相当大的甚至主要的比重。

需要指出的是,在一级教授的评定方面,从教育部到学校层面,均十分严格而谨慎,惟有各个学科之才、学、识、德俱佳,资历、声望俱显的泰斗级学者,方有资格入围。据季羡林先生回忆:"到了1956年,又有一次全国评定教授工资的活动,……这次活动用的时间较长,工作十分细致,深入谨慎。人事处的一位领导同志,曾几次征求我的意见:中文系教授吴组缃是全国著名的小说家、《红楼梦》研究专家、中国作家协会书记处书记、我的老同学和老朋友,他问我吴能否评为一级教授? 我当然觉得很够格。然而最后权衡下来,仍然定为二级,可见此事之难。据我所知,有的省份,全省只有一个一级教授,有的竟连一个也没有,真是一级之难'难于上青天'了。"[3]

正因如此,许多亲历者,尤其是跻身一级教授之列的国学大师、史学名家们,面对扑面而来的巨大声誉,感慨良多,均认为来之不易,而将其视作人生事业上的最高荣誉。毕竟,它代表了"学术地位最高的标尺"。[4]周谷城先生在其自传中颇有感触地说道:"历史系一级教授,这点了不起了,真不容易到手,我不晓得怎么搞到

---

〔1〕《教授工资评定标准(修正稿)》,转引自徐彬《1956年一级教授评定之研究》,第11页。
〔2〕朱懋铎:《陈同燮》,载孙长俊主编《山大逸事》,辽海出版社,1999年,第63页。
〔3〕季羡林:《回忆汤用彤先生》,《光明日报》1997年5月28日。
〔4〕现中山大学中文系教授黄天骥先生在其回忆录中指出:"上世纪50年代的中山大学,全校只有陈寅恪和姜立夫二人领取一级教授的工资。据说人民政府每月发给人民币381元,人们戏称为'381'阵地,它是学术地位最高的标尺。在'知识就是力量'的号召声中,许多人把它作为追求的目标。"《中大往事:一位学人半个世纪的随忆》,东方日报出版社,2004年,第28页。

一个一级教授的，现在到处吃香。"[1]季羡林先生亦对突如其来的学界至高褒奖倍感意外，认为主要得益于前辈学者之护佑提携："藐予小子竟然被评为一级，这实在令我诚惶诚恐。后来听说，常在一个餐厅里吃饭的几位教授，出于善意的又介乎可理解与不可理解之间的心理，背后赐给我一个诨名，曰'一级'。只要我一走进食堂，有人就窃窃私语，会心而笑：'一级来了！'我不怪这些同事，同他们比起来，无论是年龄或学术造诣，我都逊一筹，起个把诨名是应该的。这是由于我的运气好吗？也许是的，但是我知道，背后有一个人在，这个人不是别人，正是锡予（汤用彤字）先生。俗话说：'福不双至'。可是1956年，我竟然'福真双至'。'一级'之外，我又被评选为中国科学院哲学社会科学学部委员。这是中国一个读书人至高无上的称号，从人数之少来说，比起封建时代的'金榜题名'来，还要难得多。除了名以外，还有颇为丰厚的津贴，真可谓'名利双收'。至于是否还有人给我再起什么诨号，我不得而知，就是有的话，我也会一笑置之。总之，在我刚过不惑之年没有几年的时候，还只能算是一个老青年，一个中国读书人所能指望的最高的荣誉和利益，就都已稳稳地拿到手中。我是一个颇有点自知之明的人，我知道，我所以能够做到这一步，与锡予先生不声不响地提携是分不开的。说到我自己的努力，不能说一点没有，但那是次要的事。至于机遇，也不能说一点没有，但那更是次要之次要，微不足道了。"[2]

不过，由于考核标准相对模糊，且存在较大的人事因素，因此，在实际分级过程中也出现了一些问题和矛盾，甚至一些知名教授因为所定级别偏低而心生不满。而他们之所以如此在意职称级别之高低，主要不是计较于薪水多少，更加看重的是其所代表的学术的公论，是一种追求学术尊严的自然流露。与同类学校相比，复旦大学在教授级别划分，特别是一级教授的资格认定方面，尤其严格，虽校内名师如云，然一级教授仅有陈望道、周谷城、郭绍虞、苏步青、陈建功、周同庆、卢鹤绂七人，以致不少人心生怨言。外文系的孙大雨教授便因被定为二级而颇为恼火。对于此事，有研究者评论指出："孙先生在学术上一向颇为自负，他曾经宣称，在中国，英语和英国文学的水平，除了钱锺书之外，谁也及不上他。而这次复旦却把他定为二级教授，这使他感到大受侮辱，发火也自然在所难免。但其实，这倒不是复旦领导要特别地压制他，而是复旦一向不肯抬举自己的教师之故，这次也普遍地将自己的教授压得很低。当时，复旦外文系根本没有定一级教授，二级教授只有两名：孙大雨和林同济，伍蠡甫是三级教授，系主任杨岂深是四

---

〔1〕 吕涛、周骏羽整理：《周谷城传略》，陕西人民出版社，1988年，第6页。

〔2〕 季羡林：《回忆汤用彤先生》，《光明日报》1997年5月28日。

级教授，戚叔含先是定在三级与四级之间，所以他自己戏称为不三不四之人，到后来才定为三级。而中文系也只有郭绍虞是一级教授（陈望道做校长，已不在中文系）；刘大杰、吴文祺两个二级教授；朱东润、赵景深则为三级教授。这次评级曾在教授中引起很大的矛盾，而孙大雨只不过是敢于出头放炮的人而已。孙大雨之所以如此，并非仅仅是为了薪水问题，恐怕主要还是认为自己的水平被别人轻视，地位下降不再受重视所致，显现更多的还是知识分子身上固有的傲气。"[1]中文系的朱东润先生在得知被评为三级后，不无自嘲地说："从不自高自大，但等高等大，在任何人面前都不觉得自己比别人矮。"[2]这也在一定程度上反映出教授定级问题的复杂性。

与此同样复杂的是，另有部分学者因种种原因婉拒或坚辞学校之推荐，自愿申请降低级别。如哈尔滨工程学院教授、著名数学家卢庆骏先生即以乃师苏步青身居一级教授为由，申请降为二级，以示对恩师之尊重。一代名师、时任西南师范学院教授的吴宓先生，更是对学校拟其为一级教授的决定惶恐不安，坚称能忝居三级已属荣幸之至，不敢有过高奢求。其在日记中写道："原薪七级176.8元，今拟增为新三级225元，实嫌太多，愧不敢当。……宓近者科学研究毫无成绩，以视史系拟为新四级180元之琴、良两君，实瞠乎其后，何敢薪级凌驾其上？故今定宓薪级，以新四级180元为宜。"[3]后学校又决意提升其为二级教授，吴氏亦坚辞不就，坚称"列新三级已极满意，祈万勿提拔至新二级，反致同人不融洽，宓亦不安心"[4]。并几次三番托友人向相关领导代陈己意。这也是那个时代知识分子特有的一种风格和气质。

三、入围"三甲"的史学教授

从历史学科的分级情况来看，入围"三甲"级别者，就一二三级教授而言，其级别、地位均远高于科举时代的进士三甲，可谓荟萃了当时国内史坛的名家和精英。兹将部分学者之籍贯分布、所属院校、专业领域和代表性论著情况，列表如下：

---

〔1〕 徐彬：《1956年一级教授评定之研究》，第30页。

〔2〕《北京大学校史》（1898—2003），北京大学出版社，2004年，第68页。

〔3〕《吴宓日记续编》第二册，三联书店，2006年，第546页。其中的琴、良二君系指邓子琴、孙培良两位教授。

〔4〕《吴宓日记续编》第二册，第553—554页。

表4　1956年教授分级制下的史家阵容（以学者姓氏笔画为序）

学　者	籍　贯	学　校	级　别	专业领域	代表性论著
冯友兰	河南唐河	北京大学	一级	中国哲学史、中国学术史	《中国哲学简史》、《中国哲学史新编》
汤用彤	湖北黄梅	北京大学	一级	中国哲学史、佛教史	《魏晋玄学论稿》、《印度哲学史略》、《汉魏两晋南北朝佛教史》、《隋唐佛教史稿》
向　达	湖南溆浦	北京大学	一级	敦煌学、中外交通史	《中西交通史》、《唐代长安与西域文明》、《中外交通小史》
朱谦之	福建福州	北京大学	一级	中国哲学史、中外关系史	《中国哲学史简编》、《中国哲学史史料学》、《老子校释》
吕思勉	江苏常州	华东师范大学	一级	中国制度史、民族史、思想文化史	《白话本国史》、《吕著中国通史》、《吕思勉读史札记》
刘文典	安徽合肥	云南大学	一级	校勘学、版本目录学、唐代文化史	《淮南鸿烈集解》、《庄子补正》
何干之	广东台山	中国人民大学	一级	中共党史	《中国现代革命史》
李剑农	湖南邵阳	武汉大学	一级	中国经济史	《中国古代经济史讲义》、《明清史讲稿》
陈　垣	广东新会	北京师范大学	一级	宗教史、元史、考据学、校勘学	《元西域人华化考》、《明季滇黔佛教考》、《校勘学释例》、《史讳举例》
陈寅恪	江西修水	中山大学	一级	中国古代政治制度史	《柳如是别传》、《隋唐制度渊源略论稿》、《唐代政治史述论稿》、《寒柳堂集》
陈序经	广东文昌	中山大学	一级	中国文化史、东南亚史、华侨史、匈奴史	《中国文化史略》、《南洋与中国》、《匈奴史稿》
季羡林	山东临清	北京大学	一级	佛教史、中印文化交流史	《中印文化关系史论丛》、《印度简史》
周谷城	湖南益阳	复旦大学	一级	世界史	《中国通史》、《世界通史》
徐中舒	安徽怀宁	四川大学	一级	先秦史、四川地方史、考古学	《毳氏编钟图释附考释》、《史学论著辑存》、《论巴蜀文化》
翦伯赞	湖南桃源	北京大学	一级	中国古代史	《中国历史哲学教程》、《中国史论集》、《中国史纲》、《先秦史》、《秦汉史》

（续表）

学 者	籍 贯	学 校	级 别	专业领域	代表性论著
于省吾	辽宁海城	东北人民大学	二级	古文字学、古文献学、考古学	《甲骨文字释林》
王重民	河北高阳	北京大学	二级	古文献学、目录学、版本学	《普通目录学》、《中国目录学史论丛》、《中国史学史纲要》
王静如	河北深泽	中央民族大学	二级	西夏史	《西夏研究》
邓广铭	山东临邑	北京大学	二级	唐宋辽金史	《宋史职官志考正》、《宋史刑法志考正》
方国瑜	云南丽江	云南大学	二级	民族史、边疆史地	《云南民族史讲义》、《云南史料目录概说》、《中国西南历史地理考释》、《云南史料丛刊》（主编）、《方国瑜文集》
白寿彝	河南开封	北京师范大学	二级	中国哲学史、史学理论及史学史	《中国通史纲要》、《史学概论》、《回族人物志》、《中国通史》、《中国史学史》（六卷本）
冯家升	山西孝义	中央民族大学	二级	辽金史、东北史地	《辽史源流考》、《辽史初校》
冯文潜	河北涿县	南开大学	二级	西方哲学史	《中西建筑漫谈》
冯汉骥	湖北宜昌	四川大学	二级	考古学	《前蜀王建墓发掘报告》、《冯汉骥考古学论文集》
齐思和	山东宁津	北京大学	二级	先秦史、中外关系史、世界古代中世纪史	《中国史探研》、《世界中世纪史讲义》、《史学概论讲义》
张岱年	河北献县	北京大学	二级	中国哲学史	《中国哲学史大纲》、《中国哲学发微》、《中国哲学史史料学》、《中国哲学史方法论发凡》、《中国伦理思想研究》
张政烺	山东荣成	北京大学	二级	中国古代史	《张政烺文史论集》、《马王堆帛书〈周易〉经传校读》、《张政烺论易丛稿》
吴廷璆	浙江绍兴	南开大学	二级	日本史	《日本史》
吴 泽	浙江鄞县	华东师范大学	二级	史学理论及史学史	《中国历史研究法》、《中国历史大词典·史学史卷》、《史学概论》、《中国近代史学史》

（续表）

学　者	籍　贯	学　校	级　别	专业领域	代表性论著
李平心	江西南昌	华东师范大学	二级	中国近现代史	《中国近代史》、《中国现代史初编》
陈恭禄	江苏丹徒	南京大学	二级	中国近代史、亚洲史	《中国近代史》、《日本全史》、《印度通史大纲》
杨人楩	湖南醴陵	北京大学	二级	世界史	《世界史资料丛刊》、《法国革命史》
杨向奎	河北丰润	山东大学	二级	中国古代史、中国学术思想史	《西汉经学与政治》、《中国古代社会史论》、《清儒学案新编》、《绎史斋学术文集》
杨荣国	湖南长沙	中山大学	二级	中国古代思想史	《简明中国哲学史》、《中国古代思想史》
岑仲勉	广东顺德	中山大学	二级	隋唐史、历史地理学	《佛游天竺记考释》、《隋唐史》、《府兵制度研究》、《突厥集史》、《中外史地考证》、《黄河变迁史》、《金史论丛》
纳　忠	云南通海	云南大学	二级	阿拉伯史、伊斯兰文化	《回教诸国文化史》、《埃及近现代史》
周一良	安徽东至	北京大学	二级	魏晋南北朝史、亚洲史	《魏晋南北朝史论集》、《魏晋南北朝史札记》、《中日关系史论》、《世界通史》
尚　钺	河南罗山	中国人民大学	二级	中国古代史	《中国通史讲义》、《中国历史纲要》
郑天挺	福建长乐	南开大学	二级	明清史	《清史探微》、《探微集》、《明史》（主持点校）
周予同	浙江瑞安	复旦大学	二级	中国经学史	《周予同经学史论著选集》
林惠祥	福建晋江	厦门大学	二级	人类学、考古学、民俗学	《文化人类学》、《中国民族史》、《民俗学》
侯仁之	山东恩县	北京大学	二级	历史地理学	《中国古代地理学简史》、《历史地理学的理论与实践》、《步芳集》、《北京历史地图集》
唐长孺	江苏吴江	武汉大学	二级	魏晋南北朝隋唐史	《魏晋南北朝史论丛》、《魏晋南北朝史论丛续编》、《魏晋南北朝史论拾遗》
梁方仲	广东番禺	中山大学	二级	中国经济史、明清史	《梁方仲经济史论文集》
商承祚	广东番禺	中山大学	二级	古文字学、考古学	《殷虚文字类编》、《殷契佚存及考释》、《石刻篆文编》

（续表）

学　者	籍　贯	学　校	级　别	专业领域	代表性论著
韩儒林	河南舞阳	南京大学	二级	蒙元史、西藏史、西域史	《穹庐集》、《中国大百科全书·中国历史·元史分册》、《元朝史》
雷海宗	河北永清	南开大学	二级	世界史	《西洋通史》、《西洋文化史纲要》、《伯伦史学集》
蒙文通	四川盐亭	四川大学	二级	中国古代史、经学史、史学史	《古史甄微》、《经学抉原》、《中国史学史》、《越史丛考》
谭其骧	浙江嘉善	复旦大学	二级	历史地理学	《中国历史地图集》、《长水集》、《长水集续编》、《长水粹编》
陈守实	江苏武进	复旦大学	二至三级	明清史、史学史、历史文献学	《明史稿考证》、《明史抉微》、《明史散论》
陈登原	浙江余姚	西北大学	二至三级	中国土地制度史、文化史	《中国文化史》、《国史旧闻》
蔡尚思	福建德化	复旦大学	二至三级	中国学术思想史	《中国古代学术思想史论》、《中国近现代学术思想史论》
王仲荦	浙江余姚	山东大学	三级	魏晋南北朝史	《魏晋南北朝史》、《隋唐五代史》、《北周六典》、《北周地理志》
刘启戈	湖南长沙	北京师范大学	三级	世界中世纪史	《中外历史年表》、《世界中世纪史》、《世界通史》（译著）、《中世纪中期的西欧》（译著）
何兹全	山东菏泽	北京师范大学	三级	魏晋南北朝政治制度史	《魏晋南北朝史略》、《中国通史·魏晋南北朝卷》、《中国古代社会》
束世澂	安徽芜湖	华东师范大学	三级	中国古代史	《中国封建社会及其分期》
陈祖源	江苏吴县	华东师范大学	三级	中国近代史	《中国近世史》、《中国近代史》
陈同燮	河北武清	山东大学	三级	古希腊、罗马史	《希腊罗马简史》
张维华	山东寿光	山东大学	三级	秦汉史、明清史、中西交通史	《明史欧洲四国传注释》、《明清之际中西关系简史》、《汉史论集》、《晚学斋论文集》
郑鹤声	浙江诸暨	山东大学	三级	中国近代史、中西交通史、文献学、目录学	《中国文献学概要》、《史学概论》、《中国史部目录学》、《近世中西史日对照表》
赵俪生	山东安丘	山东大学	三级	中国土地制度史、农民战争史、先秦文化史	《中国土地制度史》、《顾亭林与王山史》、《赵俪生史学论著自选集》

（续表）

学　者	籍　贯	学　校	级　别	专业领域	代表性论著
赵光贤	河北玉田	北京师范大学	三级	先秦史	《周代社会辨析》、《古史考辨》、《中国历史研究法》、《亡尤室文存》
徐德嶙	湖南益阳	华东师范大学	三级	中国古代史	《中国史纲要》、《秦汉史述论》、《三国史讲话》、《魏晋南北朝史述论》、《均田制》
黄云眉	浙江余姚	山东大学	三级	明清史、辨伪学	《古今伪书考补正》、《邵二云先生年谱》、《明史编纂考略》、《明史考证》、《鲒埼亭文集选注》
童书业	安徽芜湖	山东大学	三级	中国古代史	《春秋史讲义》、《春秋左传研究》、《中国手工业商业发展史》、《先秦七子研究》、《中国疆域沿革史略》
戴家祥	浙江瑞安	华东师范大学	三级	古文字学、训诂学	《商周字例》、《金文大字典》

　　此表主要以高教部于1956年9月下发的全国高校一、二、三级教授工资名单为蓝本,并辅以北京大学、山东大学、华东师范大学等部分院校校史、档案材料增补绘制而成。[1]由于官方初拟草案并未囊括所有高等学校,如历史学科师资力量雄厚、且拥有一级教授(吕思勉先生)的华东师范大学即未出现在名单中。而名单中所列各高校教授分级情况又不够详尽,主要以一、二级教授为主,三级教授少有涉及,如以"文史见长"的山东大学,只统计了杨向奎、童书业、张维华三位历史学教授,而事实上,当时该校闻名学界的知名教授即有八人(下文详论)。再者,最终评定结果较之官方初拟草案有较大变化,如周谷城、朱谦之二人初被定为二级,后均升为一级;童书业初被定为二级,后降为三级,等等。对此,笔者通过搜集相关档案、校史材料作了一定的补充和更正。但因条件所限,部分学校档案未及一一查阅,不少著名历史学家之定级情况有待作进一步梳理,如北京大学之邓之诚(江苏江宁人)、商鸿逵(河北清苑人),武汉大学之吴于廑(安徽休宁人),南京大学之缪凤林(浙江富阳人)、王绳祖(江苏高邮人),北京师范大学之陆懋德(山东历城人),中山大学之刘节(浙江温州人),复旦大学之胡厚宣(河北望都人)、王造时(江西安

---

[1] 原名单以学校为序排列,不分学科专业,本文将其中所列历史学家择出,计53人,另据其他相关材料补入13人(包括北京大学之汤用彤,山东大学之陈同燮、黄云眉、郑鹤声、王仲荦、赵俪生,华东师范大学之吕思勉、吴泽、李平心、束世澂、陈祖源、徐德嶙、戴家祥),共66人。

福人），西安师范学院（陕西师范大学前身之一）之史念海（山西平陆人），江苏师范学院之柴德赓（浙江诸暨人），中央民族学院之翁独健（福建福清人），兰州大学之张孟伦（江西万年人），西北大学之陈直（江苏镇江人）、马长寿（山西昔阳人），东北人民大学（吉林大学前身）之金景芳（辽宁义县人），河南师范学院之嵇文甫（河南汲县人），开封师范学院之赵纪彬（河南内黄人）等，据其学术资历与学术地位推测，应处于二、三级教授之列。不过，通过此表，我们基本可以较为清晰地看出当时历史学界的主体阵容。

总的来说，从学者所处学校地域分布来看，主要集中于北京大学、北京师范大学、复旦大学、南京大学、南开大学、山东大学、华东师范大学等素有悠久文史传统且迄今在全国历史学科发展中仍处引领者地位的高校；从学者籍贯分布来看，以传统文化积淀深厚、学术风气笃实的江浙、齐鲁、徽州、中州地区居多。从学者专业领域来看，涵盖中国古代史、中国近现代史、世界史、史学理论及史学史、中国学术思想史、中国经学史、中国哲学史、中外关系史、历史文献学、目录学、辨伪学、历史地理学、古文字学、考古学等众多研究方向。尤其需要指出的是，他们中的不少人，尤其是跻身一级教授行列者，大多文史兼善，学通今古，涉猎广博，而这也正是那个时代学者治学的一个重要特色，中国古代史家学求"会通"、贵为"通儒"的学术传统与文化旨趣，至此影响犹在。

此外，需要指出的是，由于郭沫若、范文澜、侯外庐、吕振羽、杜国庠、刘大年、夏鼐、黄文弼、谢国桢、罗尔纲、谢国桢、尹达、李亚农、金毓黻、容肇祖、胡绳、吴晗等史学大家，或在中科院任职、从研，系属研究员职称系列；或为国家重要党政官员，故不在此次大学教授分级之列。不过，他们"位高权重"，大都被聘为中科院学部委员，从学术地位与影响力上看，与一级教授相仿。事实上，向达、陈垣、陈寅恪、冯友兰、季羡林等一级教授同时亦为学部委员。

从分级之后学者们的工作去向来看，绝大多数人于原单位终老，仅有少数人因故短暂离任或调任其他单位，如朱谦之于1964年调任中国科学院哲学社会科学部世界宗教研究所研究员；张政烺于1960年调离北大，后历任中华书局副总编辑、中国社科院历史研究所研究员；杨向奎于1956年调至中国科学院历史研究所，历任研究员、历史研究所学术委员会主任、秦汉史研究室和清史研究室主任；赵俪生于1957年调至兰州大学任教；冯家升于1958年调任中国科学院民族研究所研究员；韩儒林于1965年任内蒙古大学副校长兼蒙古史研究所所长一年；纳忠于1958年调至外交部直属之外交学院，参与筹建阿拉伯语系并任系主任，1962年，外交学院合并至北京外国语学院，仍任阿拉伯语系主任。

其中，张政烺调离北大一事，曾在学界引起不小的波澜，据亲历者回忆："那是

50年代末，'教育革命'高潮声中，一夜之间，大字报贴满了北大文史楼，矛头直指苑峰（张政烺字）师，主要罪名'不学马列'。此后，在没有任何文件、通告，也没有向历史系师生说明的情况下，苑峰师就不明不白地在北大悄然消失了。"[1]有关其离职原因，另一说为当时主持"教育革命"的个别系领导，以授课效果不佳为由，趁系主任翦伯赞赴法讲学之际，将其"逐出"北大。[2]据说，翦老回国闻知此事后，大发雷霆："你们知道张政烺是甚么样专家？竟然把他调走！我从哪里去请这样的专家？"[3]

从评比结果来看，此次入围"三甲"级别的教授，在很大程度上代表了当时国内历史学发展的水平，其中不少人在民国时期即是全国知名教授，如陈垣、向达、周谷城、吕思勉、陈序经、郑天挺、周予同、雷海宗、谭其骧、李剑农、吴其昌、陈祖源、唐长孺、王仲荦、陈同燮、朱谦之、陈守实、束世澂、徐中舒、齐思和、王静如、方国瑜、尚钺、蔡尚思、赵光贤、陈恭禄、蒙文通、张维华、冯汉骥等，作为"近代中国史学领域最杰出的、最有影响的人物"，堪称"精英中的精英"。[4]此次入围"三甲"教授之列，亦属实至名归、理所当然之事。而周谷城、徐中舒、于省吾、白寿彝、吴泽、杨向奎、王仲荦、邓广铭、周一良、郑天挺、韩儒林、唐长孺、吴廷璆、谭其骧、侯仁之等人，更是顺理成章地成为80年代首批博士生导师。至于他们的门人弟子，在接续其学术传统与精神的同时，亦不断张大其学术旗帜，逐渐成为当今活跃史坛的中流砥柱。

以山东大学为例，当时历史系可谓人才济济，其师资力量堪为全校之执牛耳者，陈同燮、杨向奎、童书业、黄云眉、郑鹤声、张维华、王仲荦、赵俪生等八大教授齐聚一堂，并驾齐驱，有"八马同槽"之誉，成为一段广为后人传诵的士林传奇，而山东大学

---

〔1〕 王恩田：《张政烺先生调离北大的前前后后》，载张永山编《张政烺先生学行录》，中华书局，2010年，第72页。

〔2〕 张先生为山东荣成人，胶东口音很重，语速较快，天马行空，随欲而发，虽不成体系，然信息量极大，只有细心的学生才能从中受益。据宁可先生回忆："张先生讲课速度比较快，似乎有点急于把自己的话传授给学生，因此显得缺乏系统，杂乱无章，东一句西一句，不时出些支岔，从这个话题跳到另一个话题，好像身上装了一个话匣子，新鲜话题不断在里面躁动，随时会顶开盒盖，跳出一两件来。他对此似乎也无法控制，却又拙于表达，额头冒汗，面带愧色，……同学开始对他这种讲法不甚满意，也抱有一丝同情和几分谅解。历时稍久，特别是到课下整理乱糟糟的笔记和他随口提到的专书论文时，就慨叹他讲课内容的丰富和涉及知识的广博。那里不仅有学科前沿的种种新成就，也有独到的精辟而又新颖的见解。""听了一个学期张先生杂乱无序东拉西扯的课，跟着读了一些相关的书、文，谈不到对这段历史有什么系统清楚的了解，却培养了我对中国历史的浓厚兴趣，似乎也领略到了一点治史的门径。"见宁可《回忆在北大受业时的张政烺老师》，载张永山编《张政烺先生学行录》，第3—4页。可能正是这些无伤大雅的"微瑕"，成为其时部分人排斥和打压异己的借口。

〔3〕 邹衡：《我的老师张政烺先生》，载《揖芬集：张政烺先生九十华诞纪念集》，社会科学文献出版社，2002年，第14页。

〔4〕 参见尚小明：《近代中国大学史学教授群像》，《近代史研究》2011年第1期。该文指出，上述所举诸教授，之所以堪称"精英中的精英"，其一大共同点在于能够在当时频繁的人事流动中，"在某一时期内获得某些大学少则5年，多则10余年，乃至20年以上的聘用"，而其"学识和在学术界的影响，是他们能够不断获得续聘合同的重要原因"。

史学发展之长久格局,也正是这一时期得以奠定和成型的。值得注意的是,八大教授均跻身三甲教授行列,其中,杨向奎先生作为山大历史系之创办者和擘划者,被评为二级,其余七人均为三级。从学术阵容上看,如此规模的二、三级教授群体,在当时全国也是很少见的,基本反映出了山东史学界的实际情况与整体水平。不过,与不少京属院校和大城市院校相比,其定级过于严苛,整体级别偏低,在1956年9月教育部初步拟定的工资级别名单中,童书业原为二级,张维华为二至三级,后均因故降为三级,这种较为明显的地域性差异,也多少反映出当时评级过程中的政策导向性和较为复杂的人事因素。而尤其耐人寻味的是,以"文史见长"的山东大学,乃至有着深厚而久远学术传统和文化积淀的齐鲁大地,竟无一位一级历史学教授,对于个中缘由,有学者认为,这与其时堪为山东史坛旗帜性人物的杨向奎先生庇护同侪的品格有关,他不愿自己在级别上太高,而与陈同燮这样的师长辈形成"级差"。[1]这或许也在某种程度上体现出当时学界对待此次职称级别评定的较为一致的淡然心态。

    然而,这些引领学界潮流的史学名家们,尤其是不少学界泰斗,如翦伯赞、向达、陈寅恪、陈序经、刘文典等,在随后的"反右"斗争和"文革"中被打压、批斗乃至迫害致死,其前后地位的反差,至今仍给人以极大的触动;其背后所反映出的学术发展、学者命运与社会变迁、体制沿革、政策演变之间的内在关系,至今仍值得深思。对此,有学者在文章中不无感触地总结道:"在中国,要在国立及省立大学谋得一个教职,是不容易的事情。若有幸能在大学领一教席,则又须经历长期学术的积累、教学的历练,以及种种说不清、道不明的是非纠葛的折磨,逐渐评定为讲师、副教授。等到时光的流逝淘洗出白发、脸上写满岁月沧桑的时候,若得以晋升为正教授,已经是值得额手称庆了。然而当今教授又分为四等,一等一等地往上升,更是艰难异常。如果能当上一级教授,那就好似登上象牙之塔的塔顶,在学界中众人仰慕、而举国闻名了。上世纪五十年代,高教部曾经评定一批'一级教授',这也是几十年来唯一确定的一批'一级教授'。这些人都是大陆知识界、教育界的耆宿,要学术有学术,要资历有资历,要声望有声望。他们德高望重,多数在上世纪二三十年代便崭露头角,可谓名至而实归了。这些人多是较为纯粹的学者,在上世纪错综纷纭的政治斗争中相对处在边缘的位置。1949年以后,他们经过思想改造、镇反、肃反、反胡风等政治运动的检验,有惊无险,得以顺利过关。在1955年被评定为一级教授时,他们一度感受到信任、荣耀与喜悦。然而在随之而来的反右派运动中,他们中便有人尝到苦难的滋味,分别在接连不断的政治运动中相继中箭落马。他们中的多数人在'文革'的动乱中悲惨地死去,只有极少数活到了改革开放

---

〔1〕《上庠大木:山东大学历史文化学院110年生长史(1901—2011)》上册,第169页,内部流通本。

时期。……其思想倾向、学术背景、治学门径各不相同,而能分别获得'一级教授'的最高职称,说明他们在各自的领域地位卓越,名声显赫。然而在以后连绵不断的政治运动中,他们又从'学术泰斗'的地位迅速坠落,被打倒而分别扣上'右派分子'、'反动学术权威'、'封建余孽'、'反革命修正主义分子'、'特务间谍'等等的罪名,遭遇了意想不到的屈辱与苦难。世态炎凉,荣辱相续,学术的变化与人生的遭际中包含着极为深刻的历史意义,值得后人三思。"[1]

四、影响与回音

1956年教授分级制的实施,尤其是一级教授的评定,无论从学术传统上还是教育体制上,对后世均有重要影响。从学术传统上讲,陈垣、冯友兰、季羡林、周谷城、吕思勉等史学名家之所以能够跻身象征当时学界最高标尺的"一级教授"之列,固然离不开其深厚的学术涵养和学术造诣,但更为重要的,还是其学术精神、人格魅力和气节风范,从而为后世学者树立了真正意义上的"良史"典范。

拿以校勘学盛名的国学大师刘文典先生为例,作为云南大学,也是云南省唯一的一位一级教授,其学术成就和学术精神,向为时人所公认。首部学术专著《淮南鸿烈集解》问世后,学界为之震动,时人誉之为"国宝"。胡适称其"最精严有法","读者自能辨其用力之久而勤与其方法之严而慎"。[2]所继撰《庄子补正》一书,更是受到陈寅恪先生的高度赞誉:"先生之作,可谓天下之至慎矣。其著书之例,虽能确证其有所脱,然无书本可依者,则不之补;虽能确证其有所误,然不详其所以致误之由者,亦不之正。……今日治先秦子史之学,而与先生所为大异者,乃以明、清放浪之才人,而谈商、周邃古之朴学,……先生此书之刊布,盖将一匡当世之学风,而示人以准则,岂仅供治《庄子》者之所必读而已哉!"[3]胡、陈二人的评价中,均不约而同地提到刘氏治学"勤而慎"的特点,与当时不少急功近利的"放浪"学人,实有霄壤之别。其身上所体现的持之以恒之毅力,扎实谨严之态度,无征不信之方法,作为中国学术传统之精髓,不仅可"匡当世之学风",还可为后世立学法,尤具有普遍而广泛的教育意义。

而对于个人的学术方法和学术理想,刘氏在致友人信中亦多有坦露。《淮南鸿烈集解》成书后,其就书稿校对事致信胡适曰:"弟目睹刘绩、庄逵吉辈被王念

---

[1]《"一级教授"之命运》,网络博文,http: //blog.sina.com.cn/s/blog_5ded47f60100bz7l.html。
[2]《刘文典全集》第一册,《淮南鸿烈集解》胡适序,安徽大学出版社、云南大学出版社联合出版,1998年。
[3]《刘文典全集》第二册,《庄子补正》陈寅恪序。

孙父子骂得太苦,心里十分恐惧,生怕脱去一字,后人说我是妄删;多出一字,后人说我是妄增;错了一字,后人说我是妄改,不说手民弄错而说我之不学,所以非自校不能放心,将来身后虚名,全系于今日之校对也。"[1]以"一字之微,征及万卷"为一生治学格言。北平沦陷后,其辗转南迁,在致梅贻琦信中说:"典往岁浮海南奔,实抱有牺牲性命之决心,辛苦危险,皆非所计。六七年来,亦(可)谓备尝艰苦矣!……到磨黑后,尚在预备《玄奘法师传》,妄想回校开班,与东西洋学者一较高下,意为祖国学术界争光吐气。"[2]以乾嘉朴学"实事求是,无征不信"之精神自律,以"为祖国学术争光吐气"励志砥行,可谓当时学术大家们的一致心声,这也是最能激励和振奋后世学人之处。对此,李学勤先生评论指出:"我们回顾二十世纪学术史,看到许多前辈学者,在动荡艰辛的乱世之中,做出众人景仰的成就。不少人不但学贯中西,而且兼顾文理,不知道他们怎么会有这样大的能量和毅力。从刘文典先生这里可以明白,他们的共同点就是忧国忧民,有着为祖国学术界争光吐气的决心。"[3]

在民族大义和爱国热忱方面,刘文典先生堪为表率。1937年"七七事变"后,日方欲请其出山担任伪职,面对日军高官及其附逆者之引诱、威吓,不为所动,坚称"国家民族是大义,马虎不得,读书人要爱惜自己的羽毛",且自始至终不说一句日语媚敌(刘氏学贯中西,本精通日语,然在此种情况下,却以"发夷声为耻")。1949年,昆明解放前夕,友人胡适劝其移居美国,并为其全家办妥入境签证,联系好具体居所,刘氏婉言谢绝,理由是:"我是中国人,为什么要离开我的祖国。"[4]1958年,离世前夕,嘱将毕生所藏、从未刊印的桐城文派始祖方望溪之全部手稿,孙星衍、郝懿行等清代学者信札,马守真、顾横波画作,以及各种珍本、善本古籍,名贵瓷器、碑帖等,全部捐赠给安徽省博物馆收藏。

古代史家一直以才、学、识、德兼备作为衡量"良史"的标准和砥砺自身的目标,从以刘文典为代表的历史学"一级教授"身上,我们依然能够清晰地看到这一重要学术传统的传承与赓续,而这也从一个侧面彰显出上世纪50年代教授分级的学术性与公平性。

从教育体制上讲,1956年教授分级制的实施,也奠定了此后高校职称等级划分的方向和基调。"文革"结束后,尤其是实行改革开放政策以后,国家领导人吸取十年动乱的教训,重新调整知识分子政策,改善和提高其物质待遇和社会地

---

[1]《刘文典全集》第三册,《书信辑存·致胡适九》,第795页。
[2]《刘文典全集》第三册,《书信辑存·致梅贻琦》,第841—842页。
[3] 李学勤:《为祖国争光吐气——读〈刘文典全集〉》,《安徽大学学报》(哲学社会科学版)2001年第6期。
[4]《刘文典全集》第一册,《前言》。

位。与之相适应，中断多年的教师职称评定工作亦重新提上日程，邓小平同志在1979年11月的一次讲话中强调指出："要建立学位制度，也要搞学术和技术职称。……在学校里面，应该有教授（一级教授、二级教授、三级教授）、副教授、讲师、助教这样的职称。在科学研究单位，应该有研究员（一级研究员、二级研究员、三级研究员）、副研究员、助理研究员、实习研究员这样的职称。"[1]这可以说是50年代中期国家调整知识分子政策的延续。这一政策在很大程度上是针对教授群体数量日渐庞大、彼此之间学术水平差异较大的现实问题而提出的，旨在提高教授尤其是年轻教授的上进心和进取心，有其必要性。进入21世纪以来，北京大学、山东大学、中国人民大学等教育部直属高校陆续开展教授等级评定工作，与新中国成立之初相比，其实施的难度及面临的问题要更为复杂一些。不过，过细的"等级划分"，能否真正地提高知识分子的工作积极性，进而全面提升大学教授的整体水平，恢复社会对其学术信任与学术期望？仍存在着巨大的争议。而如何尽量减少各种非学术化因素的影响，避免层出不穷的考核、评级造成学者心理和社会压力过大而戕害其职业理念和学术自尊，依然是各阶层人士讨论的热点话题。

---

[1]《邓小平文选》第二卷，人民出版社，1994年，第224页。

"自由大宪章"，还是"权利大宪章"？

闫照祥[*]

　　英国《大宪章》问世将近800周年了，可其中一项关键问题仍值得中国学者复议。或者说，在中国学界，人们习惯于称《大宪章》为"自由大宪章"，是否正确？

　　自然，作者也曾听到了所谓的"理由"：该文件中，使用最频繁的词汇总与汉语的"自由"相关。如，其中Liberty一词，前后被使用了7次，freedom用了1次，free用了2次；总共使用与"自由"含义相同的字眼多达10次。所以，称《大宪章》为"自由大宪章"，是名正言顺的。

　　可笔者屡屡研读该文件，却以为，所谓"自由大宪章"的提法，是源于对该文件关键词的望文生义，是一种曲解和误读。理由有三：

　　第一，所谓英文词组Great Charter of Liberties 中的"Liberty"的本意，不是"自由"（freedom），而是它的另一含义——"权利"（right）。这是因为，当Liberty作为不可数名词使用时，因其具有明显的抽象意义，其单数形式与freedom含义相同。可当它用作复数形式即可数名词Liberties时，其含义则应与英文名词rights相同，其汉语对应词则应为"权利"。而《大宪章》中Liberty和right，在当时社会条件下，其真意主要是指英格兰僧俗贵族的封建特权（privileges）。而且，其中的Liberty，均采用的是复数形式，都应该译为汉语中的"权利"。如此一来，考虑到该文件还先后4次使用了right的单复数形式，即前后共11次提到与汉语"权利"相同的含义，则理应被称为"权利大宪章"。

　　顺便指出，近现代中国，也有个别学者，对《大宪章》中的Liberties做了较为适当的翻译。如故世不久的著名历史学家戚国淦先生，在他的《大宪章》译作中，将但凡为复数形式的Liberties译为"自由权"。这种兼顾形意的译法，是基于对该词的深刻领会和正确解读。

　　早期中国学者翻译外文著作时一再出现歧义或误译，是可以理解的。那时，没

---

* 　闫照祥，河南大学历史文化学院教授，中国世界近代史学会名誉会长。

有适当的工具书,特别是词典,加上时人常识的不足,对西方语汇的理解难免会有局限性乃至误解。出现一些错误有时是难免的。

第二,笔者之所以宁愿称《大宪章》为"权利大宪章",还是基于该文件内容的全面理解。

《大宪章》包括序言和63个条款,涉及问题较多。但主要是重申王国贵族的封建权利并防止国王侵夺这些权利。其内容大致可分为几类:

1. 重申教会"权利",不得随意剥夺(见第1款)。

2. 保障贵族和骑士的封地继承权和租用权,认可两界贵族传统权利和特权。如规定"伯爵与男爵犯罪者,只应由视其犯罪的程度科以罚金"(第21款)。其他10余款也属同类内容,这就体现了《大宪章》的"贵族纲领"特色。

3. 有关城镇、贸易和商人权利的条款。规定:伦敦和其他自由市应"保有其原有的一切自由权和自由的风俗习惯"(第13款)。这一规定,不同于前两类的贵族特权。它专门维护了城镇的自治权,有助于城镇经济的长远发展,也同时维护了城镇商人的权益。

4. 明文限制王室官吏行为,实为对王室特权的约束和限制。

5. 规定国王必须遵守宪章,如有违犯,贵族会议有权对其宣布战争。有关解散外国雇佣军的内容也是出于限制王权的目的。

具有长久意义的是,该宪章还宣布了国王不可擅自征税的原则,强调:除传统捐税贡赋外,任何赋税的征收都需得到"全国人民的一致同意"。这实际上是指当时以大贵族为核心的大会议的同意。《大宪章》中关于不许对商人任意征税的规定,已突破了以往贵族反抗王权的狭隘性,有助于贵族与市民的联合。

再者,《大宪章》作为一份国王和君主之间的政治协议书,特别强调了"被协商权"。即文件在有关立法、征税的多项条款中,都有"应与全国人民普遍协商",或征得"一致同意"的字样。其中第14款专门规定:为得到全国普遍认可,国王应在规定的时间和地点召集教俗两界大贵族和有关人员协商。召集令需载明召集理由,于40天前及时发出。这就使中古盛期的英国王权,增添了"有限性"的特征。还为以后国王受议会的制约,埋下了伏笔。

当然,《大宪章》的多种权利,多是封建权益。用一个恰当的英文词来表示,多是privilege(特权)。可耐人寻味的是,它们可以随着时间的流逝,做出新的解释,进而使新生中产阶级,包括乡绅、自耕农、城市市民和社会其他阶层的权益,也得到维护。这其中的秘密,在于《大宪章》不仅重点维护了教会和世俗贵族的特权,还使用比较明确的文句,兼顾了城镇居民和商人的利益。这就是说,《大宪章》虽有封建主义特质,但其部分条款是维护其他自由人的权利的。如第15、16款规定:

"任何贵族不得向自由民征收任何贡金"；"对于因提供骑士服务而领有采邑者或其他自由土地持有人,不得强迫其服额外的役务"。第28—31款规定:郡守等官吏不得强取任何人的谷物或其他动产,不得肆意征调任何人的马匹车辆用以运输,不得夺取他人的木材以修建城堡或做其他私用。其他还有关于保障城镇自由和统一度量衡的规定,这些条款的受益人明显超出了上层贵族的特权范围,使包括市民和商人的中产阶级受惠,并有助于维持一个相对稳定的社会政治秩序。

由此可见,《大宪章》之所以能够一再被颁布,并且能够流传到近现代,就是因为它维护了当时社会中上层阶级的权利。换言之,对权利问题的重视,恰恰是其宪政价值和生命力所在。

说到权利问题,还不应忽视一些似乎与权利问题无关的条款。比如第39款规定:若不经"合法裁决和本国法律的审判,不得将任何人逮捕监禁、不得剥夺其财产、不得宣布其不受法律保护、不得处死、不得施加任何折磨,也不得命我等群起而攻之和肆行讨伐"。该条款是使用了一连串的"不得",其严格的法律真谛在于:国王无权随意决定臣民的权利和命运。而且,对于侵权诉讼,国王必须依照"正当法律程序而非强力做出裁决"——此乃约束国王行为的经典表述,是具有强制力的法律规范。这在当时具有创新性,为当时和后世人们做广泛的解释,提供了文字依据,为1628年的《权利请愿书》和1679年的《人身保护法》的制定,提供了重要的范本。

第三,13世纪初正值中古盛期,尚不可能产生具有资本主义内涵的自由意识。

徽商史研究的五个薄弱环节

王世华[*]

1. **关于明清徽商与江南传统市场问题。** 在明清江南市场发育的过程中,地域商帮的代表与典型——徽商发挥了较为显著的作用,"无徽不成镇"形象地表明了其在市场形成中的地位。以往的研究者已就徽商的地域分布、在苏杭沪等大中商业城市及在江南区域的活动等方面作了较为深入的探讨,但把徽商与江南市场结合起来研究仍处在起步阶段,尚需海内外学者共同努力。

2. **关于徽商与文化的相互关系问题。** 以往的徽商研究中已有学者开始重视该问题,并发表了一些成果,但此前成果仅关注徽商对各项文化事业的贡献,宏观研究比较简略,未能深层次展开;微观研究多集中在扬州"二马"与程晋芳等人,面不够宽;尤其是学界只关注了徽商对传统文化事业的贡献,而忽略了传统文化对徽商的影响,这不能不是一个缺憾。其实,传统文化在徽商兴起、发展、鼎盛、衰落的各个时期,都有极大的影响,无论是正面的,还是负面的。

3. **关于明清徽商与传统教育关系问题。** 此前的相关研究多集中在徽州地区。事实上,徽商足迹"几遍宇内",在外地的徽商同样重视教育。因而,亟需在原有的基础上拓展研究,强化薄弱环节,围绕徽商与明清传统教育观念和教育组织形式的变化、与晋商在儒学科举态度上的差异及其原因、与江浙地区教育的发展、与侨寓徽商子弟教育、与徽商家庭教育等等重要问题一同开展研究,以深化人们对明清徽商与传统教育关系的认识。

4. **关于明清徽商与慈善事业关系问题。** 徽商由于富甲一方,又深受儒家"仁爱"思想的影响,在慈善事业中一向表现十分突出,影响很大。但此前学界的相关研究多集中在赈灾方面,很少涉及其空间结构的研究,如徽商慈善事业的内容、方式和机构,徽商从事慈善事业的原因及社会影响,徽商会馆公所与慈善的制度化、系统化以及运行机制,与官方的关系等等。

---

* 王世华,安徽师范大学教授,副校长。

5. **徽商近代转型问题**。以往的徽商研究,几乎全部集中于明清时期,对近代以降的徽商甚少提及,这使得徽商的历史一进入近代便给人以"戛然而止"之感。近代徽商与明清徽商相比,的确是衰落了,但衰落的过程和衰落的程度如何? 近代徽商有没有转型,如果有转型,转型的表现有哪些? 转型的困境又在哪里? 对这些问题的研究很有必要。唯有如此,才能使我们比较全面、完整地去了解和认识徽商。

拥戴新中国：以《大公报·青年群》所载 上海青年为讨论重心

周　斌[*]

【摘　要】　在新中国成立前后,当时民营报业巨头《大公报》的副刊《青年群》在上海青年思想转变中起到了不容忽视的促进作用。上海青年作为中国最大城市中的典型群体,其思想转变得到了《大公报》的密切关注。《青年群》除成立"学习小组"外,还通过《问题讨论》栏目答疑解惑,帮助青年纠正在政治学习过程中的各种错误倾向,提高他们的政治思想觉悟。《青年群》的有关报道是了解建国初期中国民众思想观念变化状况的重要途径。

【关键词】　新中国　上海青年　《大公报·青年群》

【一】《大公报·青年群》副刊的缘起

【二】　从"学习小组"到"学习会"

【三】"问题讨论"中的正确引导

【四】《青年群丛书》的结集出版

【编稿随笔与图文互动】　群众庆祝上海解放 / 1949年10月1日的《大公报》/ 1949年6月21日的《大公报·青年群》副刊 /《青年群》报导各界学习小组代表座谈会情况 /《青年群丛书》/《大公报·大公画刊》报导南下服务团集中学习 / 纪念"青年群"创刊周年

　　1949年新中国的成立堪称中国历史的一大转折点,对于长期以来生活在国民党统治区的民众来说,思想上的去旧迎新,既是新中国政治、经济、文化诸方面变革的客观需要,也是他们适应新社会的必然选择。这种思想转变并非简单如有的西

---

*　周斌,中国社会科学院近代史研究所副研究员。

方学者所言，是中共"力求扩大意识形态的一致性"的结果，[1]而忽略民众与时俱进的主观因素。上海青年作为中国最大城市中的典型群体，其思想转变得到了当时民营报业巨头《大公报》的密切关注，通过该报副刊《青年群》的有关报道，不难了解新中国初期中国民众思想观念变化的真实动因所在。[2]

一、《大公报·青年群》副刊的缘起

1948年底1949年初，随着解放战争的节节胜利，"农村包围城市"的使命基本完成，中共的工作重心逐渐由乡村转移到城市。中共七届二中全会决定"党的工作重心必须放在城市"，要求全党必须学会领导城市人民进行胜利的斗争，学会管理城市和建设城市。中共中央清醒地认识到，建立广泛的人民统一战线不仅是中共领导人民夺取

1949年5月27日，上海解放，群众走上街头，打出横幅庆祝。

民主革命胜利的三大法宝之一，也是未来新政权建设的重要保障。青年群众由于自身体力充沛、思维敏捷、勇于创新的特点，历来是社会发展的主要推动力之一，自然也是中共统一战线的重要对象。1949年元旦，中共中央决定成立中国新民主主义青年团，以"团结教育整个青年的一代，以及更大地发挥青年群众在人民解放战争中与新民主主义国家建设中的积极性与创造性"[3]。不久，中共又组织召开了全国学生第十四届代表大会、全国青年第一次代表大会，号召青年学生"必须在新民主主义教育下，加强学习，培养自己成为建设新民主主义国家的有用人才"[4]；并呼

〔1〕［美］R. 麦克法夸尔、费正清编，谢亮生等译：《剑桥中华人民共和国史——革命的中国的兴起（1949—1965）》，中国社会科学出版社，1990年，第228页。

〔2〕关于新中国成立前后民众思想观念变化的研究成果多集中于知识分子阶层，特别是1951年秋至1952年秋的知识界思想改造运动。代表性论著有——于凤政：《改造：1949—1957年的知识分子》，河南人民出版社，2001年；沈育红：《建国初期知识分子思想改造运动研究》（硕士学位论文），2008年5月；刘健清、刘庆楚：《试论建国初期知识分子思想改造运动》，《中共党史研究》1991年第5期；刘明明：《中国知识分子在建国初期思想改造运动前后之主动转变及原因》，《社会科学论坛》2010年第6期等。

〔3〕《中国共产党中央委员会关于建立中国新民主主义青年团的决议》（1949年1月1日），见中央档案馆编《中共中央文件选集》第18册，中共中央党校出版社，1992年，第2页。

〔4〕《中国学生运动的当前任务》（1949年3月5日），《中共中央文件选集》第18册，第488页。

1949年10月1日的《大公报》隆重报道了人民政协首届会议闭幕和选举中央人民政府领导人的情况。早在1948年10月，《大公报》总编辑王芸生因不满国民党政府的专制与腐败，在报社共产党员杨刚、李纯青的帮助下，决定参加新政协会议，接受中共的领导。1949年元旦，香港《大公报》发表社论，欢呼"和平、民主、自由、平等、进步与繁荣的新中国"即将诞生。1月18日，该报创办了由陈残云、黄秋云主编的《青年群》副刊，呼吁众多或远或近离开了祖国的青年群众"相互学习和锻炼，准备将来成为新社会的支柱"。6月17日，上海刚解放不久，沪版《大公报》发表由王芸生撰写的《大公报新生宣言》，表示今后《大公报》"在精神上是属于人民的"，要努力为人民服务，为新民主主义服务。

吁一切爱国青年"学习我们新中国立国原理的新民主主义，学习科学和文化"。[1]

中共中央之所以强调青年要学习新民主主义，既是为获得广大青年对即将成立的新中国之支持，也是为了让新解放区的青年群众摆脱长期所受国民党"三民主义"教育的不利影响。原国民党统治区虽有不少青年学生和工人对国民党失去信心，投身"反饥恶、反迫害、反内战"运动，但由于国民党长期宣传诋毁中共，并在学校开设"公民"、"党义"课，实行训育制度，以至于"反动的封建意识与帝国主义意识还普遍的支配着一般青年的思想"[2]。就当时中国最大的城市和经济中心——上海来说，虽然中共地下党组织了6万多人的"人民保安队"配合上海的解放，其中绝大部分是青年，政治思想比较进步，为上海解放后开展青年运动和建设青年自己的各种组织创造了有利条件。但是，上海又是英、美列强百年来政治、经济侵略的基地和国民党20多年来"反动统治的堡垒"，文化教育上长期受到帝国主义、封建主义和官僚资本主义的思想熏染，"因而也有相当数量的青年在解放前思想是模糊的"，"上海青年中思想水平有着很大的悬殊"[3]。据有关资料统计，1949年3月，上海总人口545.5万人，其中15至29岁的青年人为149.5万人，占总人口的27%。[4]而在上海解放前夕，全市中共地下党员计8665人，[5]青年团员截至年底时为3.6万人，即便算上6万多人的"人民保安队"，熟悉中共新民主主义政策的青年人数还相对较少，还需要

〔1〕《中国人民解放战争中的青年运动与今后中国青年的基本任务》（1949年5月），《中共中央文件选集》第18册，第532页。

〔2〕雷洁琼：《论教育工作者思想改造》，《新建设》第1卷第3期（1949年10月6日），第24页。

〔3〕《一年来的上海青年运动》，见《解放日报》社编委会编《上海解放一年》，1950年7月，第87页。

〔4〕《上海青年志》，http://www.shtong.gov.cn/node2/

〔5〕《中共上海党志》，http://www.shtong.gov.cn/node2/

加强对广大青年的思想政治教育,才能让他们树立为人民服务的思想,积极投身新中国的建设。

二、从"学习小组"到"学习会"

上海解放后,上海市人民政府和军管会的工作重心最初放在接管旧政权的工作部门和公办企事业单位、整顿金融秩序、恢复生产等方面,还没有统一部署各界群众的政治学习活动。例如,5月31日,上海市军管会文化教育管理委员会本着"维持原状,逐步改造"的方针,通告公私立各级学校:"应即设法进行复课,教职员工应照常供职,除取消训导制度及公民等课程外,其余暂行照旧。"[1] 但是,青年学生们学习革命理论的热情高涨,纷纷要求增设新民主主义、毛泽东思想等新课程。因此,文管委副主任戴

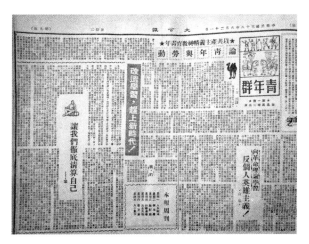

图为1949年6月21日的上海《大公报》第9版所刊《青年群》副刊。如何培养适合新时代发展需要的有为青年,引起了《大公报》的密切关注。为了广泛符合读者的需要,该报除保留原有的《大公园》之外,又相继增加了《青年群》、《科学广场》、《人民经济》、《民主天地》、《新儿童》、《大公画刊》等六种周刊性质的副刊。其中,沪版《青年群》副刊自6月21日创办,号召青年们"改造学习,赶上新时代"。港版《青年群》则逐渐停刊。至1952年1月,上海《大公报·青年群》共出普通刊134期,增刊44期,登载了大量有关青年思想改造的理论和活动情况,促进了解放初期上海青年的思想转变。

白韬在6月5日"市校教职员座谈会"上要求各校"增加政治课程,号召同学学习革命的理论、社会科学,使同学能了解中国与世界发展的前途,使青年人建立正确的人生观,能牺牲自己,为老百姓服务"[2]。此后由于学校要放暑假,且缺乏政治教员,直至秋季开学,各校才正式设置有关马列主义教育的政治课。[3]其间,学生们早已自发地组织起来,纷纷成立学习小组,学习中共的新民主主义政策。其他机关单位的青年群众也不甘落后,掀起了学习政治的热潮。如上海市中央信托局在清

---

〔1〕《上海市军管会文化教育委员会关于除取消训导制度及公民课程外余暂照旧复课的通告》(1949年5月31日),见上海市档案馆编《上海解放》中册,中国档案出版社,2009年,第373页。

〔2〕《市教处昨邀市校教职员座谈,阐述教育方针政策》,上海《大公报》1949年6月6日,第2版。

〔3〕《上海市人民政府工作总结》(1949年5月27日至1950年4月),见上海市档案馆编《上海解放》下册,中国档案出版社,2009年,第443页。

点工作已经结束、清理工作尚未开始之时，部分青年职工自发地成立学习小组，学习《新民主主义》、《论联合政府》等。[1]上海货物税局的一千余名职工"在上级未颁布办法前，即由同人订立学习计划"，分成40多个学习小组，"用革命的理论和经验武装自己，达到逐步改造，提高工作效率"[2]。一些青年人则致函《大公报·青年群》，询问关于学习小组的情况。《青年群》的编辑们也热情高涨，决心为希望参与或正在参加学习小组的青年朋友们提供好的经验，解决遇到的困难，将刊物办成"青年朋友自己的园地"[3]。

《青年群》为办好"学习小组的事业"，想了不少办法，做了不少工作。首先就政治学习的材料而言，《青年群》比较重视邀请有关专家、学者撰写文章，解读中共的建国理论和政策。如6月30日毛泽东发表《论人民民主专政》一文后，《青年群》便刊登了李平心的《从新民主主义看人民民主专政》、石啸冲的《关于国家的消灭问题》、吴承禧的《人民民主专政的经济意义》，帮助青年读者领会其精神。[4]9月29日，新政协会议通过《共同纲领》，规定新中国的文化教育"为新民主主义的，即民族的、科学的、大众的文化教育。人民政府的文化教育工作，应以提高人民文化水平、培养国家建设人才，肃清封建的、买办的、法西斯主义的思想，发展为人民服务的思想为主要任务"[5]。随后，全国兴起了一波学习《共同纲领》《中央人民政府组织法》、《中国人民政治协商会议组织法》等"人民大宪章"的热潮。《青年群》除请复旦大学历史系教授陈仁炳撰文《怎样研习共同纲领》之外，[6]还举办讲演会，由出席新政协会议的《大公报》总编辑王芸生介绍《共同纲领》的性质以及人民民主统一战线、各民族一律平等、民主集中制等原则。[7]此后《青年群》又陆续刊发了《社会发展史学习提纲》、《〈新民主主义论〉讲授提纲》、《学习中国共产党党史讨论提纲》等，[8]深受青年读者好评。

其次，就如何组织学习小组来看，联谊会成立不久，即对各小组的学习情况做

---

[1]《交流经验，加强学习》，上海《大公报·青年群》第7期，1949年8月2日。

[2] 王锐：《货物税局的小组学习》，上海《大公报·青年群》第8期，1949年8月9日。

[3]《编者的话》，上海《大公报·青年群》第2期，1949年6月28日；《稿约》，上海《大公报·青年群》第1期，1949年6月21日。

[4] 上海《大公报·青年群》第5期，1949年7月19日。

[5]《中国人民政治协商会议共同纲领》(1949年9月29日)，见中央档案馆编《中共中央文件选集》第18册，第593页。

[6] 陈仁炳：《怎样研习共同纲领》，上海《大公报·青年群》第18期，1949年10月15日。

[7]《人民政协与人民大宪章》，上海《大公报·青年群》第20期，1949年10月29日。

[8] 参见上海《大公报·青年群》第35期，1950年2月5日；第65期，1950年9月11日；第107期，1951年7月9日。

了一次调查研究，发现各小组多遇到
"发言不普遍"和"程度参差"的困
难，[1]《青年群》为此向青年读者征
集并刊发了一批有关组织学习小组
的稿件，并由编辑方蒙归纳撰写《学
习小组的经验和方法》一文，[2]分十
次连载发表。该文就学习小组的建
立、怎样进行学习和检查、提高思想
觉悟等问题总结出一些比较好的做
法。例如，建立学习小组时要正确把
握群众的学习情绪，启发其学习兴
趣，既不能"拉夫"式的强迫学习，又
要避免"孤立的关门主义"；小组人
数以7至12人为宜，分组前应调查成
员的程度、兴趣、职业和学习要求，分
组时程度相差不要太悬殊，学习要求
不能相差太大，每组必须有一两个程
度高的学员参加，引导和帮助程度低
的学员。学习之前应召开预备会议，
制订学习计划，确定学习的时间、内
容、参考材料以及组长、主席、记录者
的人选，明确学习纪律等。拟订学习
提纲时须走群众路线，联系群众的思
想情况，抓住问题重心，而且在内容
和形式上要生动、活泼，能引起大家
的兴趣，进而对问题展开热烈讨论。
学员个人应认真做好准备工作，包括

1949年7月27日的《大公报·青年群》报道了7月23
日《青年群》主办的各界学习小组代表座谈会情况。来
自沪江大学、市立女师、沪江中学、京沪铁路管理局、人民
银行、解放日报社等数十家单位93个小组的105位代表
汇聚一堂，就如何组织学习小组、怎样选择学习材料、怎
样展开讨论和检查学习结果等问题交换意见。马克思主
义史学家李平心应邀出席，《大公报》党代表、副总编辑李
纯青也呼吁："把小组学习坚持下去。"会议推选出9位代
表，将参加此次座谈会的小组组织起来，成立"青年群各
界学习小组代表联谊会"，以便今后继续举行座谈会，交
流学习经验。通过"学习互助"栏目相互介绍、认识，用
通讯或访问的方式交流学习经验。该运动得到了600多
名家庭妇女、失业青年、店员的响应，为他们提高思想觉
悟提供了一个较好的平台。

事先阅读基本文件、学习提纲，注意启发报告，然后整理自己原有的认识，再有目的
地阅读参考材料。学员要建立富于思想、结合实际的自学方法，进行自我斗争，不

〔1〕《问题讨论》，上海《大公报·青年群》第15期，1949年9月24日；陶云洲、赵椿荣：《从"青年群各界学
习小组代表联谊会"到"青年群学习会"》，上海《大公报》1950年7月14日第6版。
〔2〕方蒙(1923—2008)，江西景德镇人，中国民主同盟会员。1946年入《大公报》工作。后任中国社会科学
院新闻与传播研究所报刊史研究室主任、《新闻研究资料》主编。

做"思想上的懒汉"等。[1]这些好的经验和方法对"协助一般水平较低的职业青年解决集体学习的问题"[2],对各学习小组改善"发言不踊跃"的现象,促进程度不同的学员相互帮助、共同进步,起到了一定作用。诚如一位读者来信指出,"在解放之初,我们对于集体学习是感到陌生的,因此学习小组没有很好的建立起来,学习无法展开,领导上更无经验",《青年群》适时刊载了许多有关学习小组的指导性文章或经验交流,"给予我不少的鼓励,帮助我们解决了不少具体问题"。[3]

1950年5月,《青年群》鉴于各学校均已开设政治课,青年学生的政治学习比较有保障,而许多职业青年因忙于工作,政治学习相对放松的状况,决定将"青年群各界学习小组代表联谊会"改组为"青年群学习会",其宗旨为"帮助在职青年业余学习,提高政治认识和工作能力"。[4]"青年群学习会"第一期学习班自6月2日开始报名,短短4天内,要求参加学习的工人、学生和失学失业青年达1 000余人,大大超过了学习班原定150至200人的计划。王芸生按捺不住兴奋的心情,称"这是一件非常可喜的事",并借"理论与实践统一,学习与业务结合"两句名言以资勉励。[5]

学习班分为28个小组,首先学习形势,澄清个人存在的混乱思想,安定情绪,"初步建立起正确的学习态度和学习观点";接着学习社会发展史,包括"劳动创造世界,群众创造历史"、"五种生产方式"、"社会主义革命与新民主主义革命"、"国家与政治"及"社会思想意识"等内容。经过两个半月的学习,多数学员摒弃了过去的个人主义思想,确立了新的人生观和为人民服务的观念。7月2日,300余名学员为响应中央人民政府关于开展保卫世界和平签名运动,反对美帝国主义侵略朝鲜和我国台湾的号召,深入上海金陵东路、四川中路等各里弄宣传,发动5 000余群众在和平呼吁书上签名。一星期之内,征集到2.4万名群众的签名。有的学员竟为此"从早到晚,饿着肚皮,克服疲劳","具有高度工作的热忱"。[6]有些学员原本认为参加革命工作很辛苦,不愿到东北去,在经过此次学习认识到为人民服务的重要性后,"到革大的有三十位学员","介绍去投考东北招聘团、燃料工业部、贸易部等的不下百余人"。上海纱布交易所、梅林食品公司、光华染织厂、大光明大戏院等单位工会或来函要求青年群学习会派干部帮助他们组织学习班,或聘请该会学员

〔1〕参见上海《大公报・青年群》第39—43、45、46、48—50期,1950年3月12日至5月22日。

〔2〕方蒙:《学习小组的经验和方法》(一),上海《大公报・青年群》第39期,1950年3月12日。

〔3〕编者:《共同计划,集体耕耘,将工作提高一步》,上海《大公报》1950年7月10日第5版。

〔4〕《青年群学习会成立,今日开始报名》,上海《大公报・青年群》增刊第17期,1950年6月2日。

〔5〕《祝青年群学习会》,上海《大公报》1950年6月9日第6版。

〔6〕陶云洲、赵椿荣:《从"青年群各界学习小组代表联谊会"到"青年群学习会"》,上海《大公报》1950年7月14日第6版;《本报青年群学习会深入里弄展开宣传》,上海《大公报》1950年7月3日,第2版。

负责文教工作及工人夜校的教学,甚至希望学习会举办第二期学习班时"能够允许他们来听报告"。[1]青年群学习会在上海已是小有名气。

三、"问题讨论"中的正确引导

《青年群》在致力于"学习小组的事业"的同时,也密切关注各界青年的思想动态,通过《问题讨论》栏目,答疑解惑,帮助他们纠正在政治学习过程中的各种错误倾向,提高他们的政治思想觉悟。

新中国成立后,上海青年学习政治的热情更加高涨,如复旦大学、交通大学、上海医学院等高校的政治大课堂总挤满了学生,"点名单积起来一大叠","绝大多数同学都热望进步,热望学习"。[2]但是,有些理、工、医科的学生认为"自然科学是超政治的,共产党也好,国民党也好,只要有技术上的修养,就可以为人民服务,为自己立功立业"[3],"政治是搞政治的人应该学习的,为什么会加到我们读理工的肩上来"[4],对政治学习有抵触情绪。复旦、交大等学校的学习小组曾为此展开讨论,并达成共识:政治学习和业务学习是整个学习的两个方面,只有通过政治学习,建立起新的人生观,才能提高业务学习水平,更好地为人民服务。如果仅凭技术和工作热忱,而没有正确的政治认识,就容易被反动派利用,为害人民。[5]《青年群》除对此跟踪报道外,还发表署名"斯民"的《切切实实学会本领》一文,帮助青年正确理解《人民日报》五四社论关于"青年要精通业务,掌握科学技术"的口号。该文指出,在全国基本解放、经济建设已成为中国人民首要任务的新形势下,青年人应在学校里或工作中,在整个社会的大变革中勤奋学习,要注意反对"纯技术观点"和"纯政治观点",把业务学习和政治学习结合起来,在树立为人民服务的思想、服从政治方面的大原则下,熟练地掌握技术,精通业务,成为建设新中国的主力军。[6]

该文发表不久,《青年群》便收到一位青年职工蒋芰的来信。蒋在一家私营纺织厂从事账务助理的工作,因认为国家的建设"需要无数技术家",而事务工作

〔1〕 赵椿荣:《青年群学习会》,《工作与学习》第8期,1950年9月15日,第3—4页,北京市档案馆藏,档号:043-001-00278。
〔2〕 左步青:《上海学生卷入政治学习的狂潮》,上海《大公报·青年群》第27期,1949年12月11日。
〔3〕 翼伦:《我怎样改变了纯技术的观点》,上海《大公报·青年群》第29期,1949年12月25日。
〔4〕 华田:《谈政治学习与业务学习》,上海《大公报·青年群》第28期,1949年12月18日。
〔5〕 胡野鹤:《政治学习与业务学习》,上海《大公报·青年群》第27期,1949年12月11日;华田:《谈政治学习与业务学习》,上海《大公报·青年群》第28期,1949年12月18日;《问题讨论》,上海《大公报·青年群》第44期,1950年4月16日。
〔6〕 斯民:《切切实实学会本领》,上海《大公报·青年群》第48期,1950年5月7日。

没什么作用，便到一所纺织补习夜校学习"棉纺"，可是学"棉纺"需要配合学习数学和机械制图等，他文化根底差，深感机械制图难学而失去兴趣。他对政治很感兴趣，但又觉得不能脱离业务而专门研究政治，近来因为学习政治、自修时事，反耽搁了技术功课。他对此深感苦恼，希望得到"斯民"的指点。[1]"斯民"当即回信指出，新中国的建设需要各行各业的人才，事务性工作同样可以为人民服务，同样需要精通业务，蒋如果能够熟练地掌握账务工作或会计工作，就不会是"什么都能做，什么都不精"的人了。蒋到夜校学习"棉纺"，帮助自己深造，是值得肯定的，但不要因为难学而气馁，要学习《钢铁是怎样炼成的》一书中保尔·柯察金在双目失明的情况下仍练习写作的精神，坚持必有收获。"斯民"告诉蒋，政治学习并不需要占用太多时间，看报纸、参加工会工作和群众活动，都是学习政治、改造自己的机会。把政治学习渗透到工作和生活中去，联系实际，就可以收到好的效果。[2]署名"水青"、"解平"的两位读者也分别致信蒋芰，批评他过于强调"兴趣"对学习和工作的重要性，并鼓励他合理分配时间学习政治，树立新的世界观、人生观，明确自己所从事的工作或学习是为了参加新中国的建设，是为人民服务，从而培养兴趣，克服学习中的困难，或成为事务工作的"专家"。[3]蒋芰读了三人的信件后，对他们的帮助深表感谢，并检讨自己错误思想的根源在于"个人主义"作祟，没有将人民大众的利益放在个人利益的前面，决心今后加强学习，真正树立为人民服务的思想。[4]

与蒋芰曾因轻视账务工作的价值而苦恼的情况类似，冯麟、朱健华、范志宏等一家小商店的店员，因担心自己的工作不能适应新中国建设的需要而"感到苦闷"。他们向《青年群》求助解答两个问题：一是没有什么技能而文化水平又低的店员，将来有出路和前途吗？二是一个水平低的店员应该怎样在现有基础上努力提高自己？[5]《青年群》随即对此展开热烈讨论。一位署名"亢宗"的读者指出，新中国的建设不仅需要一定数量的技术人员，同样需要大量的事务工作者，青年店员应该通过组织学习小组、阅读报纸等方式，学习新民主主义的工商政策，了解新中国工商业发展的前途，提高政治觉悟，就会对店员职工的前途和任务充满信心。同时，青年店员要改变旧的雇佣观念、旧作风，改变"做一日和尚

---

〔1〕 蒋芰：《彷徨在学习的歧途》，上海《大公报·青年群》第49期，1950年5月14日。

〔2〕 斯民：《谈政治学习和技术学习》，上海《大公报·青年群》第49期，1950年5月14日。

〔3〕 解平：《谈工作兴趣学习》，水青：《我们应该彷徨吗》，上海《大公报·青年群》第50期，1950年5月22日。

〔4〕 蒋芰：《加强学习，纠正缺点》，上海《大公报·青年群》第52期，1950年6月5日。

〔5〕《没有技能而文化水平又低的店员将来有出路和前途吗》，上海《大公报·青年群》第33期，1950年10月13日。

撞一日钟"、"墨守成规不求进步"等陈旧思想，以新的主人翁态度，培养正确的为人民服务的工作作风，进而发挥学习的积极性，提高自己的业务技能。[1]署名"蕴廉"的读者也表示，新中国是以广大人民做主人的，革命是为了广大人民的利益，因此个人的前途是与国家的前途、革命的前途紧密结合的。只要认识到自己的工作是整个革命事业的一部分，自己的所作所为能符合人民和革命的利益与要求，则不论做大的或小的工作，都是忠诚的革命工作者，都是为革命、为人民服务的。[2]读者"费惺"、"枫"、"效平"等人或以自己的思想转变经历为例，或以"六十八位店员志愿赴朝鲜参战"的事迹，鼓励冯麟等人参加工会、团支部组织的业余夜校或学习小组会，参加宣传防疫、劝募寒衣等群众活动，树立工人阶级的立场和为人民服务的思想，提高自己的文化和业务水平，为新中国的建设做出应有的贡献。[3]通过讨论，青年读者们一致认为，没有技能而文化水平又低的店员"只要能坚持学习，在学习中进步，把个人前途和革命的前途结合起来"，将来是有前途的。《青年群》的编者们不禁为"青年店员同志们的共同有了这一正确的认识而欣喜，而鼓舞"[4]。

如果说蒋芟、冯麟等文化程度较低的职业青年多囿于工作方面的思想困惑，那么知识青年的思想问题要复杂得多。阿钧是一所女子中学高三学生，父母经营一家小型烟纸店，她想走上改造自己为人民服务的大道，曾打算报考"军大"，并顺利通过了东北招考财经干部的考试，但因父母亲的反对而放弃。她没有勇气冲破家庭的阻挠，为此悲观失望，自觉"活在世上毫无用处"。[5]王瑛曾是一位进步青年，解放后因为到台湾工作的恋人不能回来，而消极厌世，并放弃了考取某部文工团和去东北工作的机会。她从前爱看鲁迅、高尔基的作品，现在只看《红楼梦》，终日以泪洗面，并说："爱情的归宿是死亡，只有林黛玉、贾宝玉才懂。"[6]余真出身于医生家庭，读过不少资产阶级唯美主义的书籍，向往书中可爱的人物与故事，孤芳自赏，但又经不住都市物质生活的吸引，"久被困于灵肉分歧的痛苦中，徘徊在两种迥异的情感生活中"。解放后，她在报上看到谈唯物思想、小资产阶级性格、战斗生活的文章，决心改造自己，但她平常与同学交往少，自觉生活圈子狭小，找不到去群众

---

[1] 亢宗：《坚持学习，提高自己》，上海《大公报·青年群》增刊第36期，1950年11月3日。

[2] 蕴廉：《个人的前途要与革命的前途相结合》，上海《大公报·青年群》增刊第37期，1950年11月10日。

[3] 费惺：《在学习中进步》，枫：《精通业务成专才》，效平：《为梁仁达同志报仇》，上海《大公报·青年群》增刊第36至38期，1950年11月3日至17日。

[4] 编者：《学习——进步的途径》，上海《大公报·青年群》增刊第38期，1950年11月17日。

[5] 夏浩：《怎样使阿钧去工作》，上海《大公报·青年群》增刊第22期，1950年7月21日。

[6] 《"爱情的归宿是死亡"？林黛玉、贾宝玉才懂得爱吗？》，上海《大公报·青年群》增刊第24期，1950年8月4日。

中的道路,不知去哪里接受教育和改造。[1]三位知识青年的困惑经《青年群》曝光后,立刻引起了读者们的热烈讨论。讨论者来自上海、南京、武汉、北京、南昌、沈阳等多个城市,包括青年工人、学生、革命干部、教师、家庭妇女、学徒等。他们建议阿钧多学习革命理论,摆脱狭隘的家庭情感的束缚,在实际工作中锻炼、改造自己。"只要你全心全意的愿为人民服务,认识到为什么要为人民服务,那么用耐心说服的方法是可以沟通爸妈的思想的。"[2]他们告诫王瑛"恋爱不是至高无上的超人生超社会的",恋爱之外,人生还有更多的事情和更大的责任,新社会中的爱情不仅仅是为了男女私情,更是为了革命事业相互合作,为服务社会、服务人民而共同努力。[3]他们鼓励余真克服小资产阶级的孤僻、清高思想,正确认识"到人民群众中去"的目的既是为了改造自己,同时也是为人民服务,要和周围的同学一起学习、打成一片,就可以找到"到人民群众中去"的道路。[4]《青年群》则总结分析了小资产阶级知识分子存在"自由散漫的生活"、"不切实际的空洞思想"、"中间路线的苦闷"以及"轻视工农群众,缺乏劳动观点和群众观点"等缺点,号召他们加强政治学习,虚心、诚意地接受无产阶级的领导,把自己改造成为一名全心全意为人民服务、为革命事业服务的坚强战士。[5]

经过讨论,不少青年读者的思想面貌焕然一新,王瑛不再厌世苦闷,决心"把男女间的爱,扩大到爱祖国、爱人类","走到为人民服务的道路上去"。[6]阿钧则在学校老师的帮助下,远赴父母亲并不支持她去的哈尔滨外国语学校。[7]一位署名"包华"的读者曾因为不忍离开父母,对是否接受离家较远的革命岗位犹豫不决,但在看过"阿钧问题"的讨论后,毅然投入革命队伍。另一位署名"警钟"的读者则通过"王瑛问题"和"阿钧问题"的讨论,改变了过去消极的人生观,积极参加厂里的活动,并认识到"恋爱和结婚同样不能脱离劳动",不再嘲笑女同事结婚后留厂工作是她丈夫没出息,"没钱让妻子享受"的表现。"警钟"称赞道:"'问题讨论'

---

〔1〕余真:《请指示我到群众中去的道路》,上海《大公报·青年群》增刊第28期,1950年9月1日。

〔2〕苦楚:《搞好家庭关系——贡献给"阿钧"样的朋友》,警钟:《一个纱厂女工给阿钧的信》,上海《大公报·青年群》增刊第23期,1950年7月28日。

〔3〕王重稼:《爱情不是浪漫的幻想,而是现实生活的一部分》,孤云:《终于我站起来了——献给王瑛同志》,上海《大公报·青年群》增刊第25期,1950年8月11日。

〔4〕仇痕:《丢掉幻想,正视现实,到群众中去的道路就在眼前》,上海《大公报·青年群》增刊第30期,1950年9月15日;于迥:《只要好好地生活,你就会找到群众中去的道路——给余真的一封公开信》,上海《大公报·青年群》增刊第31期,1950年9月22日。

〔5〕编者:《从余真问题谈知识分子改造》,上海《大公报·青年群》增刊第32期,1950年9月29日。

〔6〕王瑛:《从不健康的爱情生活中解放出来——敬答鼓励教育我的青年朋友们》,上海《大公报·青年群》增刊第27期,1950年8月25日。

〔7〕《夏浩同志的来信》,上海《大公报·青年群》增刊第23期,1950年7月28日。

引起广大青年朋友的热爱和关切，它教育了大家，教育了我。"[1]这无疑是对《青年群》工作的充分肯定。

四、《青年群丛书》的结集出版

1950年7月10日，上海《大公报·青年群》在创刊周年之际，指出："一年来，《青年群》在内容上获得了一些成绩，主要表现在：帮助各界青年的朋友进行学习，交流建立学习小组经验，介绍思想改造实例。"[2]的确，《青年群》自创刊起就陆续开办"青年自白"、"生活与思想"、"检讨大会"、"青年在战斗中"等栏目，通过"介绍思想改造实例"以促进各界青年的思想转变。是年3月19日，《青年群》还举办"我的思想转变"、"青年战斗生活"的征文活动，截至4月17日，共收到稿件476篇，计190万字。作者来自苏、浙、皖、赣、湘、闽、冀等14省90余县市，但以上海本市居多，占总数的45%。[3]《青年群》除择优分期刊发外，还精选了部分稿件，结合此前"检讨大会"和"青年在战斗中"栏目所发表的佳作，编成《青年群丛书》，由棠棣出版社出版。

《在战斗中成长》记载了1949年夏至1950年春期间以平、津、沪、宁等地知识青年为主体的"南下工作团"、"南下服务团"、"西南服务团"，分别由南昌至广州、

《青年群》除择优分期刊发外，还精选了部分稿件，结合此前《检讨大会》和《青年在战斗中》栏目所发表的佳作，编成《青年群丛书》，由棠棣出版社出版。《青年群丛书》由《我底转变》、《思想总结》、《在战斗中成长》三本书组成，全面反映了各界青年思想转变的历程。

---

[1]《问题讨论教育了我》，上海《大公报·青年群》增刊第29期，1950年9月8日。
[2] 编者：《共同计划，集体耕耘，将工作提高一步》，上海《大公报》1950年7月10日第5版。
[3]《第二次征文统计》，上海《大公报·青年群》增刊第29期，1950年5月29日。

上海至福建、南京至重庆，经受了酷暑、严寒、疾病、疲劳、饥渴等种种考验，"无论是生活方式、态度、思想、感情，都起了极大的转变"，[1]成为中共顺利解放、接管东南和西南值得信赖的干部。"西南服务团"共计17 000多人，来自上海的青年学生、职工、文艺工作者和技术人员就有4 800余人。[2]"南下服务团"有2 400人，绝大多数为上海各大中学学生和部分职工。[3]从该书对"南下服务团"活动的报道，可一窥上海知识青年思想转变的面相。

"南下服务团"成立于1949年6月，时值上海刚刚解放，成员的入团动机各不相同：第一种是对革命有明确认识，思想上早有准备的积极分子，也是全团的骨干。第二种是无所谓、凭感情参加的占大多数，政治上较模糊，但热情相当高。第三种人则是带个人动机来参加的，"如找职业、找出路、找地位、解决生活问题等"。[4]虽然团部组织了近20天的入团培训，但要改变一部分青年长期养成的旧思想和旧习惯，则还需时日。7月19日，服务团因为一些团员的"自由散漫拖拖拉拉习气"，本来预订早晨5时开车出发，不得不推迟了两个小时，以至于在莘庄遭到国民党军飞机的扫射，4名团员牺牲，14人受伤。团员们从中认识到今后行动"集体化、迅速化"的重要性。8月9日，服务团抵达江西上饶，随即开展了10天的政治学习，首先是学理论，然后结合生活实际，"学习如何用马列主义的方法认识现象"，并以小组为单位开展批判与自我批判，进行"思想意识的全盘检讨"，纠正了"如做客、旅行、寻文学资料、找出路、感情冲动"等不正确的个人动机。在接下来的长途行军中，团员们"体强的照顾体

图为1949年7月3日《大公报·大公画刊》报道南下服务团集中学习的新闻，题为"革命的洪流，冲向南中国"，极具感染力。

---

〔1〕《前言》，大公报青年群编辑室：《在战斗中成长》，棠棣出版社，1950年。
〔2〕朱德振：《壮美的青春——上海青年参加西南服务团史略》，《上海党史研究》1998年第5期，第33页。
〔3〕陈嘉禄：《风雨苍黄记南下——志"南下服务团"成立五十周年》，《上海党史研究》1999年第3期，第17页。
〔4〕商羊：《一支南下的铁流》，见大公报青年群编辑室《在战斗中成长》，第22页。

弱的，男的照顾女的"，上山时相互抢夺着背包，"好些同学从来就是生长在上海的，出门不是电车，便是汽车，而现在也居然一样会走四五十里山路，都觉得超出自己的想象"。一到住宿地点，男团员争抢着去找房子、挑米、挑柴、烧开水，"女同学不甘示弱，组织起了服务部，为同学们洗衣、缝纫、照顾病号"。[1]团员们不仅发扬了高度的团结友爱精神，增强了劳动观念，也进一步提高了思想觉悟。"南下服务团"在离沪前有600名新民主主义青年团团员，"到了铅山后，又举行了第二批七百人的入团仪式"，至福州后，"党、团合计人数已超过全团三分之二以上"。团员们被分配至福建省府、福州市府所属各机关，各地专署及

《青年群丛书》扉页印着一句话：纪念"青年群"创刊周年。

福建人民革命大学，在踏上新岗位之际，他们一致表示："决心在毛主席的旗帜下，全心全意在工作岗位上，为福建一千二百万人民服务。"[2]他们是上海青年思想转变的典范。

《我底转变》和《思想总结》共收录了上海、北京、天津、武汉、南昌、广州等地36位青年的思想改造自述，其中上海青年14人，其思想转变的概况列表如下：[3]

姓名	转变前简历及思想	转变经过及转变后思想
冯鹤年	上海学生，恨国民党腐败，对共产党也无好感，认为"国共之争"是两个政党互相争权夺利而已，不支持学生运动。	目睹解放军军纪严明，共产党干部艰苦朴实，并迅速恢复上海经济，心生敬佩。经过马列主义、毛泽东思想的学习，认识到共产党才能救中国。
束夷	1947年入上海电影界，著名女演员，爱慕虚荣，追求名利，被观众视为"黄色明星"，解放后为找出路，考入华东人民革命大学。	在"革大"经过4个月的政治学习、劳动锻炼，后到"上影"出演《红旗歌》中的大梅，体会到工人阶级的思想感情，决心成为"人民的好儿女"。
刘琼	著名男演员，崇拜美国物质文明，个人主义思想严重，对共产党"既无认识也不想认识"。	目睹共产党朴素、友爱而有纪律，学习社会发展史，改变过去超阶级、超政治、惟我独尊等思想。《中苏友好同盟互助条约》的签订，改变了他过去的崇美思想。

〔1〕商羊：《一支南下的铁流》，见大公报青年群编辑室《在战斗中成长》，第19—25页。
〔2〕同上，第30页。
〔3〕大公报青年群编辑室：《我底转变》，棠棣出版社，1951年，第20—29、60—78、100—129页；大公报青年群编辑室：《思想总结》，棠棣出版社，1950年，第47—53、61—72、116—120、124—133页。

（续表）

姓名	转变前简历及思想	转变经过及转变后思想
周行	中学生，读过一些进步书籍，对马列主义有所了解，曾组织学生运动，但因骄傲自大，失去同学们的支持和拥护而失败。	到苏北解放区亲见共产党深受人民爱戴，在"革大"学习党史、社会发展史，参加劳动生产、开垦荒地，树立了革命的人生观，克服了此前的个人英雄主义和小资产阶级的清高思想。
怡冰	舞女，讲究打扮，自认为"一个花瓶，玩物而不自觉"，曾因参加舞女请愿运动而被警察局关押。	目睹新政府工作人员刻苦廉洁，社会欣欣向荣，从报纸上对中国革命有所了解，后到一托儿所工作，参加政治学习，从劳动中改造自己，树立新的人生观。
岭	高中生，崇拜古代英雄，想成为一个"人上人"，自高自大，很难与同学和睦相处。	解放初参加了反银元斗争的运动，暑假里阅读革命书籍，后参加校学生会，并任学习小组长，确立为同学服务等群众观点，从个人英雄主义中解放出来。
陈纲	大学生，曾读7年私塾，深受"劳心者治人，劳力者治于人"的影响，曾参加三青团战地服务队，"恼恨共产党"，自认为是爱国分子，参加反苏大游行。	解放区青年的朝气，中共迅速打败国民党、恢复铁路通车、签订平等的中苏条约的事实，使他深受震动，学习中共政策、历史唯物主义，决心为人民服务。
鹭	中学生，自私自利，对革命认识不清，认为解放上海是"自己人打自己人，结果倒霉的还是老百姓"。	参加学习小组，学习革命理论，并参加保卫世界和平大游行等运动，逐渐树立革命的人生观，决心克服个人英雄主义思想，"更好的为人民服务"。
白丁	新闻工作者，梦想出人头地，曾发表反蒋反内战言论，解放伊始，因所在小报社被停刊而失业。	参加学习小组和新文化学习班，曾不满同学水平低、领导不让他当学习组干事，后经学习革命理论，开展批评和自我批评，树立了革命的人生观。
汪容	毕业于某教会大学，先后在一家商业银行和《东南日报》工作，羡慕西方的生活方式，是一位"生活以追求虚荣享乐为目的"的都市小姐。	解放后在华北"革大"学习半年，认识到"劳动创造世界"，新社会妇女和男人真正平等，不再被当作玩物和花瓶，决心"跟着共产党走"，建设新中国。
申葆清	圣约翰大学女生，向往美国物质文明，爱慕虚荣，举止阔绰，不愿参加学生运动。	经过"革大"4个月的学习，对美帝国主义的本质、男女平等及劳动的意义均有所认识，树立了为人民服务的思想，被选为"革大"学生代表，团小组长。
李曼	某教会大学学生，不关心政治，言谈举止以"绅士"自居。解放后，因父亲证券号倒闭，失去经济来源，抱着试试看、可解决学费的心情进入华东"革大"。	在"革大"学习期间，起初嫌班主任土气、生活条件差，后经小组讨论，学习革命理论，参加劳动锻炼，认识到过去虚伪自私的错误，树立革命的人生观。
何祚康	受儒家、道教思想的影响，欣赏"高人"、"名士"，信奉中庸之道，大学期间专心读书，认为国民党太反动，共产党太激动，倾向"中间路线"。	解放后考入外国语学校，后调到"革大"，经过政治学习，决心改正落后的封建剥削阶级思想，以个人利益服从革命的利益。

（续表）

姓名	转变前简历及思想	转变经过及转变后思想
奚锡忠	5岁时进美国人办的教会小学读书，初中毕业后曾到无锡地政处工作，因不愿和农民打交道回到上海，贪图享乐，解放初因盗窃被捕，被判三年徒刑。	共产党本着"通过劳动，改造思想"的原则，废除了酷刑，让犯人一边参加劳动生产，一边学习《社会发展史》等，让他确立了劳动观念和新的人生观。

从上表不难看出，这14位上海青年包括学生、电影演员、新闻工作者、舞女和刑满释放人员，解放前多受到中国传统文化教育或西方式资产阶级教育的影响，或爱慕虚荣、贪图享乐，或清高自大、个人主义思想严重。他们多数对中国革命和共产党认识不清，或"恼恨共产党"，或持"中间路线"思想；少数人虽读过一些进步书籍，或发表过反蒋反内战言论，但未曾系统学习马列主义的有关理论，更未与实际相结合，树立为人民服务的思想。解放后，他们目睹共产党廉洁奉公、迅速恢复和发展生产而钦佩不已，通过学习《社会发展史》、毛泽东思想等革命理论，并结合劳动锻炼，逐渐改变过去封建的、买办的、资产阶级的、小资产阶级的思想，确立了为人民服务的无产阶级思想。他们的思想转变在上海乃至全国青年中具有一定的代表性，自然受到广大读者的关注。《思想总结》一书自1950年6月第1版问世起，到1951年3月已发行至第6版。同年9月，《我底转变》则突破至第9版。两书之所以供不应求，一位《青年群》的读者早说得明白："《青年群》里的文字，我最欢喜的是关于青年的改造问题。……看彻了人家的改造过程，再回顾自己，的确自己也存有同样的毛病，他的话好像就是我的话，希望自己也有这样一个改造过程，自'旧我'蜕变成'新我'。"[1]两书正是道出了广大青年对思想转变的心声，而倍受欢迎。

对于1951年秋兴起的知识分子思想改造运动，《青年群》也力图做出自己的贡献，就青年群众如何正确认识和参加运动、改造思想问题发表了不少文章，提出了不少建议。但是，《大公报》正面临严重的经济困境。由于原材料价格上涨、广告业务减少，加之党报享受国家财政补贴及在新闻报道、订阅方面的优先权，作为民营报纸的《大公报》一时难以适应，1952年的发行量锐减至6万份。到1952年10月，报馆合计亏损41多亿元，折合美元约20万元，当年向政府借款总数已超过《大公报》总资产的一半以上。[2]在如此拮据的经济状况下，《大公报》不可能增加对《青年群》的经费和人力投入。1952年1月24日，《青年群》鉴于思想改造运动扩展

---

[1] 编者：《共同计划，集体耕耘，将工作提高一步》，上海《大公报》1950年7月10日。
[2] 彤新春、李兆祥：《20世纪五六十年代〈大公报〉的改组与转型》，《当代中国史研究》第14卷第5期，2009年7月，第93页。

至社会各界，决定改名《大众学习》，以"满足各阶层读者在学习上的要求，广泛反映广大群众在工作、生活上的思想情况"[1]。其中也暗含着扩大报纸销量、减轻经济压力的意图。

　　虽然《大公报》对《青年群》的投入有限，其在1953年北迁天津与《进步日报》合并走出困境后也未再办过类似刊物，但它对解放初期上海青年思想转变的促进作用不容忽视，其教育、改造青年思想的一些好方法仍值得今天借鉴。如宣传青年改造思想的个人经历和体会，"深入到青年的日常生活和工作中去"，帮助青年解决思想问题，提高他们的思想觉悟等。在解放初全国各地学习政治、改造思想的热潮中，一些学校曾"机械地搬用干部教育、党内教育的方法，甚至错误地用'追'、'逼'、'斗争会'、'思想总结'等方式来解决思想问题"，以至于不少学生"反而增加了潜伏的反感，使进一步进行思想教育更加困难"。[2]有的学生"负担极重，神色恍惚，打算自杀，幸亏发现较早而未发生意外"。[3]相比之下，《青年群》受到广大青年读者的喜爱，甚至被认为是上海的报章杂志中青年最热爱读的，其中原因的确值得深入讨论。

---

〔1〕《敬告读者》，上海《大公报·青年群》第134期，1952年1月24日。

〔2〕金凤：《纠正思想改造中的过急偏向，严格遵守共同纲领教育方针》，《人民日报》1950年11月12日，第3版。

〔3〕《中国新民主主义青年团中央委员会关于克服目前新区学生工作中几个偏向的通报》（1950年7月27日），见中共中央文献研究室编《建国以来重要文献选编》第1册，中央文献出版社，1992年，第374页。

一个剧作的生命史：
夏衍版《赛金花》及其文化政治

周永生*

【摘 要】 1935年,在时局与"赛金花热"的影响下,夏衍创作了剧本《赛金花》。剧本搬上舞台后,商业宣传与商业运作使剧作演出大受欢迎,同时也一定程度上改造了剧本,使舞台表演与剧作文本之间出现疏离。由于剧作的讽喻性质,《赛金花》终遭国民党当局禁演。新中国建立后,在新的政治语境下,夏衍版《赛金花》一开始被辩证地评价,至"文革"时期则被批判为"黑标本"。时局、商业与政治评判在夏衍《赛金花》的历程中产生了重要影响,使剧作展示出超出文本的丰富意象和丰富的文化政治意涵。

【关键词】 夏衍《赛金花》剧作 文化政治

【一】 国难当头与剧本创作
【二】 "赛金花热"与夏衍笔下的赛金花
【三】 话剧《赛金花》及其宣传
【四】 政治介入演剧：禁演风波
【五】 新政治语境下的《赛金花》
【六】 小 结
【编稿随笔与图文互动】 青年时期的夏衍 / 清末名妓赛金花 / 1934年版《赛金花本事》/ 1936年《女子月刊》制作的"赛金花特辑" / 1936年著名演员王莹与蓝苹的合影 / 1936年夏衍《赛金花》单行本 / "痰盂事件"的主角张道藩 / 禁止《赛金花》演出的邵力子 / 程十发1960年创作的批判漫画 / 1976年国家文物局整理的揭发江青的材料 / 2005年发行的《夏衍》纪念铜浮雕章

---

* 周永生,男,复旦大学中国近现代史专业硕士研究生。

　　赛金花是清末民初的一代名妓，因其人生跌宕起伏极具传奇色彩，加之近代历史事件推助，自清末以来，"赛金花"不仅是报纸杂志热议的话题，也是学术研究的热点。但先前的研究，多把赛金花置于大的历史事件下，对赛金花历史功过进行评述[1]，或关注赛金花在不同时代的文本书写与形象塑造、社会性别与历史记忆等。[2]以夏衍的《赛金花》为对象的专门讨论尚不多见[3]，对夏衍的创作动机、《赛金花》搬上舞台所作的宣传、演出影响与剧作命运的关注就更少。笔者认为，认识夏衍的《赛金花》应超越单纯的文本解读，将文本置于时代环境下，参照各方关系重新审视，或可探究其中蕴藏的丰富的文化政治意蕴。

一、国难当头与剧本创作

　　夏衍，本名沈乃熙，字端先，他的《赛金花》剧本创作于1935年下半年。在《文学》1936年4月第6卷第4期上刊发后，引起读者强烈反响。

（一）离群索居，写作《赛金花》

　　关于夏衍版《赛金花》[4]的创作动机，以往的论述是，在日寇的侵略威胁下，夏衍为了讽刺国民政府的投降外交，创作了话剧《赛金花》。进一步梳理史实，我们发现夏衍创作《赛金花》时面临的环境比较复杂，有许多问题需要重新审视。

　　1935年秋，上海第三国际远东情报局遭到破坏，已是"左联"核心成员的夏衍

─────────────

[1] 将"赛金花"与大的历史事件联系起来，其典型是义和团运动中"赛（金花）瓦（德西）"公案的研究，如魏绍昌1982年在其《浦江漫谈》中所写《关于赛瓦公案的真相——从曾朴〈孽海花〉说到夏衍〈赛金花〉》一文。对赛金花的功过评述也是先前学者的关注重点，张秉仁发表在1951年《新史学通讯》上的《对赛金花的再认识——从"武训传"学习想起》一文，即属此类。

[2] 刘良的《彩云一曲唱到今》分晚清、抗战、当代三个时期对赛金花的文本书写进行了概要式的梳理（硕士学位论文，华东师范大学，2009年）；而王奎君《历史·文学文本·文学价值——以赛金花题材文学作品为个案》，则对不同时代文本中赛金花的形象塑造与文学价值进行了考察（博士学位论文，暨南大学，2001年）；侯杰、王晓蕾《记忆·文本·性别——以20世纪30年代赛金花为中心》，该文围绕集体记忆与社会性别，探讨了20世纪30年代战争环境下性别身份建构的个人选择与社会选择问题〔《郑州大学学报（哲学与社会科学版）》2011年第3期〕；黄维政：《赛金花：一个世纪的书写》，该论文分别考察了晚清民初、20世纪30年代、90年代关于"赛金花"的书写情况，以"赛金花"为对象，注重文本书写与文化生产方式的分析（硕士学位论文，北京大学，2003年）。

[3] 除以上提到的这些研究，对夏衍的《赛金花》各界早有关注，《赛金花》自发表后就评述不断，详见1980年荆州师专图书馆编《〈赛金花〉及其评论》。以夏衍《赛金花》为对象的研究，多从文学评论的角度出发评价《赛金花》，如王锺陵《夏衍的历史剧创作及其争论的理论实质》（《江苏社会科学》2005年第6期）；刘婉明《Allegory的陷阱——夏衍话剧〈赛金花〉中的"讽喻"与"笑谑"》（《戏剧文学》2011年第9期）。与此相比，笔者认为将夏衍的《赛金花》放入社会与历史语境下进行考察可以展示不同于单纯文本分析的意涵。

[4] 本文中，如无特殊提醒，《赛金花》即指夏衍版《赛金花》，特此说明。

受到国民党军统追捕，躲藏在卡德路（今上海石门二路）一家小公寓里，并放出话"沈端先已去日本、北平避难"[1]。他在那里住了三个月，就在这段时间，开始写作他的第一个多幕剧《赛金花》。

谈到创作动机，夏衍后来在其回忆录《懒寻旧梦录》说道："一是'闲来无事'，二是'何梅协定'和'冀东事件'连续发生，国民党实行'叩头外交'（这个词，我记得最早是在天津的一家报上看到的），再碰上报上看到了赛金花晚年潦倒的新闻。于是我就想用'赛金花'这个题材，写一个讽喻剧，来讽刺一下当局的屈辱外交。"[2]

以上材料中提到"讽刺一下当局的屈辱外交"的说法是夏衍晚年的追述，此时的夏衍追忆此事时所处的环境比创作剧本时开放了很多。在1936年关于《赛金花》的一篇报刊回应文章中，夏衍则这样诉说他的创作缘由：

图为青年时期的夏衍。夏衍（1900—1995），原名沈乃熙，字端先，中国新文化运动的先驱者之一，杰出的文艺家、社会活动家和电影艺术家。代表作有电影剧本《狂流》、《春蚕》，话剧《秋瑾传》、《上海屋檐下》、《赛金花》及报告文学《包身工》，改编创作《烈火中永生》、《祝福》、《林家铺子》等电影剧本。《赛金花》是他以"夏衍"笔名创作的第一个作品。

　　去年深秋，我在一个北国的危城里面困处了两个月之久，在当时的那种急迫惶遽，可也点缀了不少喜剧材料的空气里面，我惊异地发现了李伯元三十年前在《官场现形记》中所描写的人物，依旧还活生生的俨然存在我们的前面；我将这种印象讲给居停的房主人听，他很兴奋地和我讲述了三十七年之前他所经历过得庚子战后的情景。对于这种毫不思索地可以唤起的"联想"，自不免有了很多的感慨，于是我就想以摘露汉奸丑态，唤起大众注意，"国境以内的国防"为主题，将那些在这危城里面活跃着的人们的面目，假托在庚子事变前后的人物里面，而写作一个讽喻性质的剧本。[3]

上文的叙述，要比追忆中所讲的"讽刺一下当局的屈辱外交"丰富得多。在这段叙述中，夏衍不说自己在上海，而说在北国的一个危城中，又说自己听房东讲庚子战后的情景，让人以为他创作剧本时在北平。时值夏衍这个笔名刚使用不久，这

〔1〕 会林、绍武：《夏衍传略》，《夏衍研究资料》，中国戏剧出版社，1983年，第6页。
〔2〕 夏衍：《懒寻旧梦录》，《夏衍全集》第15卷，浙江文艺出版社，2005年，第173页。
〔3〕 夏衍：《历史与讽喻——给演出者的一封私信》，《文学界》1936年第1号，第233—234页。

让很多当时的文坛人物误以为他是一位新进的作家。可见时局维艰，夏衍处境殊为不易，不能借用先前累积起来的声名来扩大剧作的影响力，我们就不难理解夏衍用大热话题人物赛金花进行创作的缘由了。

（二）作为"双刃剑"的"国防戏剧"

"国防文学"是上海文艺界在1935年末1936年初提出的一个口号，戏剧界也因此提出了"国防戏剧"的号召。夏衍作为"左翼"成员之一，民族危机下激发了强烈的个人民族责任感，由是，以"国境以内的国防"为主题，创作剧本《赛金花》，以唤醒大众注意。他在《历史的讽喻》一文中，毫不含糊地指出，剧本是呼应"国防文学"，讽喻汉奸的顺应时势之作。

当时的主流剧作家对于《赛金花》剧本，给予了相当大的赞誉，也承认了其为杰出的"国防戏剧"。在叫好声中，夏衍曾接到有志于将剧作搬上舞台的导演的来信，公开刊发的《历史的讽喻》中隐去了来信者的姓名。但是他的疑惑应该是很有代表性的，这是夏衍公开复信的一个原因，他在信中提到，夏衍"不曾充分剖析义和团发生的原由"[1]。剧作家凌鹤和尤兢对作者关于义和团的描写也极为不满，批评作者只是"写了几个混蛋"，"说了些强盗的话"，看到了他们的封建迷信一面，原始民族主义一面，而未提及反帝爱国的主题。[2]夏衍在文章中提及的"农民暴动"、"无组织的乌合之众"的语气，足以暴露夏衍对于义和团运动的评价不高。

田汉的评论文章《庚子事变与赛金花》讲，他在写作时并未看过《赛金花》，而是"姑且就我所晓得的关于赛金花背后暴风雨般的发展着的那个时代写一个小小的观察"，接下来，他讲道："作为'国防文学'来写赛金花，我以为主要的是应该把握庚子事变的本质。"

按照"国防戏剧"的主题，应该突出庚子事变中帝国主义的丑恶嘴脸、义和团英勇的反帝斗争，然而，夏衍的剧本完全没有对此进行铺展，这就模糊了主题的表达，没有达到反讽时局的预期目的。这些缺点不是剧本本身的问题，而是评论界先入为主的思维局限，从田汉未看剧本而武断地将《赛金花》定义为"国防戏剧"可见一斑。

因此，夏衍对《赛金花》剧本的创作目的，晚年比当时叙述更加翔实，这可以看成一种"层累"的过程，但也可看出这与当时的时局以及所处境况不无关联，是夏衍作为当事人对时局的自保性质的应对。但在另一个问题上同样显示了时局对其

---

[1] 夏衍：《历史与讽喻——给演出者的一封私信》，第233页。
[2] 诸家：《〈赛金花〉座谈会》，《文学界》1936年第1号，第229页。

产生的影响。《赛金花》发表后，剧作文本随即进入公共领域，供戏剧界以及普罗大众来审视和评判，而评判话语借助时局以及"国防文学"风气加以发挥，在某种程度上，这是《赛金花》广受赞誉的一个重要原因，但这与剧作本身却是疏离甚至是背离的，而剧作家在某些时候也不得不在某种程度上附和公众评论，这也加深了评论语境与剧作文本之间的张力。

二、"赛金花热"与夏衍笔下的赛金花

夏衍选择赛金花一是出于机缘巧合，更重要的原因恐怕是作者深谙文学作品的宣传效果与阅读市场的培养之道。

（一）报刊媒介中的赛金花报道

夏衍关于《赛金花》的写作，如果仅仅归结于作者有感于民族危机加深，国将不国的艰难时局，或不能让人信服，在这种建构的民族国家话语下，不可避免地将个人的意愿给掩盖了，也不能回答一个重要问题：夏衍为什么要选择"赛金花"这个人物来创作话剧呢？

夏衍在《懒寻旧梦录》中讲到的创作原因之一，就是碰巧"报上看到了赛金花晚年潦倒的新闻"，这可以看出赛金花是当时炙手可热的话题，也可感受到夏衍对宣传的敏锐嗅觉。夏衍是看到了关于赛金花的报道后，才有创作剧本的念头。按照茅盾的说法，应该是"企图以这昔年名噪南北官场的女人，作为号召观众的幌子"。但是，1930年代的赛金花已入暮年，生活穷苦潦倒，她又是如何成为号召观众的幌子的呢？

赛金花（1870？—1936），原名赵彩云，清末名妓。她的故事，小说《孽海花》和《九尾龟》中有描写，也有学者根据其口述写就了传记。1935年，夏衍创作了多幕话剧《赛金花》，来讽喻当时国民政府屈辱妥协的外交政策。

1930年代寓居北平陋巷的赛金花，孤寂地只剩余生，然而她却被人吹净层尘，黄花重绽了。当时的报刊对赛金花的报道，可谓不厌其烦、不厌其细。此番情形，《申报》的一篇报道描述得惟妙惟肖：

> 关于赛金花之最近消息及其为人种种情态，自两年前经某小报发现其尚在人间困居春明以后，各报记者以其为关系中国一段兴亡史实之有

名女子,遂纷纷访问,不断记载。每遇新闻平淡,消息枯窘之际,即将赛氏请出,缕缕述其谈话,详其起居,故赛金花三字,三年来已成新闻界常年借用之必需题材,不逾二旬,各报必发现一次。[1]

图为1934年版《赛金花本事》的封面及版权页。这本本事由刘半农和他的学生商鸿逵根据赛金花本人口述整理而成,可看作赛金花本人的口述自传。比照《赛金花》与《赛金花本事》,我们不难发现,夏衍剧本中的诸多内容与《赛金花本事》相仿。尤其是赛金花与瓦德西交往、庚子事件中的赛金花等内容,与《赛金花本事》别无二致。刘半农为中国民俗学的开拓者,商鸿逵后为北京大学历史系教授,明清史专家。

查阅当时的报刊,此言不虚。报纸标题如《吴佩孚赠赛金花十金》[2],《韩复榘资助赛金花》[3],《赛金花秘方医人》[4],关于赛金花的细枝末节、鸡零狗碎频现报端,为的就是吸引眼球,制造舆论。很多报道几无新意,却在各个报纸版面上频繁出现,反复炒作。

上文已提到,夏衍能够创作《赛金花》,正得益于报刊记者对赛金花如上这般的挖掘。而且当时不只夏衍一人受到报刊报道的影响。后来也创作《赛金花》剧本的北平剧作家熊佛西,在剧本自序中也说到:"……我到两广游历回来,也是翻阅旧报见着一段新闻,大意是说赛金花欠了房东的租金,已被告于地方法院。……过了几天我和一对新婚夫妇去逛天坛,……从天坛出来,在天桥买了一份小报,又看到赛金花病重的消息:大意说蛰居居仁里十六号的赛金花,近因老病多舛,年事已衰,染便血之症,已三日不进饮食云云。"[5]

不仅报刊充分利用了赛金花的话题来充实版面,嗅觉灵敏的商人更捕捉到了浓郁的商机。1933年,赛金花因《实报》社长管翼贤的报道而再度"走红","赛金花"三个字的商业价值越发被满腹生意经的商人看重。地处北京的商人近水楼台先得月,据载:"北京南城,有一家新开业的饭馆,请赛氏参加典礼,作为广告宣传。

〔1〕《赛金花之一生》,《申报》1934年11月17日第9版。
〔2〕《吴佩孚赠赛金花十金》,《申报》1936年10月2日第4版。
〔3〕《韩复榘资助赛金花》,《申报》1936年10月24日第4版。
〔4〕《赛金花秘方医人》,《北洋画报》1934年第1166期第2版。
〔5〕熊佛西:《赛金花》,北平实报社,1937年,《自序》第3页。

北京旧刑部街哈尔飞戏院，有人藉赛氏名字演戏，事先在各报遍登广告，有赛氏本人登台演说的节目，票价最高五元。"[1]

民国年间，阅读报刊已经成为时人获取信息的重要渠道，人们对外部发生的事情尤其依赖报刊的报道。大肆炒作赛金花的新闻风气，对夏衍的创作有何影响，而今已难确知，但有两点可以肯定。其一，报刊报道让夏衍注意到了"赛金花"，向他传递了有关赛金花的资讯，这在《懒寻旧梦录》中亦有提及；其二，报刊报道和炒作提高了一般民众对赛金花的知晓度，尤其在远离北平的上海，这种影响更为明显，剧作出版之前"赛金花"已是大热话题，这种浓厚的公众兴趣对后来《赛金花》剧作的成功发挥了重要作用。

房东对庚子事变不假思索的联想，或许确有其事，只是北平的房东应实指上海卡德路的房东。从这个联想中，夏衍向我们透露了一个重要信息：赛金花传奇的人生经历使之成为街头巷尾的话题人物，她对普罗大众具有相当的吸引力。

（二）夏衍笔下的赛金花形象及其引起的争议

赛金花人生经历传奇，故事跌宕起伏，颇受文人青睐，或为其做传，或以其为小说主角。夏衍在《赛金花》的附言中提及："剧中事件关于赛金花部分者，大约取材于刘复（刘半农）的《赛金花本事》，曾孟朴的《孽海花》，虞麓醉髯的《金花传》等。"[2]他在《〈赛金花〉余谭》一文引述了吴趼人的《赛金花传》、樊樊山的《前后彩云曲》、詹垲的《花史》、李伯元的《南亭笔记》、铁屑的《中国大运动家沈荩》等。[3]夏衍写作《赛金花》的灵感可能来自报刊报道及公共兴趣。那么夏衍要将赛金花塑造成如何面貌呢？剧作发表之后，夏衍于1936年6月在《文学界》创刊号中写道：

> 高居庙堂之上，对同胞昂首怒目，对敌人屈膝蛇形的人物，从李鸿章孙家鼐一直到求为一个洋大人的听差而不可得的魏邦贤止，固然同样的是作者要讽嘲的奴隶，就是肉体博取敌人欢心而苟延性命于乱世的女主人公，我只当她是这些奴隶中的一个……我不想把女主人公写成一个民族英雄，而只想将她写成一个当时乃至现在中国也还存着一切女性所有弱点的平凡的女性。我尽可能以真实地描写她的性格，希望写成她只是因为偶然的机缘而在这悲剧的时代里面串演了一个角色。不过，我不想

---

[1] 瑜寿：《赛金花故事编年》，亦报社，1951年，第38页。
[2] 夏衍：《赛金花》，《文学》1936年第6号，第590页。
[3] 夏衍：《〈赛金花〉余谭》，《女子月刊》1936年第9期，第58—59页。

掩饰对于这女主人公的同情，我同情她，因为在当时形形色色的奴隶里面，将她和那些能在庙堂上讲话的人们比较起来，她多少的还保留这一点人性！[1]

1936年女子书店出版的《女子月刊》第四卷第九期"革新号"制作了"赛金花特辑"，刊登了夏衍的《〈赛金花〉余谭》和田汉的《庚子事变与赛金花》等一组文章。

文章中表示庙堂人物、求官者以及主人公赛金花都是乱世奴隶，作者只想将这"愿为奴隶和顺民的人们加以讽刺"，这是作者的基本态度，明确讲赛金花是讽喻对象的一个。

然而，随后在《女子月刊》的"赛金花特辑"中，编者就读者关心的问题提问夏衍，其中有一个问题就是"作者对于女主人公的态度"，夏衍没有回避这个问题，他先是重申了先前的观点，并且讲那是"一次'不逊'"，并讲道，虽然所有赛金花的传记作品都认为赛金花是"一泓祸水"，不值得同情，但是"我还相信我同情她的理由的正当"，前人指责赛金花的理由主要有三点：一不为洪钧守寡，二是奇装异服，三是以身事敌，秽乱宫禁。前两条在已是民国的当时，不成为责难的理由，而第三点夏衍认为读者"不去责备读书明理，执掌国柄的人物，而一味的要求一个市井妓女去维持民族的尊严，也不能不说是一桩可笑的举动"[2]，夏衍结论是"借赛金花的生平，来讽骂当时的庙堂人物"。因此，在通篇之中，夏衍对赛金花以平凡女性的视角来写作，相对于之前的不逊，此时的夏衍更加直白地表明，对赛金花他完全无责备之意，给予了无限宽容和同情。赛金花只是成为他讽刺当权者的一个重要媒介，而非讽刺的对象，这是语义的重要转变。

夏衍对赛金花的塑造，引起热烈讨论。田汉称赞赛金花是"暴风雨中的一个女性"，"一个时代的龙女"。[3]阳翰笙认为："夏衍先生并没有夸大赛金花的历史作用，把她写成怀有大志的巾帼中的'民族英雄'，更没有夸大她的所谓'淫行艳史'，把她写成一个不可一世的'历史妖物'，他只客观地如实地去描写赛金花的真

---

〔1〕夏衍：《历史与讽喻——给演出者的一封私信》，第234页。

〔2〕夏衍：《〈赛金花〉余谭》，《女子月刊》1936年第9期，第58页。

〔3〕田汉：《庚子事变与赛金花》，《女子月刊》1936年第9期，第74页。

实。"[1]而在另外一些评论家眼中却认为夏衍对于赛金花的同情过多。凌鹤认为对赛金花不值得给她完全的同情。[2]陈明中也认为，对赛金花的刻画，作者给予了太多的同情，对"赛金花我们是要批评的，不要盲目地给以同情"[3]。

赛金花是一个经历传奇的悲剧人物，在还未被创作成为剧作人物之前，她的故事已经为大众熟知，悲剧氛围已经成为一种作者和读者脑海中的"精神遗产"，是历史记忆在现实中的投射与再现，这从她频繁在新闻报道中出现，当时风云人物为其捐助的行动中可以窥得。所以在剧中，作者并未对赛金花有过多的责难，而是"同情之理解"，剧本呈现出来的是"一个活泼，敏慧，刚强而富于反抗心的女性"[4]。夏衍并未成功地对赛金花进行讽喻，所以茅盾说是夏衍的"赛金花的政治的意义实在也就颇觉'微妙'了"[5]，特别是"要在'国防文学'的旗帜下以赛金花为题材，终于会捉襟露肘"[6]。

三、话剧《赛金花》及其宣传

在夏衍的《赛金花》出版不久，即有业余剧人协会要排演《赛金花》。只是后来协会内部因争角闹分裂，以王莹、金山为代表的一拨人从业余剧人出走，另组四十年代剧社。此后不久，主映国产影片的金城大戏院很快与四十年代剧社签订了演出合同，要在上海公演夏衍的《赛金花》。

（一）话剧《赛金花》演出前的宣传战

金城大戏院的《赛金花》广告在《申报》1936年11月14日第6版首次正式刊出，而《赛金花》正式公演要在11月19日进行，提前五天宣传，这要比一般影片戏剧的宣传早很多。拿金城也很看重的影片《生死同心》来说，其在开映前三天广告才见报，由此可

1936年著名演员王莹（左）与蓝苹的合影。此前，王莹在与蓝苹的竞争中胜出，成功出演夏衍版的赛金花，这也为她38年后惨死囹圄埋下了祸根。1967年，在江青的指使下，被"四人帮"诬为"三十年代黑明星"、"美国特务"的王莹和丈夫谢和庚被关进了秦城监狱，在狱中她遭受了长达7年的非人折磨，在她的死亡书上，留下的仅有6742的代号。（叶细细著：《民国女子——此情可待成追忆》，广西师范大学出版社，2009年）

〔1〕阳翰笙：《关于〈赛金花〉》，《女子月刊》1936年第9期，第72页。
〔2〕诸家：《〈赛金花〉座谈会》，《文学界》1936年第1期，第231页。
〔3〕同上，第230页。
〔4〕郑伯奇：《〈赛金花〉的再批评》，《女子月刊》1936年第9期，第70页。
〔5〕茅盾：《谈〈赛金花〉》，《中流》1936年第8期，第449页。
〔6〕同上，第451页。

见金城对《赛金花》寄予之厚望，非同一般。

这一则广告，在中间"赛金花"三个醒目大字的右边，有小字提醒观众"请注意公演地点及时间"[1]，借以引起观众持续关注。

19日演出当天，如何保证《赛金花》演出赢得开门红，是戏院首要考虑的问题，所以金城大戏院在这天的广告上花费的心思最多。首先，这则广告在右上角刊出了赛金花本人为《赛金花》演出题的字："国家是人人的国家，救国是人人的本分。"剧本的原型为演自己的剧作题词，这个行为本身就是个稀罕事儿，金城想借此稀奇来号召观众增加票房。

但是，如果我们对这个题字稍加追索，事情可能更有意思。据编撰《赛金花本事》的商鸿逵回忆，赛金花不能执笔作书，且赛金花本人时在北京将要离世（赛氏逝世在12月4日），这个题字如何产生，似乎是个问题。

另外，在生活书店出版的《赛金花》单行本中，也有同样内容、相同字迹的赛氏题字，不知这个题字到底是为演出而题还是为剧本发行而作。但对金城打广告来讲，这些不是问题，它大可堂而皇之地说"赛金花亲为本剧题字"。

就题字一事而言，一般读者只会将之当真，不会追究此事，而金城大戏院想要的正是这种一般人"当真"而不较真的效果。这种做法使金城大戏院得以宰制人们的社会想象，大有引君入瓮之企图。

看了生活书店11月22日在《申报》上刊登的图书广告，我们才会明了一些，其广告词如下：

> 《赛金花》现在正在上海金城戏院公演，没有看过公演的人，固然应该先看看这剧本，以帮助你对于剧情的了解；看过公演的人，也还得再读一遍，使你的认识，更加深刻。[2]

生活书店刊出这则广告时，《赛金花》正在金城大戏院热演，在这个节骨眼上刊出剧本的广告，可谓恰逢其时。正如生活书店在广告词中说的，不管看没看过公演的《赛金花》，自己出的这部剧本都是应该看的。所以说，生活书店利用自己的杂志，为金城大戏院的《赛金花》发派优待券，也有利己动机在内。借发优待券，金城大戏院想扩大自己的宣传面，而对生活书店来讲，也可以借《赛金花》公演带来的影响力提高剧本的销量，这种合作是一种互惠双赢，双方自然乐意为之。

---

[1]《申报》（本埠增刊）1936年11月14日第6版。
[2]《历史名剧〈赛金花〉出版》，《申报》1936年11月22日第3版。

同日，戏剧出版社的《赛金花的一生》也于《申报》第13版刊发销售预告："本书内附有业余剧社全体演员照片，及公演剧本节目二十余面，欲观赛金花话剧者，如能先读一遍，兴趣当更浓厚。"[1] 虽然这部《赛金花的一生》由戏剧出版社出版，不过发售者却也是生活书店。

图为1936年11月生活书店出版的夏衍《赛金花》单行本。生活书店借话剧即将开演的东风，为图书的销售大造声势。

在19日的广告上大做文章之后，20日形成金城大戏院为《赛金花》在《申报》上刊登的版面最大的一幅广告。这则广告以大号字体声明，《赛金花》是"本院引以为荣并保证观客满意的大贡献"，广告右边一行小字："昨晚戏票未到开演时间即已售罄，今日务请提早购票。"[2]

这种心理战术在21日至23日的广告中仍有实践。广告内容大意即为强调场场客满，观众满意，为免错失观看机会，请读者提早购票之类。从24日开始，另外一部影片《生死同心》的广告版面开始超过《赛金花》，这表明金城大戏院在为下一部影片布局。

25日的广告，金城大戏院宣布《赛金花》只有"今明两天公演"，同时为催升票房再次加柴："本剧以后决不在本埠别家戏院作第二次演出。"[3] 这句话同样出现在26日的广告中，只不过26日强调的是"最后一天开演，弗失仅有机会"[4]。

按照金城大戏院26日的说法，《赛金花》的演出该是最后一天，但事实并非如此。27日金城大戏院宣布《赛金花》延演一天，给出的理由是"各界挽留，续演一天"，并让读者"莫失机会"。[5]

另外，金城大戏院27日的广告也不忘打爱国牌。时值绥远抗战，社会人士为抗战踊跃献捐，如《妇女生活》1936年第10期上就刊出："本社遵守各杂志之一致决议，以本期编辑费稿费之百分之廿为前线将士购备御寒衣物，敬祈本期作者读者诸君注意！"[6]

---

〔1〕《申报》1936年11月22日第13版。
〔2〕《申报》(本埠增刊)1936年11月20日第8版。
〔3〕《申报》(本埠增刊)1936年11月25日第6版。
〔4〕《申报》(本埠增刊)1936年11月26日第5版。
〔5〕《申报》(本埠增刊)1936年11月27日第5版。
〔6〕《本社编辑室启事》，《妇女生活》1936年第10期，第32页。

金城大戏院也在27日的广告中发布与四十年代剧社的共同启事："为援助绥远抗敌将士,动员全体原班人马,多演一日,以收入半数捐绥! 购票一张即有半数送交前方抗敌将士,一举两得,请爱国者踊跃参加共襄义举。"[1]同日,《申报》也为此刊登消息:

> 明星新片《生死同心》原定今日起在金城大戏院公映,上午并柬邀各界试映一场,兹因四十年代剧社与金城共同议定今日续演《赛金花》一日,以全部收入之半数捐助绥远抗敌将士,故将《生死向心》暂缓开映,同时试映日期亦当另行公布,凡收到明星《生死同心》试映券者可不必枉顾。[2]

在获利心理的驱使下,金城大戏院28日再次食言,又将《赛金花》延演一天。当天给出的理由也颇有意思,说是"欲罢不能,续演一天",并声明"只此一天,决不延期"。[3]

通过分析《申报》刊登的广告,不难看出,金城大戏院为宣传《赛金花》所用心机颇多。当然,愿意为《赛金花》作广告宣传的不只金城大戏院,四十年代剧社为《赛金花》的演出成功也有动作。据《申报》报道:

> 四十年代自十一月开始向本市各大中学张贴美术图案的《赛金花》墙报,是项墙报,由新华及美专两校高材生设计绘画,如唐诚、白雪痕、黄华、罗稚华、吴琢琛、王旗、余源、李昌鄂、杜子真、金发荣、王曼括、陈堃、何炳壮,诸君均有精心辉煌之杰作,第一批三十幅业已分发各校张贴完毕。兹因不敷分配,不日将有第二批,分数十幅,以备分发本市各大商号云。[4]

学校与商号是人流集中之所在,同样是潜在观众集中的地方,利用这两个地方开展宣传,"四十年代"可谓颇具匠心。

为《赛金花》广而告之所花的功夫当然不止于此,《申报》上关于四十年代剧社活动的报道,暗地里也推波助澜。进入11月份,《申报》开始对四十年代剧社的

---

〔1〕《申报》(本埠增刊)1936年11月27日,第5版。
〔2〕《〈赛金花〉续演一日》,《申报》1936年11月27日,第21版。
〔3〕《申报》(本埠增刊)1936年11月28日,第5版。
〔4〕《四十年代排演〈赛金花〉动态》,《申报》1936年11月16日,第25版。

备演"情报"重点关注，并集中报道。11月3日《申报》报道了执导《赛金花》之一的大导演洪深抵沪的消息，对《赛金花》演出的布景详加描述。对《赛金花》演出服装的报道更是难掩溢美之词："上自王公大臣，下至仆役佣奴，均由服装股蓝兰一人设计，各种式样系参考吴友如及其他各种清代朝野史乘，由蓝女士以现代审美的科学眼光，精湛设计而成。"同时报道了道具股李丽莲为了一只古式的鼻烟壶专门去城隍庙一带求购的事情。[1]

未几，《申报》再次在《赛金花》的演出服装上作文章，报道了精制旗袍的制作有根有据，声言这些服装是四十年代剧社根据收藏家手中得来的前清妇女、官吏、市民照片精制而成，演员穿着效果很好。

《申报》对演出服装着墨甚多并非没有道理。观众为什么去看《赛金花》，服饰即是一大亮点。在《赛金花》演出后，即有人说："观众为着'赛金花'三个字，为着看满清的服饰与化装而来。"[2]前清距当时虽仅有25年，但前清的服饰对年轻一代以及怀旧人士仍有吸引力。如此看来，《申报》对时人怀古探奇的心理拿捏甚是到位。

话剧演出，舞台构图自然少不了。在《申报》的报道中，导演司徒慧敏带来的七幅舞台全剧构图，让见到的人都说"好得无啥话头"[3]，同时不忘强调此布景由布景大师张云乔制作。

《赛金花》的演出，经过如此一番包装宣传，一个好的剧作形象便被打造了出来。同时，这样的宣传不同于赤裸裸的广告诱惑，而是潜移默化中雨入心田，比广告更易于接受而又不生抵触。在民众由读者向观众的转变当中，这种宣传无疑会发挥重要作用。

（二）宣传的效果及其对剧本的影响

在报纸上大登广告，并大造舆论的《赛金花》，其宣传效果、演出效果与观众的反应如何呢？

看广告的宣传效果，最直观的体现当然是票房。按照金城大戏院方面的说法，《赛金花》的演出是场场客满，观众反映热烈。在《申报》11月23日的广告中，金城大戏院就直呼："卖座盛况开空前未有之惊人纪录！"[4]

撇开金城方面不谈，时人的观察与评价，尤其在《赛金花》结束演出之后，可能

---

〔1〕《四十年代剧社情报》，《申报》1936年11月3日第23版。
〔2〕斐章：《〈赛金花〉演出以后》，《实报》1937年第5期第71页。
〔3〕《四十年代排演〈赛金花〉》，《申报》1936年11月7日第23版。
〔4〕《申报》（本埠增刊）1936年11月23日第6版。

更为客观,斐章在《〈赛金花〉演出以后》一文中说:

> 这个七幕历史巨构,在十数位导演与数十个演员与舞台工作人员的共同努力之下,总算同观众见面了,这次除了招待中外新闻界文化界的第一场而外,整整演了九天,每日两场,其中星期六与星期日还上演三场,差不多每场都是"客满",打破历来话剧上演的纪录。[1]

　　茅盾是夏衍《赛金花》的批评者,同时也是《赛金花》演出现场的记录者。按他自己的说法,他曾亲去观看《赛金花》的演出,批评夏衍打着"国防文学"的旗号而无"历史的讽喻"的实质,所以他说大多数观众没能领略作者"历史的讽喻"的意图,据此批评作品的主旨表达偏颇,表现力不够。茅盾还说:"从笑声中,我感到剧作者所自居的'讽喻'到了观众这边却完全变了质。至于那两次鼓掌,我听了简直有点骇然。"又说:"第四场开头那些小动作似乎是公演时期大多数观众所最赏识的东西。"[2]

　　观众何时笑何时鼓掌,这样的细节也被记录了下来,应该说茅盾的批评为我们留存了现场观众对剧作的反应。从这些记录来看,《赛金花》的演出引起了现场观众的共鸣。

　　然而,《赛金花》到了观众那边真的完全变了质吗?站在演出方的角度看,观众确实在该笑的时候笑了,在该鼓掌的时候鼓掌了,演出现场与观众互动的效果不错。茅盾却将此视为不合主旨之处,将批评的矛头指向剧作者,批评剧作者没有突出主旨,没有让观众领略到"历史的讽喻"。

　　观众的反应,茅盾观察记录得很详细,但他却忽略了演出的商业性。那些笑点当然是经过排演设计的,要迎合观众口味,让观众叫好,这就是商业性演出追求的效果。有这种效果追求,才会有"跟红毛子睡觉,要脸么?"这样的台词。之所以这样说,因为在原剧本中,这段台词并不如此。

　　在原剧本中,魏邦贤要抄赛金花的家时,魏邦贤一手把赛金花推开,指挥差役抄家。两人间的对话如下:

> 魏　把屋子里的东西押起来,(再看公文)归公发卖,抵充凤铃尸亲损害……

―――――――――

〔1〕斐章:《〈赛金花〉演出以后》,第71页。
〔2〕茅盾:《谈〈赛金花〉》,第449页。

赛　什么,我没有犯了抄家的罪,(拦着差役入内房,魏重重地将他扯开)。姓魏的！别威风,有话跟你到孙家鼐那儿去讲,你是什么人,敢……[1]

从剧本的对话来看,里面没有"赛金花骂他是'不要脸的狗',魏反口道,'跟红毛子睡觉,要脸么？'"这样的内容。在剧目被搬上舞台的过程中,为了迎合观众口味,制造卖点,势必对原剧本做出修改,故而有了舞台上的那些台词。

另外,演剧"历史的讽喻"力度不够,也与金城大戏院商业性的宣传有关。在《申报》有关《赛金花》演出的广告中,前三天的广告中还可以看到"以历史来譬喻！用讽刺来警醒！"这样的宣传语,从17日开始,金城大戏院就开始转变策略,对上面的宣传语弃之不用,取而代之的是"七幕历史悲壮哀艳名剧"[2],"三十七年前的一段伤心恨史！名妓赛金花的一生奇遇艳迹！"[3]这种情形的转变直接导致观众的心态是"他们是来看赛金花的",茅盾记录的两次鼓掌都是由赛金花个人命运所触发。[4]

这样一个事例说明,商业化的宣传对作者的写作意图会作扭曲化处理,读者观众从广告那里获得的认知,与作者的真实意图存在差距。

无论《赛金花》"历史的讽喻"到不到位,演出还是引起了部分"观众"对现实的反思。在观剧过程中,虽则对赛金花的关注度较大,但是其讽喻奴隶群像目的,鼓舞民众的爱国热情在某种程度上也得到了体现,尤其是提及聂士成死守国土,决不后退的壮举时"每场演至此都有一阵雷似的掌声"[5]！

自《何梅协定》签订以来,北平及华北所受压力日剧,1936年9、10月间北平的情形已十分危急,人们"每天听到的是××的军队今天在那里演习,明天在那里游行,上空是他们的飞机,路上是他们的兵车"[6]。如此危急的情形下,在观看或阅读《赛金花》后,很多人也就难免产生36年前故事今朝重演的联想。

《申报》在《赛金花》公演中的11月21日,刊出署名莫思的《〈赛金花〉观感》,文中说："《赛金花》所取的题材虽是三十六年前的事实,因为这事实里边恰恰是同目前差不多的。有外敌的侵略,有汉奸卖国,我们就不觉得这是历史剧,而是我们这一代的。"[7]作者在文章中显然将演剧与现实联系了起来,三十六年前如今日,夏

---

〔1〕夏衍：《赛金花》,《文学》1936年第4号,第588页。

〔2〕《申报》(本埠增刊)1936年11月17日第5版。

〔3〕《申报》(本埠增刊)1936年11月19日第8版。

〔4〕茅盾：《谈〈赛金花〉》,第450页。

〔5〕斐章：《〈赛金花〉演出以后》,第72页。

〔6〕A记者：《中宣部长和熊佛西氏谈〈赛金花〉禁演之辩说忆记》,《光明》1936年第12期,第1549页。

〔7〕莫思：《〈赛金花〉观感》,《申报》1936年11月21日,第19版。

衍讽喻时局的写作意图在这里才揭开了一点点面纱。11月29日,《赛金花》在上海公演结束一天后,《申报》再次将剧作的现实性和盘端出:"赛金花底悲哀正提示了我们今日的危难。"[1]

四、政治介入演剧: 禁演风波

如上文所述,《赛金花》的演出在社会上获得了巨大成功,引起了热烈反响。在上海,《赛金花》还没有结束演出时,南京、杭州、苏州都已经来电、来信交涉,邀请四十年代剧社到他们那里去演出。[2]后来,四十年代剧社移师南京国民大戏院公演《赛金花》,然而,在南京献给《赛金花》公演的不仅有笑声和掌声,还有茶杯与痰盂。而正是《赛金花》在南京公演时闹出的"痰盂事件",昭示了《赛金花》被禁演的命运。

关于在南京公演时发生的"痰盂事件",署名"季鱼"的作者将他所听到的当时的情形,在文章中记录了下来:

图为"痰盂事件"的主角张道藩。张道藩(1897—1968),民国时期曾任南京市政府秘书长、国立青岛大学教务长、国民党中央宣传部长等职,1949年后任台湾"立法院长"。1936年时任内政部常务次长。

> 早些日子,我听说四十年代剧社在南京公演《赛金花》闹了活剧。据我听到的传说,关于这活剧的当时的情形是这样的:那是公演《赛金花》到最后一天,第四幕揭开,舞台上正进行着一个昏庸卑怯的清廷官员媚外而磕头的情形,瓦德西高傲的据坐在上面,底下就狗似的匍匐着清廷的官吏,这时台下一部分观众喧嚷了起来,香蕉皮、橘子、茶杯、痰盂,——乱纷纷的向台上投掷,茶杯、痰盂着地破碎,"呛唧"响成一片。据坐着的瓦德西和匍匐着的清廷官吏,及其他演员,都受不了这袭击,跟跟跄跄的逃入后台。[3]

季鱼对痰盂事件的看法是,"也许是四十年代剧社对这剧本的演出太成功了,把观众的情绪激动得超过了他们理知能克制他们感情的程度,于是对台上进行卑

[1] 癫:《〈赛金花〉观后感》,《申报》1936年11月29日第18版。
[2] 斐章:《〈赛金花〉演出以后》,第73页。
[3] 季鱼:《〈赛金花〉禁演问题》,《关声》1937年第12期,第1194页。

污投降的清廷官吏，感到十二分的厌恨，而自己起来加以直接的制裁，来发泄忍受不住的愤怒"。

持这种观点的还不只他一人，《月报》的一篇评论文章也说到："我们总觉得这一部分观众的情感太容易冲动了。……我们除了同情于四十年代剧社所遇到的意外之外，更希望一般爱国的观众不要过于感情用事。"[1]

然而，因为太入戏导致扔痰盂，这样的解释过于简单。两篇文章都没有提到扔茶杯与痰盂的观众是谁，而这（些）观众的身份正是问题的关键所在。据当时在场的曹禺后来回忆说：

> 我是看过《赛金花》在南京演出的。在那一场有一个读书人在公堂之上摇头晃脑跪着念古文的时候，忽然张道藩拿起痰盂扔到台上，大发雷霆说："怎么这样演呢？"他这样一闹剧场就乱了，戏没法演下去了。[2]

根据曹禺的说法，大闹剧场的是时任国民党内政部次长的张道藩。那么是什么把张道藩气得大发雷霆呢？其实当时的情景并不像曹禺说的那样。一个读书人在公堂上摇头晃脑跪着念古文，倒还不至于激怒张道藩。让张道藩气愤的是如下的场景。在《赛金花》第四场中间，瓦德西等人在仪鸾殿西苑偏殿审问一个清朝外交官。

> 汉纳根：瞧模样儿像做官的，会干什么？
> 清官吏：（叩头如捣蒜）奴才是在天津洋务总局办事的。
> 通事：他是，……是办外交的。
> 哈德曼：（好奇地）外交官？唔，会干些什么？
> 清官吏：（迟疑又惶恐）会……会，……奴才只会叩头，跟洋大人叩头（作叩头状）。[3]

夏衍在天津的报纸上读来"叩头外交"一词，后来"叩头外交"的场景就出现在了自己的《赛金花》之中，而就是这个"叩头外交"的场景，触怒了前来观看的张道藩。

---

〔1〕尹子契：《〈赛金花〉在南京》，《月报》1937年第3期，第671—672页
〔2〕曹禺：《应该重新认识〈赛金花〉》，《戏剧界》1986年第1期，第52页。
〔3〕夏衍：《赛金花》，《文学》1936年第4号，第568页。原剧本人名为略写，此处为补齐的人名。虽然不是现场描写，只是剧本摘录，但比照他人对当时场景的记录，应该与剧本无多大差异，故录此剧本。

对于此事，张道藩方面却是另外一种说法。事情发生后，张道藩在2月24日的《中央日报》发文，说叩头之前的表演已经让一部分观众大受刺激，而演到叩头时，"那个无耻的外交官，居然磕了一个响头，许多观众又连声说混蛋，岂有此理。"等到第二个头磕下去的时候，很多观众已经失控，"'混蛋'、'岂有此理'、'侮辱中国人'的声音，就由四面八方起来了，接着就有'不准演'、'闭幕'、'再不停演就打'、'打'、'打'的声音，由楼上楼下四面八方起来……"[1]后来就发生了扔痰盂的事情。

在张道藩的叙述中，闹剧场似乎与自己一点关系也没有。张氏意在说明这是观众基于公愤的自发行为，自己并不是为首起哄的。同时他认为《赛金花》这样的表演是对中国人尊严的侮辱，"如果此剧不把第四幕的表演改过，我相信，此后无论到那里，都有人反对的"。[2]

邵力子（1882—1967），近代著名民主人士、社会活动家、政治家和教育家，禁止《赛金花》演出时任国民党中央宣传部部长，他说赛金花是"瓦全"精神，而他当时追求的是"玉碎"精神。

然而，张道藩的说法并不具有多少可信度，因为《赛金花》之前上演了二十多场，都没有出现过闹场的情况，虽然有茅盾等人的批评，但是矛头并不指向"有辱国体"，不涉及国人的尊严问题。况且，《赛金花》在南京之前已经演过三场，偏偏就在张道藩观看演出时，闹出了这幕活剧。

徐慕云在《中国戏剧史》一书中对此事也有记载："据说为首的是张道藩，而张氏又是受座旁的两位中央摄影场的主任所挑拨，同时在他座后又有了几位外国男女在拍手大笑。这正是火上加油，所以张氏叫出来了。于是那两位主任也就拿起痰盂向台上打来。"[3]

当时的张道藩不仅担任内政部常务次长，同时也兼任中央文化事业计划委员会副主委。他1935年创办了国立戏剧学校，而且他自己也创作话剧，应该说张道藩是懂话剧的。但从他发表的文章来看，他对《赛金花》这样的话剧很不满意，并在文章中说："至于此剧出演的责任，应该归之著者或演出者或戏剧审查委员会，应该由有追究责任的人去追究，应该由有责任的人去作有良心的反省。"[4]

---

〔1〕张道藩：《赛金花剧中侮辱中国人部分引起的纠纷》，《中央日报》1937年2月24日，第5版。

〔2〕同上。

〔3〕徐慕云：《中国戏剧史》，上海古籍出版社，2008年，第165页。

〔4〕张道藩：《赛金花剧中侮辱中国人部分引起的纠纷》。

从《赛金花》上演时的整个时局看，当时国民政府虽有抗日的准备，但是还没有下定最后决心与日本开战，为了争取备战时间，国民政府在1935—1936年对日本屡作让步。这种政策被舆论解读为"投降外交"、"叩头外交"。如此看来，《赛金花》上演的那一幕"叩头"戏，很容易被官方解读为对自己的"讽刺"。张道藩所说"有辱中国人的尊严"的问题倒是其次，也极少人能够意识到这一点，而"讽刺"当局才是张道藩心知肚明而又不好说出的理由。

张道藩的这种态度加之他的身份，对《赛金花》的命运可谓举足轻重。南京市戏剧审查委员于144次常会议决，以"擅自插入有辱国体之词句及不合理之表演"罪名，处罚四十年代剧社，并令四十年代剧社与国民大戏院自动登报道歉。[1]

事情到此还没有结束，中央宣传部与内政部又下了《赛金花》的禁演令。"赛金花生平事迹，有妨害中国尊严之处，故已通令平津沪汉等地，一律禁止开演。"[2]这次的禁令不仅包括四十年代剧社的《赛金花》，一切以赛金花为题材的话剧、电影都被禁止了。

禁演后不久，在一次文化界大型宴会上，国民党中宣部部长邵力子提到了《赛金花》这部戏，想给禁演政策打圆场。按邵氏自己的说法，起初，他自己原来并不打算禁演这出戏，认为中国人过去受到的侮辱实在太多，《赛金花》一剧里的"叩头"算不了什么。但是后来他想明白了，这出戏还是要禁。他说，"把赛金花这女人描写得那么伟大也是过分的"，她以美色周旋瓦德西，去为洋兵办粮草，去为北京城的老百姓们求情，是"瓦全"的精神，而"我们的国家现在已到了什么地步？大家都已很明白，我们现在需要的是'玉碎'的精神！——是'宁为玉碎，毋为瓦全'！"[3]

邵力子一句"宁为玉碎，毋为瓦全"在政治上具有天然的正确性。即便如此，有人对这样的说法并不买账。柯灵当时就曾撰文《玉碎颂》回应，讥讽以邵氏为代表的政府当局，文末附有一首"以表歌颂"的打油诗，诗云："救亡宁玉碎，泱泱大国风。焦土任易色，民命本如虫；毒雾连城白，敌旗照眼红。国家今复兴，不与旧时同。"[4]诗中对"玉碎"一说的嘲讽不言而喻，借此说明以玉碎为由禁演《赛金花》是站不住脚的。

·

〔1〕徐慕云：《中国戏剧史》，上海古籍出版社，2008年，第165页。
〔2〕尔之：《赛金花被禁》，《新华画报》1937年第4期，转引自安徽大学中文系编《夏衍赛金花资料选编》，1980年，第48页。
〔3〕A记者：《中宣部长和熊佛西氏谈〈赛金花〉禁演之辩说忆记》，《光明》1936年第12期，第1548页。
〔4〕柯灵：《玉碎颂》，《柯灵文集》（第四卷），文汇出版社，2001年，第22页。

五、新政治语境下的《赛金花》

夏衍的《赛金花》在30年代受到热捧，虽然最终被禁演，但仍在社会上掀起了一波不大不小的"赛金花热"。随着新中国建立，《赛金花》也进入了另一种"评价语境"。

上世纪50年代，夏衍的《赛金花》已成为"中国现代文学史"的评论对象。这一时期对《赛金花》的评论大致有两点。首先肯定作品暴露了当时政府腐败昏庸的投降外交和官僚奴才的无耻，这是成功的方面。然后批判作品对义和团的错误认识，丑化义和团，这是不足的方面。如丁易在《中国现代文学史略》中的评论：

> 作者写满清政府的卖国投降外交政策，以及李鸿章、孙家鼐等官僚奴才的无耻献媚，还相当成功，因而在一定程度上也就收到了讽刺国民党卖国政策的效果。不过，作者在剧中把义和团写成了杀人放火的"拳匪"，而对于他们的反帝的民族意识及其风靡一时的原因却没有指出，这不能不说是一个很大的缺点。[1]

丁易的评价基本上遵循辩证的两面法，同时也反映出时人对义和团的主流态度，即义和团运动是一次伟大的人民反帝反封建斗争，代表了一次革命高潮。其实，夏衍在剧本中用"拳匪"称呼义和团，实在是受《赛金花本事》的影响。《赛金花本事》对义和团就是如此称呼，夏衍最多只能说是照实而录。尽管有批评，这一时期对《赛金花》的评论仍以肯定为主，其中不乏"以国防为主题的影响最大的剧作是夏衍的历史剧《赛金花》"[2]等很高的评价。

这一时期，夏衍也曾发文阐述自己的创作理念，他多次强调"写《赛金花》，是为了骂国民党的媚外求和"[3]，"剧本《赛金花》，那是从侧面写得，主题不是为义和团翻案，而只是利用这个事件，来讽刺国民党的屈辱外交而已。……主角赛金花，只不过是我用来讽刺国民党的一砖一石，并无美化她的意思"[4]。然而，这样的辩说并没有收到预想的效果，讽刺国民党没有成为《赛金花》的护身符，义和团问题仍然是批判者经常拿捏的软肋。

---

[1] 丁易：《中国现代文学史略》，作家出版社，1956年，第366页。
[2] 王瑶：《中国新文学史稿》(上)，《王瑶全集》(第3卷)，河北教育出版社，2000年，第365页。
[3] 夏衍：《谈〈上海屋檐下〉的创作》，《剧本》1957年第4期，转引自刘厚生、陈坚编《夏衍全集·戏剧剧本》上，浙江文艺出版社，2005年，第227页。
[4] 夏衍：《题材、主题》，《剧本》1961年第5—6期，第68页。

时间进入60年代。"文革"发动前，对夏衍《赛金花》的批判就已经展开。邓绍基的《〈赛金花〉的反动内容说明了什么——兼评田汉、夏衍和阳翰笙等同志关于三十年代戏剧的错误宣传》，发表在1966年《文艺报》第四期，开始写作是在1964年12月[1]，文章指摘夏衍美化赛金花，污蔑义和团和中华民族，说夏衍没有真正解决无产阶级立场问题，头脑里还存在着资产阶级反动思想[2]。但批评并没有过于上纲上线，言辞相对和缓。

穆欣1966年3月12日发表在《光明日报》上的文章《评〈赛金花〉剧本的反动思想——剖析三十年代的一个所谓"名剧"》，是"文革"前批判《赛金花》的一篇重要文章。穆欣一文仍以玷污义和团运动、美化帝国主义的侵略作为攻击《赛金花》的主要依据，攻击夏衍丧失立场，颠倒黑白，混淆敌我。[3]

穆欣一文同样反映了当时对义和团运动认识的主流观念。在当时的主流观念下，《赛金花》剧本中对义和团、帝国主义的描写成为主流观念攻击的把柄。这是夏衍当年参照《赛金花本事》等著作创作剧本时，不可能料想到的。然而，木已成舟，夏衍百口莫辩。

1966年4月10日，中共中央批准了《林彪同志委托江青同志召开的部队文艺座谈会纪要》[4]，《纪要》指出30年代的"国防文学"这个口号"就是资产阶级的口号"[5]，自此针对"国防文学"的批判，方向转向了阶级斗争。

"文化大革命"发动后，根据批判"三十年代文艺黑线"的要求，文化界开始批判"国防文学"，夏衍的《赛金花》因自称以"国境以内的国防"为主题被卷入批判，《赛金花》的命运继之出现重大转折。当时给夏衍定的罪名之一，是"为妓女树碑立传"，写了"为卖国投降主义效劳的大毒草"。夏衍本人也遭到批斗，遭批斗时，"夏衍胸前挂着的大牌子上面写着'反革命文艺黑线大头目'、'电影界祖师爷'的字样……他的名字则被打上了大大的红色的叉"。自此，夏衍便开始了暗无天日的监管、监护甚至监狱生活，时间长达八年半之久。[6]

〔1〕这篇文章的写作与夏衍的处境有关，早在1964年3月，夏衍就被列为文化部整风的重点对象，1965年初，夏衍被正式免去文化部副部长一职。仕途没落的夏衍，其作品受到批判也就不足为怪了。参见陈坚《世纪行吟——夏衍传》，浙江人民出版社，2005年，第232—233页。

〔2〕邓绍基：《〈赛金花〉的反动内容说明了什么——兼评田汉、夏衍和阳翰笙等同志关于三十年代戏剧的错误宣传》，见《〈赛金花〉及其评论》，1980年，第72页，原载《文艺报》1966年第四期。

〔3〕穆欣：《评〈赛金花〉剧本的反动思想——剖析三十年代的一个所谓"名剧"》，《新华月报》1966年第5期，第100—111页，原载《光明日报》1966年3月12日。

〔4〕洪承华、郭秀芝等编：《中华人民共和国政治体制沿革大事记（1949—1978）》，春秋出版社，1987年，第305页。

〔5〕李庚辰主编：《中国共产党百科全书》(7)，四川人民出版社，2001年，第3440页。

〔6〕陈坚：《世纪行吟——夏衍传》，浙江人民出版社，2005年，第234页。

图为知名画家程十发先生在1969年创作的批判漫画。漫画的主题是"批判"曾在上世纪30年代由于文学观点的不同而与鲁迅先生有过论争的四位文学青年：周扬、田汉、夏衍、阳翰笙。"文革"中，他们都因此而饱受不公正待遇，被污蔑为文艺界的"四条汉子"。画中的"四条汉子"向国民政府作乞求状。手举"国防文学"招帜的周扬、跪地翻看《赛金花》的夏衍、低头审视着《胜利进行曲》的田汉、胸前挂着剧本《李秀成之死》的阳翰笙。（图文来自汪洋《劫后遗珍中的历史荒诞剧》，载2011年5月24日《东方早报》）

随着"文革"的开展，对夏衍《赛金花》的批判开始与批判王明、刘少奇右倾机会主义联系了起来。龚文达在《彻底批判"国防文学"的黑标本〈赛金花〉》一文中，说道："1936年，周扬等'四条汉子'根据王明、刘少奇右倾机会主义路线的需要，打出了'国防文学'这一资产阶级的旗号，并把它定为一切文学艺术创作'最中心之主题'。夏衍身体力行，急急忙忙炮制出汉奸剧本《赛金花》，并在同年四月作为'国防文学'的活标本抛了出来。"[1]

如果回顾1936年对《赛金花》的评论，我们会发现，当时同为左翼作家的茅盾对《赛金花》是否为"国防文学"，还持怀疑态度。茅盾认为"要在'国防文学'的旗帜下以赛金花为题材，终于会捉襟见肘"[2]。而在龚文达的文章中，夏衍的《赛金花》俨然成为"国防文学"的黑标本，成为彻底批判的对象。

"文革"结束后，随着一系列拨乱反正的会议召开，"文艺黑线"、"国防文学"等相继平反，夏衍也得以复出。"国防文学"已获平反，作为黑标本的《赛金花》，理应重新评价。然而，《赛金花》的平反却迟迟没有展开。相反，为了批判"四人帮"的需要，《赛金花》被重新拿出来批判。因为江青当年曾争演过《赛金花》的主角，为了说明江青的丑恶，《赛金花》仍然被描述成"极力吹捧卖身投敌的汉奸妓女赛金花"的卖国文学。"四人帮"已经被打倒，但是当时很多人还是没有跳出"文革"思维。

从1979年开始，洪遒、柯灵、吴仞之等人陆续撰文为《赛金花》平反。洪遒认为："数十年前被国民党投降派禁演的《赛金花》，数十年后遭到了名义上是我们阵营的攻击……和《赛金花》同时遭到否定的'国防文学'已经平反"，"话剧《赛

〔1〕 龚文达：《彻底批判"国防文学"的黑标本〈赛金花〉》，见《彻底批判"四条汉子"革命大批判文选》第2集，1971年，第112页。原文载《文汇报》1971年1月22日。
〔2〕 茅盾：《谈〈赛金花〉》，第451页。

图为1976年11月国家文物局临时党委整理的揭发江青的材料。

金花》必须重新评价"[1]。柯灵认为"如果实事求是地评论《赛金花》的功过得失，不能撇开《赛金花》创作时的时代背景、历史条件与历史事实"。[2]一个主张重新评价《赛金花》，一个认为评价要结合《赛金花》创作时的时代背景、历史条件与历史事实，这两人的主张与"文革"时的批判思维已经大为不同。

不过，还是有人提出不同意见，认为"国防文学"可以平反，但是《赛金花》不能平反。因为剧本里描写的主要人物"赛金花"是"高级妓女+高级汉奸"[3]，对义和团的批判说明了夏衍政治上错误的立场。"国防文学"应该平反，但不能认为在"国防文学"的旗号下，产生的都是好作品，立场错误的《赛金花》就应该坚持批判。[4]但这种声音已然不是主流。

小　结

一部文学作品，在创作过程中是属于著者个人的思维活动，但是一旦出版推向公众，就开始了自己的社会化的生命历程，就要面临读者的各种评判，各种再解读，

---

〔1〕洪遒：《应当重新评价〈赛金花〉》，见安徽大学中文系编辑《夏衍〈赛金花〉资料选编》，安徽大学中文系，1980年，第81—82页。

〔2〕柯灵：《从〈秋瑾传〉说到〈赛金花〉》，《战地》增刊，1979年第1期，转引自陈坚等编《夏衍研究资料》，中国戏剧出版社，1983年，第498页。

〔3〕箭鸣：《〈赛金花〉之我见——由柯灵、洪遒等同志的文章引起的》，见《社会科学战线》编辑部《现代文学论集》，第100页。

〔4〕同上，第100—101页。

如果有幸被搬至舞台,则会呈现出另外一种言说的方式。夏衍创作的《赛金花》就是这样。它应民族危机的时局而生,在当时商业运作的宣传下广受关注,而在当时因政治被禁演,又在十几年之后成为政治批判的靶子,可谓跌宕起伏,百转千回,命途多舛。

首先,剧本创作与时局之间的关系。对《赛金花》的创作动机,以往的观点主要认为,在抗战日益紧迫的情况下,夏衍结合抗战的时代背景,为了"讽刺当局的屈辱外交",创作了剧本《赛金花》。然而,事实上"讽刺当局的屈辱外交"是新中国成立后夏衍的"追认",不同于创作剧本时"写一个讽喻性质的剧本"讽喻汉奸的说法。是新中国成立后时代语境的变换给了夏衍追认的空间,"文革"前后对《赛金花》的批判给了这种追认以动力。

另一方面,夏衍的创作缘由与创作选材也与时局紧密相连。20世纪30年代,报刊媒体对"赛金花"的大肆炒作,使"赛金花"进入了夏衍的创作视野。同时夏衍也洞察到了"赛金花"对那一时代的人所具有的吸引力,这两点是夏衍能够选定"赛金花"作为创作主题的必要条件。然而赛金花这一主角的定位不光评论界众说纷纭,夏衍也是态度暧昧,既不承认其为"民族英雄",又对她倾注了太多的情感,以至于"文革"时候有人抨击他"为妓女立传"。

其次,剧作演绎与商业运作之间的关系。话剧的生命力体现在能够被搬上舞台进行演绎,夏衍的《赛金花》发表后,引起了评论界的注意,但是真正引起轰动还

图为2005年上海造币厂为纪念夏衍诞辰105周年而发行的《夏衍》纪念铜浮雕章。背面是夏衍的三宝:猫、拐杖和藤椅。"文革"期间,1968年至1975年,夏衍在北京秦城监狱蒙受了8年的不白之冤,损目折肢。有人要他写出这段经历,夏公说,他不写这方面的文章,不是没有材料,也不是不会写,而是不想写。因为这是中国人的耻辱,写出来有损中国人的自尊。(资料来源:陈明远:《福将夏衍》,载《内蒙古日报》2010年4月23日)

是剧作搬上舞台之后。金城大戏院为了让《赛金花》卖座，在报刊上大登广告，在广告中变换宣传内容，改变宣传策略以增加对观众的吸引力，同时四十年代剧社也贴出海报宣传《赛金花》。报刊对剧作的跟踪报道，暗中替《赛金花》塑造了良好的形象。

商业性的明暗宣传为剧作招徕了众多观众，但是商业宣传也在一定程度上扭曲了作者的创作意图，造成夏衍本意突出的"讽喻"在后来的宣传中几无体现。为了演出时更吸引观众，剧本在搬上舞台前经过了改编，这种改编同样受商业利益的驱动。由此可见，商业运作对《赛金花》是一把双刃剑，一方面商业运作使得更多的读者观众看到《赛金花》，扩大了剧作的影响，引起了社会轰动；另一方面商业运作冲淡了作者的"讽喻"主题，舞台表演与剧作文本之间产生疏离。

最后，剧作命运与政治评判之间的关系。创作一部讽喻剧，是夏衍创作《赛金花》的初衷，夏衍的政治关切蕴含在剧作当中，这样的一部剧作从创作之初就与政治太近，也注定了它的坎坷命运。

1937年，剧作演出时引发了轰动一时的"痰盂事件"，后来，国民政府内政部与国民党中宣部以"有辱国体"、"侮辱中国人"为由禁演了《赛金花》。《赛金花》的命运因这种政治评判遭遇重大转折。

新中国成立后，进入了一种新的"政治语境"。这一时期对《赛金花》的评判，经历了从1950年代的肯定为主到"文革"时期的批判为主的转变。对《赛金花》的评判，像一面棱镜，折射出时人对义和团运动的态度和政治观念。而在"文革"的语境下，因政治斗争的需要，为了批判"国防文学"，《赛金花》被树立为"国防文学"的黑标本而遭受批判。诸多莫须有的罪名被强加在《赛金花》之上，使《赛金花》最终沦为政治宰制的对象。

可见，无论是禁演还是批判，《赛金花》的命运都与政治评判息息相关。《赛金花》因政治讽喻而生，其后来的生存状态也一直被政治评判所左右。一部《赛金花》跌宕起伏的命运，从侧面折射出了一个复杂却没有多少自由空间的文化政治生态。

战后中国的汉奸处理政策：国共两党的比较[1]

[日]菊地俊介*

【摘 要】 抗日战争时期，日本侵略者在中国沦陷区进行殖民统治，日军及其控制的傀儡政府裹胁大量中国人加入日伪组织，参与或支持日本侵略者的各种工作，这些中国人被称为汉奸。抗战胜利后，国民政府和中共政权对这些汉奸进行了处理。本文分析了中国国民党和中国共产党颁布的有关处理汉奸的各种条例和声明等，特别关注条例条文存在的共性、差异及其变迁等问题，进一步探讨抗战后中国怎样认识汉奸的问题。

【关键词】 抗日战争 汉奸 惩治

【一】 战时国共两党对待汉奸的政策

【二】 战后国民政府的汉奸处理政策

【三】 战后中国共产党的汉奸处理政策

【四】《新华日报》围绕汉奸处理问题的争论

【五】 汉奸审判

【六】 结语

【编稿随笔与图文互动】 日本向联合国签署英文投降书 /《审讯汪伪汉奸笔录》/枪决汉奸 / 王克敏逆产案 / 处决大汉奸王铁相的报道 /《新华日报》连续刊登《汉奸名录》

　　抗日战争时期，中国分为解放区、国统区、沦陷区。沦陷区是日伪政府统治的地区，由受日军控制、被称为傀儡政府的伪政府进行殖民统治。与敌伪合作的中国

---

〔1〕 本文初稿曾在山东大学主办的"第十四届两岸四地历史学研究生论文发表会"（济南，2013年10月）上宣读，谨对评审老师和同学所提修改意见和建议表示感谢！

＊　菊地俊介，日本立命馆大学大学院文学研究科博士生。

人，被称为汉奸。但抗战时期，仅华北沦陷区就有一亿中国人，除日伪政府的干部外，不少人也被以各种方式卷入日伪组织，参加或支持日本的各种工作。例如，伪民众团体中华民国新民会，以贫农为兵员中心的临时政府统治下的治安军（日伪政府的"国军"，即"伪军"）等。这么多的中国人被卷入日伪工作，他们的存在是构成中国现代史的重要因素。汉奸问题也是日本的侵略和殖民统治所遗留的不容忽视的问题。

抗战胜利后，为了重建国家，中国社会对这些汉奸进行了处理。关于抗战后中国的汉奸处理政策，过去的研究集中于汪精卫等日伪政府委员受到的汉奸审判以及他们被处以死刑的过程，涉及日伪统治下的普通民众的研究还不多。本文分析中国国民党和中国共产党颁布的有关处理汉奸的各种条例和声明等，特别关注条例条文存在的问题及其变迁，并进一步探讨抗战后中国怎样认识汉奸、对待和处理汉奸的问题。

1945年9月2日，日本向联合国签署英文投降书（上图为各方签字），标志着抗日战争的彻底胜利。随着抗日战争的胜利，对汉奸的处置就成了国家重建过程中的一项重要工作。

战时国共两党对待汉奸的政策

"七七事变"后不久，1937年7月21日，中共在《中央关于目前形势的指示》中提出"肃清一切亲日派汉奸分子"。[1] 1938年7月，国民政府公布《抗战建国纲领》，提出"对于汉奸严行惩办，并依法没收其财产"。[2] 1938年8月15日，国民政府公布

---

〔1〕 中央档案馆编：《中共中央文件选集》11，中共中央党校出版社，1991年，第293页。
〔2〕 中国第二历史档案馆编：《中华民国史档案资料汇编》5-2，政治1，江苏古籍出版社，1998年，第152页。

《修正惩治汉奸条例》。该条例列举作为汉奸可判死刑和无期徒刑的罪状有14项，其中第二条规定："一、图谋反抗本国者。二、图谋扰乱治安者。三、招募军队或其他军用人工役夫者。四、供给贩卖或为购办运输军用品或制造军械弹药之原料者。五、供给贩卖或为购办运输谷米麦面杂粮或其他可充食粮之物品者。六、供给金钱资产者。七、泄露传递侦察或盗密有关军事政治经济之消息文书图画或物品者。八、充任向导或其他有关军事之职役者。九、阻碍公务员执行职务者。十、扰乱金融者。十一、破坏交通通讯或军事上之工事或封锁者。十二、于饮水食品中投放毒物者。十三、煽惑军人公务员或人民逃叛通敌者。十四、为前款之人犯所煽惑而从其煽惑者。"[1]条例第九条规定关于没收财产："犯第二条之罪者没收其财产之全部。"同时条例第三条规定"包庇纵容前条之罪犯者以共同正犯论"，未遂者和隐藏这些罪人的行为应受到处罚。另一方面，该条例规定，在被发现有汉奸行为之前主动自首的人，适用《汉奸自首条例》（详情后述）。[2]此后的汉奸处理政策基本上是根据《修正惩治汉奸条例》进行的。

《审讯汪伪汉奸笔录》，南京市档案馆编，凤凰出版社，2004年4月。

另一方面，中共开始主张处理汉奸时应该分清"大汉奸"和"小汉奸"，即所谓"宽大政策"。1938年1月12日的《新华日报》上，中共提出"大汉奸"和"小汉奸"的区别，也就是将积极投身于日伪工作的人和由于生活环境的原因，被骗、被迫，不得已与日伪合作的人，要分清对待。[3]1942年11月6日《中共中央关于宽大政策的解释》规定，"对敌

这是网上流传的一张图片，其来源与背景不详。从人群中张挂的"枪决汉奸"标语和跪地者的服装看，应是对日伪军人的处决。

[1] 中国第二历史档案馆编：《中华民国史档案资料汇编》5-2，政治1，第153—155页。
[2] 该条例"第十八条　犯本条例之罪于发觉前自首者依汉奸自首条例办理之"。
[3] 王侃：《抗战时期的汉奸问题与中国共产党肃奸政策研究》，团结出版社，2009年，第196页。

人、汉奸及其他一切破坏分子等，在被俘被捕后，除绝对坚决不愿改悔者外，一律施行宽大政策，予以自新之路"。[1]首先保证反省的机会，惟有不反省的人被认为是汉奸而给予处罚。根据地设立感化院，收容日伪方面的军人、警察、官员、受过日伪训练的青少年罪犯等，进行政治教育，然后使他们从事生产劳动等，促使他们更生。[2]

伪军士兵是宽大政策的主要对象。中共认为，伪军士兵的大部分是被迫或由于生活环境的压力，不得已投身于日伪方面的。其实，伪军士兵的主要成员是以收买、欺骗、强迫征集等方式招徕的贫农。[3]对这些"小汉奸"应该采取宽大的态度。为了宽待反省的人，促使汉奸"自首"，各个根据地制定汉奸自首条例。这些条例的适用范围不限于"贫农"。例如，1938年11月17日公布的《晋察冀边区汉奸自首单行条例》第二条规定："凡因不得已组织或参加伪军（伪保安队、伪皇协军、伪满洲军、伪警察）者，不论士兵与官长，个人与团体，其能执行下列工作之一者，均予以自新之机会"。该条例第三条规定："凡因不得已参加伪政权而来屠杀中国同胞者，不论官级高低，个人与团体，

1940年1月，在日本人策划下，汉奸汪精卫、王克敏、梁鸿志举行青岛会谈，决定成立南京伪国民政府。上图为汪精卫（中）、王克敏（左）、梁鸿志（右）在青岛。下图为北京市人民政府保留的国民政府没收王克敏财产的卷宗。封面除标明"王克敏逆产案"外，另用钢笔标明王克敏的身份"大汉奸日伪华北北平、天津政府主席。"

其能执行下列工作之一者，均予以自新之机会"。该条例第四条规定："凡因不得已参加伪宣抚班、伪报馆、伪新民会等汉奸组织者，不论其过去欺骗同胞之罪恶，其能弃暗投明，痛改前非，从敌区来归，写诚恳的悔过书，并于其行动上证明

〔1〕韩延龙、常兆儒编：《中国新民主主义革命时期根据地法制文献选编》第3卷，中国社会科学出版社，1981年，第54页。
〔2〕《抗战时期的汉奸问题与中国共产党肃奸政策研究》，第163页。
〔3〕刘敬忠：《华北日伪政权研究》，人民出版社，2007年，第75—77页。

其确系悔过者,加以教育后,分配以适当的工作。"[1]这里可以看到,"不论士兵与官长"、"不论官级高低"等文字。这意味着当时中共所采取的汉奸处理政策的方针是不管汉奸的身份,只要反省就原谅他们,保证此后的生活,让他们回到社会。

关于财产的没收,1937年10月15日,毛泽东和张闻天表示,主要的对象应该限于大地主并且是汉奸,关于不是大地主也不是汉奸的人或"中层分子",如果民众同意的话,不用没收财产。[2]中共的抗日根据地决定,将符合国民政府规定的犯有《修正惩治汉奸条例》第二条的罪状的人认定为没收财产的对象。[3]此外,《修正惩治汉奸条例》第十条规定:"以本条例没收或查封财产之全部时应酌留家属生活费"。中共的方针也仿照国民政府的该条例。

从上述的资料来看,根据"宽大政策"对待汉奸的方针就是只要能诚恳悔过并以实际行动改过的,就可以宽大处理,尽可能把大多数的人拉进进步阵营。[4]但是宽大汉奸的政策实际执行的情况并不一定如此。1940年7月7日,中共的声明指出,在根据地发生乱抓乱杀汉奸的情况,所以应该改正这种"左"倾错误。[5]当时的媒体报道,在根据地,有一个汉奸因间谍的嫌疑被抓,结果并未采取"宽大政策",他被处死刑。当时的媒体报道上随处可见煽动民众憎恨汉奸的描述。[6]虽然汉奸处理方针如上所述,但这也是实际情况的另一面。

战后国民政府的汉奸处理政策

抗战结束后,国民政府打算利用汉奸巩固自己的势力基础,中共为了瓦解国民政府的势力而主张积极处罚汉奸,这是过去的研究也提到的"二战"后的形势。那么,从抗战时期到抗战结束后,汉奸处理方针有什么样的变化?抗战结束之前,1944年2月5日,中共在《新华日报》上发表了文章,向国民政府要求尽快处罚汉奸。这篇文章建议关于认定汉奸的基准,"一、高级汉奸,文职荐任职以上、武职中校以上。二、宣传人员,为编辑,宣传机关的科员以上的人员,'作家'。三、文化

---

[1]《中国新民主主义革命时期根据地法制文献选编》第3卷,第80页。
[2]何德廷、辜宗秀:《论抗战时期中共的肃奸策略》,《求索》2007年第10期,第228页。《苏南抗日根据地史》,第63—67页。
[3]《中国新民主主义革命时期根据地法制文献选编》第3卷,第78页。
[4]何德廷、辜宗秀阐述,"宽大政策"的目的是尽可能将社会和乡村的"上层分子"拉进进步阵营,让这些人发挥控制社会的作用。见《论抗战时期中共的肃奸策略》,第228页。
[5]何德廷、辜宗秀:《论抗战时期中共肃奸工作中的人权保障》,《湖北行政学报》2004年第3期。
[6]赵昆坡、俞建平:《中国革命根据地案例选》,山西人民出版社,1984年,第98页。

汉奸，学校伪训导主任，大中学校校长，民众教育馆的人员。四、特工人员，不论上级职员或下级的小卒，一个也不应放过"。[1]这里要注意的变化是，汉奸的身份高低成为处罚汉奸的标准。

这种情况下，1945年11月23日，国民政府公布《处理汉奸案件条例》。该条例的第二条举10项的罪状："一、曾任伪组织荐任职以上公务员，或荐任职之机关首长者。二、曾任伪组织特务工作者。三、曾任前两款以上之伪组织文武之公务员、凭借敌伪势力，侵害他人，经告诉或告发者。四、曾在敌人之军事、政治、特务或其他机关工作者。五、曾任伪组织所属专科以上学校之校长或重要职务者。六、曾任伪组织所属金融或实业机关首长或重要职务者。七、曾在伪组织管辖范围内，任报馆通讯社、杂志社、书局、出版社社长、编辑、主笔或经理，为敌伪宣传者。八、曾在伪组织管辖范围内，主持电影制片厂、广播台、文化团体，为敌伪宣传者。九、曾在伪党部新民会、协和会、伪参议会及类似机关参与重要工作者。十、敌伪管辖范围内之文化、金融、实业、自由职业、自治或社会团体人员、凭借敌伪势力，侵害他人，经告诉或告发者。"[2]同时第三条规定"前条汉奸，曾为协助抗战工作或有利于人民之行为，证据确凿者，得减轻其刑。依前项规定，减处有期徒刑者，仍应褫夺公权"。这意味着如果可以证明为抗战做了贡献的话，可以得到减刑，但是不免受到褫夺公权的处罚。关于自首，1945年8月10日之后坦白的人不能得到减刑。该条例第二条所举的罪状10项之中，值得关注的是第一、第三、第七项，从这些条文可以看出：认定汉奸的标准不是具体的罪行，而是汉奸的社会地位。此外还应关注的是第五、第六、第九的规定。"重要职务"、"重要工作"，"重要"到底是什么？这些规定缺乏具体性。围绕这些模糊规定的解释，抗战结束后不久就开始了讨论，但没有得到明确的解释。[3]由此来看，可以想象运用法律条例时避免不了主观的因素，可以说这是"二战"后中国汉奸处理政策的一个特征。

1945年12月6日，国民政府公布《惩治汉奸条例》，具体地规定了罪状和量刑。其中第15条为："曾在伪组织或其所属机关团体担任任务，未依本条例判罪者，仍应于一定年限内，不得为公职候选人或任用为公务员，其详细办法，由考试院合同行政院定之。"[4]"一定"到底多长时间？这里也有"一定年限"般的模糊规定。但是，这意味着只要过了"一定年限"之后，这些汉奸也能被

---

〔1〕《战后处置汉奸问题》，《新华日报》1944年2月5日，第3页。
〔2〕中国第二历史档案馆编：《中华民国史档案资料汇编》5-3，政治1，江苏古籍出版社，1999年，第337页。
〔3〕《关于惩治汉奸条例疑义各点》，《法令周刊》9-42，1946年10月16日，第8页。
〔4〕中国第二历史档案馆编：《中华民国史档案资料汇编》5-3，政治1，第339页。

原谅。

抗战结束后，为了逮捕汉奸，国民政府也行动起来。国民政府也鼓励人民协助逮捕汉奸。[1]据《战时司法纪要》，汉奸中有十分之一或十分之二改名逃跑到乡村，或逃跑到北京、天津、上海、香港、厦门等地享受奢侈的生活。[2]司法行政部将汉奸名册寄给各个机关，悬赏鼓励人民告发、捕获汉奸。[3]《就逮汉奸尽速惩处、脱逃汉奸加紧搜捕案》指出，不管汉奸的大小，都将褫夺公权终身。没收的汉奸财产作为国有财产，在不超过一般人民生活水平的范围之内，将汉奸家人的生活费留下。[4]如果有正当原因的话可以考虑减刑，但是《惩治汉奸条例》第二条到第四条[5]规定的汉奸不属于减刑、免罪的对象。[6]从这里可以看到抗战后国民政府所采取的处理汉奸方针是比较强硬的。

但是，当时中共不断地抨击国民政府利用伪军、将汉奸的军官再任用为国民政府军队的军官。[7]此外，中共批评国民政府对小汉奸执行的处罚也是不公平的。具体的例子是：为日本人盖房子的人被判12年徒刑，[8]卖给日本人牛奶的人被判2年徒刑，军人汉奸没有被处罚，农村的汉奸一直留任区长、保长，良民却被认定汉奸等等。[9]

总之，抗战结束后为了处理汉奸，国民政府公布了各种条例，规定应该怎样对待汉奸。但是，这些规定存在不少难以避免的主观因素。

战后中国共产党的汉奸处理政策

抗战结束后，毛泽东在《论联合政府》中对日伪统治下被卷入伪军等日伪组织的人发出警告。据此，中共打算通过说服、教育等工作将这些人拉进自己的阵营，但是对不改悔的汉奸彻底进行调查，待恢复国土之后处罚。此后，中共在各地陆续

〔1〕余子道、曹振威、石源华、张云：《汪伪政权全史》下卷，上海人民出版社，2006年，第1413页。
〔2〕谢冠生：《战时司法纪要》，1948年，《汉奸之惩治》，第6页。
〔3〕同上，第9页。
〔4〕同上，第6页。
〔5〕《惩治汉奸条例》第二条的内容与《修正惩治汉奸条例》相同的，《惩治汉奸条例》第三条："曾在伪组织或其所属之机关团体服务，凭借敌伪势力，为有利于敌伪或不利于本国或人民之行为，而为前条第二款以下各款所未列举者，概依前条第一款处断。"第四条："前二条之未遂犯罚之。"
〔6〕谢冠生：《战时司法纪要》，1948年，《罪犯之减刑及赦免》，第3页。
〔7〕《彻底严惩汉奸》，《新华日报》1946年6月29日，第2页等。
〔8〕曾彦修：《国民党审奸真相》，《新华日报》1946年9月28日，第3页。
〔9〕宦乡：《中国与世界》，《新中华》4-9，1946年第5期，第6页。古厩忠夫，2001年，第359页。

设立战犯调查委员会。[1]

中共在各地公布关于汉奸处理的条例和指示。其特点之一是，与国民政府的方针一样，汉奸的地位高低也成为处理汉奸的标准之一。1945年9月5日，淮北区党委会发布《关于解放城市后惩治汉奸叛国罪犯的指示》，摘录几项如下："一、凡伪军团营以

《大众报》对处决大汉奸王铁相的报道。

上、伪政权县区以上之主要负责人及特务分子，应一律逮捕监禁，听候法庭处理"，"七、凡伪皇军士兵，连（尉）以下军官及伪组织中之下级官员与一般职员，而又无罪恶者，一律不咎既往"。[2]1945年8月发布的《山东省惩治战争罪犯及汉奸暂行条例》规定，死刑、10年以上的有期徒刑、褫夺公权终身的罪人之中包括"伪军、伪警、伪政权组织之主官或主谋，并积极破坏民族解放事业者"。1945年12月9日公布的《苏皖边区惩治叛国罪犯（汉奸）暂行条例》也有以无期徒刑或5年以上的有期徒刑惩治汉奸的同样规定。[3]

其中，有几个规定的处罚对象不限于组织的领导阶层。1946年3月公布的《苏皖边区第一行政区惩治汉奸施行条例》规定，死刑、无期徒刑、5年以上的有期徒刑的适用对象包括"充任伪军警、伪政权、伪组织之人员，并积极破坏我民族解放事业者"。[4]上述《山东省惩治战争罪犯及汉奸暂行条例》的"主官或主谋"也是模糊的规定，但这个《苏皖边区第一行政区惩治汉奸施行条例》使用"人员"这个更模糊的用语，这个"人员"是指哪个阶层？没有具体的记载。这也是与国民政府所发布的各种条例的规定相同的问题。

此外，围绕怎样处理汉奸，"群众"的感情也成为判断的标准之一，这是值得关注的特点。1945年12月10日发布的《太行行署对战犯处理的指示》规定："首要分子及危害群众利益罪大恶极者，应从严治罪，及酌量没收其财产全部或一部，并褫夺其公权"，另一方面表示："一般人员对群众无重大危害者，应以下述规定从宽处理"，接着

---

〔1〕王侃：《抗战时期的汉奸问题与中国共产党肃奸政策研究》，团结出版社，2009年，第173页。

〔2〕同上，第174页。

〔3〕韩延龙、常兆儒编：《中国新民主主义革命时期根据地法制文献选编》第3卷，中国社会科学出版社，1981年，第164—166页。

〔4〕同上，第222—224页。

"一、家在新解放区者，一般应不治罪及不褫夺其公权。但个别人员，为群众所愤恨，或犯有他罪，经群众追诉者，仍应治罪，并酌情予以夺权处分"，"三、凡被褫夺公权之伪军伪组织人员，改悔有据，经群众同意者，得恢复其公权"。[1]从这里可以看出，通过一系列的汉奸处理，中共意识到怎样得到民众的支持。当然，自条例规定的角度来看，"群众"的感情也是模糊规定，运用该条例时避免不了主观地决定处罚汉奸的方针。

那么，如何规定酌情减刑？《关于解放城市后惩治汉奸叛国罪犯的指示》规定："五、伪军官自动反正者一律免咎既往，并保证其生命财产之安全"，同时规定："六、凡因生活及环境所迫，盲从附和或被胁迫参加伪军伪组织的而又罪恶不大者，视情节轻重得减轻或免除处分，但须向政府或人民悔过，其为群众公推，以敷衍敌伪者，亦宽大处理。"[2]这里也可以看到，中共基本上认为小汉奸参与日伪方面的原因是他们所受到的生活环境的压力。

关于没收财产，《苏皖边区惩治叛国罪犯（汉奸）暂行条例》规定：虽然没收汉奸的财产，但是将家人的生活费留下。这基本上是仿效国民政府所规定的方针。此外还规定没收的财产的用途是抗属、贫民、难民、失业者等的救助。[3]

如上所述，中共的汉奸处理政策与国民政府先前提出的方针基本相同。同时，条文上缺乏具体的规定，又避免不了主观判断，而且"群众"的感情也是处理汉奸的一个标准。这是中共汉奸处理政策的特点。

《新华日报》围绕汉奸处理问题的争论

从1945年8月15日至9月19日，《新华日报》陆续登载汉奸名录。名录中涉及的都是汪伪政权的干部、局长等级的政府人员、学校的校长、杂志的编辑者或主笔、剧团的导演、漫画家、音乐家、音乐学校的教师、银行的总经理或理事等著名人物，而不是老百姓阶层。

此外，围绕汉奸处理，中共在《新华日报》上发表了各种意见，也涉及怎样处理小汉奸的问题。该报还刊登有关汉奸处理问题的文章，并多次批评国民政府所采取的汉奸处理方式和处理政策只是表面上装装，其实是利用有罪的汉奸，可见处理方式的不公平等等。[4]

抗战结束后不久，《新华日报》1945年8月18日发表社论《严惩汉奸卖国贼》，

---

〔1〕韩延龙、常兆儒编：《中国新民主主义革命时期根据地法制文献选编》第3卷，第200—204页。
〔2〕转引自王侃《抗战时期的汉奸问题与中国共产党肃奸政策研究》，第174页。
〔3〕《中国新民主主义革命时期根据地法制文献选编》第3卷，第214页。
〔4〕《彻底严惩汉奸》，《新华日报》1946年6月29日，第2页。

主张小汉奸也应该受处罚。[1]
但是1945年9月28日的社论
《评行政院和参政会驻委会提
出的"处置汉奸条例草案"》表
示：关于伪军的下级官佐和士
兵，要分别有没有直接危害人民
的罪恶后决定怎样惩罚。但另
一方面，关于在日伪组织做工
作的人，不管地位的高低，全都
应该受长期褫夺公权的惩罚。[2]
作为处理汉奸的判断基准，对伪
军士兵考虑地位的高低，但是对

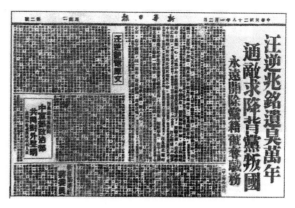

1939年1月2日，《新华日报》登载国民党中央永远开除汪精卫党籍，并撤销其一切职务的报道。《新华日报》对日伪汉奸始终持严厉斥责的政治立场。抗战胜利后，曾在报上连续刊登《汉奸名录》，形成极大的政治影响。

日伪组织的工作人员不适用这个原则。从这里可以看出，《新华日报》社论所建议的处理汉奸的判断基准不是固定的。

　　《新华日报》上，围绕汉奸处理还有各种各样的讨论，例如纪正长提议按等级予以处罚。他的基本想法是反对对汉奸采取宽容的态度，但是不赞成对所有的汉奸一律处罚的方式。他提出：将汉奸的等级分为伪军士兵及伪政府委员6级以下的职员、排级到营级的伪军官及委任5级到委任1级的伪公务员、团级至师级伪军官及荐任职伪公务员、军长以上的伪军官荐任职以上的伪官员。然后，分为为人民做过贡献的汉奸、没有做过贡献也没有犯罪的汉奸、犯罪的汉奸三种，每个等级都要受到不同程度的处罚。等级低、为人民做过贡献的汉奸的惩罚轻微，而等级高、犯罪的汉奸的惩罚严厉。至于军长以上的伪军官简任职以上的伪官员，不管做什么汉奸行为都应枪决。[3]吴晗也表示反对对汉奸采取宽容的态度。他提出将汉奸分别按照他们所做的汉奸工作时的地位和汉奸行为的内容，决定对每个汉奸处罚的轻重。[4]

　　那么，参与《新华日报》上讨论的这些人怎样看待下层的小汉奸呢？纪正长提出，伪军士兵如为人民做过贡献的话应该免罪。没有做过贡献也没有犯罪的话，褫夺若干年公权，但是反省、受教育之后可以原谅。犯罪的伪军士兵被褫夺

〔1〕《严惩汉奸卖国贼》，《新华日报》1945年8月18日，第2页。
〔2〕《评行政院和参政会驻委会提出的"处置汉奸条例草案"》，《新华日报》1945年9月28日，第2页。
〔3〕纪正长：《惩罚汉奸的一些具体意见》，《新华日报》1945年10月1日，第4页。
〔4〕吴晗：《惩办汉奸国贼私议》，《新华日报》1945年10月8日，第3页。

公权,罚3年以下劳役。[1]吴晗提出,"伪组织的中下级公务人员,觍颜事敌,分别处有期徒刑,罚充劳役,没收家产,并永不叙用"[2]。根据他们的主张,虽然下层的小汉奸受到生活压力而不得已充当伪军士兵或日伪的下级工作人员,但是要受比较严厉的处罚。

通过这些讨论可以看到,围绕怎样处理汉奸,虽然中共和国民党公布了各种条例,但实际上还有争论和各种各样的意见。汉奸处理政策就是在这种不稳定的情况下执行的。

汉奸审判

抗战结束后,日本《每日新闻》记者益井康一有如下记述:"在华北,战争结束之年12月,在北平、天津地区,与华北政务委员会有关系的官吏被逮捕,一网打尽了。……结果,在河北、山东地区被捕的人共达到大约600人,其细目是:河北省392人、山东省198人,当然这是限于著名人物的,其他的小汉奸的人数更多。"[3]被逮捕的人具体是什么样的人,跟"其他的小汉奸"之间的差别到底是什么,这段记述没有具体说明。但是,当时的中国社会有不少被称为汉奸的人,这是毫无疑问的事实。

关于审判的结果,根据《中华年鉴》,被起诉者30 185人、免予起诉者20 055人、其他13 323人,死刑369人、无期徒刑979人、有期徒刑13 570人、处罚金14人、无罪释放5 822人、其他10 654人。[4]这个数字大大超过益井康一所提到的人数。这个数字里面包括什么样的人,这些人的情况还不清楚。无论如何,这意味着"著名人物"以外被判徒刑的人也不少。

结　语

通过本文的考察,可以看到抗战后处理汉奸问题的几个特点。

汉奸所属的社会阶层各种各样,基本上中共、国民党都采取将汉奸分为大汉奸和小汉奸的方针,尽可能对小汉奸采取宽大的态度。由"褫夺公权"的处分方法可以看出,过了一定期间,受过处罚的汉奸也被原谅,可以说大部分被卷入日伪方面

---

〔1〕纪正长:《惩罚汉奸的一些具体意见》,《新华日报》1945年10月1日,第4页。
〔2〕同《惩办汉奸国贼私议》,第3页。
〔3〕益井康一:《裁かれる汪政权》,植村书店,1948年,第19页。
〔4〕《中华年鉴》民国37年度上册,中华年鉴社,1948年,第494页。

的普通人都能回到"二战"后的中国社会。这些处理汉奸方针的背景就是，中共、国民党基本上都认为中国人成为汉奸的原因之中有生活环境的压力，还有这些汉奸也是日伪统治的牺牲者的想法。此外，大概两党面临这么多的"汉奸"，一律处罚他们也是非常困难的。同时，这种宽容的态度也出于两党将这些小汉奸拉进自己的阵营的方针。

但实际上在运用处理汉奸的条例的过程中，有审判不公平、条文缺乏具体性等问题。作为法律规定，汉奸处理政策包括不完善的因素，运用条例时避免不了主观或留下随意解释的余地。总之，抗战后汉奸处理政策是在这种不稳定的情况下进行的，可以说抗战后一些中国人的命运也受到这种不稳定的社会形势的影响。

《史学与思想》

刘家和著　（台）华艺学术出版社2013年

本书作者刘家和，1928年生，著名历史学家，北京师范大学史学研究所、历史系和史学理论及史学史研究中心教授，中国世界古代史研究会名誉理事长。

本书以"史学"和"思想"作为选录主题，辑录了刘家和先生多年来在史学理论与学术思想方面的论文18篇（含附录2篇），具有极高的学术意义与思想价值。

从该书选录文章的编排看，作者首先以史学经典《史记》与儒家经典《尚书》、《春秋》、《左传》等为实例，认真梳理了经史关系以及中国古典史学的形成过程，揭示出中国传统史学在求真与致用、"变"与"常"等方面的特征，进而从世界历史的宏观视野出发，阐述历史比较研究的必要性和可能性，在中国传统史学与古希腊、古印度史学的异同探讨中，确定中国古代理性结构中的"历史理性"。本书在研究中国古典史学的同时，也对史学所体现出来的中国古典思想的内涵给予了关注。比如，对殷周关系研究中存在的"授命"与"纯臣"等问题、天下一家和大一统思想、战国时期性恶论的发展演变、《左传》中的人本思想和民本思想、"公羊学"中的历史哲学等诸多问题进行了精到探讨。

长期以来，中国史学理论界总是追随西方步调跳舞，从政治史到社会史再到新文化史、全球史，从近代化到后现代、后殖民等等，话语权总操控于西方之手。中国传统史学精髓缺少应有的整理，因而似乎逐渐失去了被尊重的可能。刘先生在当前西方话语的包围之下对中国传统史学的坚守与推介，值得中国学人重视。

（徐保安）

《治国安邦：法制、行政与军事》

邢义田著　中华书局2011年

本书作者邢义田（I-tien Hsing），美国夏威夷大学历史学博士、台湾"中研院"历史语言研究所特聘研究员。

本书为邢义田先生所著秦汉史论文集之一种，收入论文19篇。这些论文从探讨中国古代政治运作的特色和社会形态的特点着眼，运用多方面史料深入考察秦汉行政、法制和军事制度方面的问题，视野开阔，方法科学，分析细致周密，可以说篇篇都是学术精品。

《从出土资料看秦汉聚落形态和乡里行政》、《从安土重迁看汉代的徙民和迁徙刑》、《汉代案比在县或在乡？》诸文，着重分析汉代基层社会的特质和统治体制之间的关系，揭示了在此基础之上建立起来的行政、法制和军事制度的特点。

官僚政治的运作也是邢先生关注的重点。他从公文套语"如故事"、"便宜从事"和"它如某某"，文书模板"式"，乃至文书笔迹、存放形式等细节出发来研究行政文书，进而研究汉代官僚运作的情况。

邢义田先生主张打破专业领域、材料使用和中外历史三大研究界限，主张多角度、多方面和中外结合地研究历史，本书中的《试释汉代的关东、关西与山东、山西》、《中国古代的地图——从江苏尹湾汉牍的"画图""写图"说起》、《汉代中国与罗马帝国军队的特色》都践行了他的主张。他还重视简牍资料、新出考古报告资料、外国的研究方法和论著，文章资料丰富翔实，引用注释也很有参考价值。

这部论文集虽然涉及的问题很多，但是始终围绕着一个主线展开，那就是邢义田先生提出的关于中国历史文化"底色"的主题。其他历史学家往往着眼于中国不同朝代的变化、差异和进步，而忽视年复一年、历朝历代始终不曾变化或者变化甚小的部分，而邢先生认为，这部分恰恰是更值得我们研究的中国历史文化不变的"底色"。这一点对于中国历史研究者极具启发意义。（高晋南）

《"山谷笔法"论》（双语版）

王中焰著　张永芹译　江苏美术出版社2011年

　　本书作者王中焰，杭州师范大学美术学院绘画系教师、书法教研室主任，主要从事书法篆刻技法教学、书画篆刻创作及其理论研究。

　　该书是研究"山谷（黄庭坚）笔法"的一部艺术学和艺术史专著，它是以个性笔法为视角，对黄庭坚书法之笔法问题展开的一次全新探索。

　　作者通过对图像实例的考察和对文献史料的探究，提出了"山谷笔法"存在着"三大笔画形态"和"五大形式要素"的观点，并对两者之间的内在联系及形成原因作了深入剖析，进而揭示出独特的"山谷笔法"所具有的内在规律与美学价值。对于"山谷笔法"的渊源、点画连写现象、特殊形态笔画的形成和"山谷笔法"对后世的影响等问题，作者也提出了自己的独到见解。

　　该书的英汉双语形式，也是其不同于其他著述的特点之一。这一方面体现了作者向海外传播中国书法文化的诉求；另一方面也显示了译者通过相关书法语汇的建构和英文表述，而与国际历史、艺术界同行交流的自信与愿望。

　　该书诠释精当、表述合乎西方人的思维，不但是国内相关领域研究之新成果，也确实能为有志于中西文化交流者提供很有价值的语汇和英文表述参考。

（杨加深）

《世界史：从史前到21世纪全球文明的互动》（第四版）

[美]威廉·麦克尼尔著　施诚、赵婧译
中信出版社 2013年

本书作者威廉·麦克尼尔（William H. McNeil），1917年生于加拿大温哥华，1938年和1939年相继获得芝加哥大学学士和硕士学位，1947年获康奈尔大学博士学位，此后任教于芝加哥大学历史系，1957年晋升为教授，1987年退休。曾任美国历史学会主席。主要著作有:《西方的兴起》、《瘟疫与人》、《人类之网：世界历史鸟瞰》等。

1967年，威廉·麦克尼尔的《世界史》出版，此后一直被公认为全球史的"开山之作"，在英语世界经过四次修订再版，畅销不衰。1978年，英国历史学家巴勒克拉夫把该书与斯塔夫里阿诺斯的《全球通史》并称为"用全球观点或包含全球内容重新进行世界史写作的尝试"中最有影响的两本书。《全球通史》早在1988年就被上海社科院出版社翻译成中文出版，相比之下，本书中文版真可谓姗姗来迟。

麦克尼尔当初写作时，把本书当作1963年出版的《西方的兴起》的教材版，因此他所设想的是，"这本书一定要写得简洁明了"。无论是北京大学出版社于2008年引进的英文影印版还是本书，都只有500多页。作者试图在这样简短的篇幅中，去讲述人类全部的历史。他说："拙作《西方的兴起》一书获得了成功，让我有理由相信，一部更简短的作品将会使我个人的整体世界史观更容易被学生和普通读者接受。我的这种世界史观，尽管不完美，但优点一以贯之：清晰明了，能够被掌握、被记住，过后可以回味。"

在书中，麦克尼尔描绘了一幅人类文明交互的网络图。不同于我们通常所认知的"四大文明起源"，麦克尼尔认为到公元前500年，欧亚大陆明确而显著地形成了中东、印度、希腊、中国四大文明并立之势。聚焦于这四大文明间的互动，麦克尼尔提出了独特的历史分期法，将人类历史划分为四阶段：第一阶段时间为公元前500年之前，"旧大陆各大文明的出现和确立"；第二阶段为公元前500年至公元1500年，"各大文明之间的平衡"；第三阶段从1500年至1789年，"西方的支配地位"；第四阶段为1789年以后，"全球性世界主义的开端"。文明间的"互动"是贯穿本书始终的原则，作者非常强调各个阶段不同文明之间商业、战争、迁徙等交往形式在文明发展中的推动作用,不断书写文明间的冲击与反冲击,书写文明之间的相互影响与融合。

麦克尼尔在描述文明交互过程时,尤其是在写四大文明最初的形成确立时,由于缺乏文献、考古证据的支持,不免有主观臆测的成分。但是,从总体上看,本书从全球视角和文明互动维度重构历史,是非常成功的一部世界"整体史"。(夏栋爱)

《西方妇女史》

裔昭印等编著　商务印书馆2009年

本文作者裔昭印,1953年生,上海师范大学历史系教授、博士生导师,中国世界古代史研究会副秘书长、上海世界史学会副秘书长、上海师大女性研究中心常务副主任。

每一时代的女性都有着自己的尊严和力量,也不断追寻着属于自己的光荣与梦想。《西方妇女史》正是一部展现西方妇女自古至今多姿多彩生活图景的著作。本书以2002年国家社科基金项目"西方妇女地位的历史变迁"为基础,由裔昭印等学者编著,商务印书馆2009年出版。作者在丰富的史料基础上,运用历史学、文化学和社会性别的理论与方法,对西方不同时期不同女性群体的家庭、婚姻、性别观念、心理等方面作了系统的分析,并提出了自己独特的见解。

本书共分为10章,主要涉及了8个时段的妇女与社会,即古希腊、古罗马、中世纪、近代早期、近代、20世纪上半期、战后和当代时期,不仅包括了上层社会的女性,也包括了中产阶级女性,下层社会女性,修女、女巫、寡妇等各层面的女性,并涉及女性与政治、经济、权力、教育等各个方面。作为一部70多万字、近600页的大开本著作,全书内容丰富,史实庞而不杂,繁而不乱,既有细致入微的精彩描述,也有画龙点睛般的精辟分析,体现出作者深厚的学术功底。

本书在一定程度上受新史学、女权主义等思潮的影响,形成了一些独到的见解。如作者认为,雅典民主政治的发展在一定程度上是以牺牲妇女的利益为代价的,欧洲文艺复兴运动对人的发现主要是对男人价值的肯定,一些宣传"天赋人权"的启蒙思想家仍然歧视女性等,对于读者全面而深刻地认识历史有一定的启示意义。

千百年来,妇女都在不断地争取自身的解放。从一定意义上说,妇女解放也是社会解放的标志。然而,"妇女要赢得完全意义上的解放,还有一段漫长的路要走",这也正是本书所要提示给读者的道理。(白雪峰、赵 静)

《剑桥中世纪政治思想史:350年至1450年》

[英] J.H.伯因斯编　程志敏等译

生活·读书·新知三联书店2009年

本书主编 J. H. 伯恩斯（1921—2012年）,英国著名政治思想史家。

由伯恩斯(J.H.Burns)主编的《剑桥中世纪政治思想史:350年至1450年》一书自1988被剑桥大学出版后,得到了广泛的关注,并于2009年在中国翻译出版。尽管作为一本由多位学者合作完成的著作,还有许多地方不尽如人意,如章节间不够协调,零散、重复甚至相互矛盾,对于一些重要问题的遗漏,以及翻译过程中存在的一些错误,然而该书在方法论上却给予了我们深刻的启示,也反应了西方思想史研究方法上的演进。

在上世纪30年代,以阿瑟·洛维乔易(A.O.Lovejoy)为代表的一些学者在对观念史进行研究的时候聚焦于"观念的单元"(Unit Ideas),即西方思想传统中那些基本的和经久不变的观念。居于主导地位的解释方法仍然还是注重对经典文本的理解,特别是一些"伟大思想家"的经典文本。这种传统的政治思想史研究明显的缺陷就是其研究方法是非历史性的。从上世纪60年代开始,一些历史学家开始挑战这一占据主导地位的传统观点,以剑桥大学的思想史家波科克(J.G.A.Pocock)为先导,斯金纳(Quentin Skinner)和达恩(John Dunn)继之。他们认为,越把文本看作为在更宽广的政治话语中的基本内容,它的内容随着变化的场景而变化,研究也就越能把握住其主旨。

伯恩斯主编的这部政治思想史虽然没有严格按照此方法,但却体现着政治思想史研究的历史性。该书以时间为轴,交织着各个主题,包括基础、开端(350—750年)、形成(750—1150年)、发展(1150—1450年)4编,拜占庭这一部分独立成编,共5编。作者将政治思想与中世纪的历史背景紧密相连,对各时代的思想家们予以恰当的关注,但没有按思想家和著作来编写。伯恩斯(J.H.Burns)在导论中道出了如此编写的原因:"那个时期的作家中根本就没有人可以被有意义地称为'政治思想家'……如果仅仅把记录限制在个别思想家的著作上,整个时间段事实上就消失了。"作者试图提供一部具有历史性质的政治思想史,试图向读者展示一部作品如何在历史中产生,如何置身于历史,或作者为什么要写它,以及为什么以这种方式去写它,等等,反映了当今西方政治思想史研究的历史转向,值得我国学者深思和借鉴。(陶 芳)

《默罕默德和查理曼》

[比]皮朗著 王晋新译 上海三联书店2011年

本书作者亨利·皮朗(Henri Pirenne, 1862—1935年),比利时历史学家,曾在比利时列日大学任教,1886年至1930在根特大学从教,法兰西学院院士。

作为中世纪经济社会史的研究大家,亨利·皮朗从经济史的角度对中世纪的一些现象作了重要的分析与研究。在《中世纪的城市》一书中,他对城市的起源进行了具体而微的探讨,认为城市是由有护栏的市场发展而来的,而且把城市的发展与伊斯兰教在地中海的扩张联系了起来,提出了"没有穆罕默德就没有查理曼"的论断,初步形成了后人称之为"皮朗命题"的雏形,而其未竟的遗著《默罕穆德与查理曼》则是对该命题详细的补充与论述,尤其是在细节与具体的数据方面为其论点提供了有力支撑。该书的特色体现在以下三个方面:

一、清晰的逻辑结构。全文共两编6章,每一编后都附有结论,而且编与编,章节与章节的衔接都恰到好处。第一编讲日耳曼入侵对西欧的影响。作者认为日耳曼人虽然在侵入后肢解了罗马并在帝国的废墟上建立了一系列蛮族国家,但很大程度上被罗马化了。第二编着重写萨拉森人在地中海的扩张对西欧文明的意义,是全文最出彩的地方。作者认为地中海的关闭某种程度上(当然这种关闭不是绝对的)割断了蛮族王国与东部帝国的联系,迫使查士丁尼大帝的继任者短暂的光复辉煌后不得不改变帝国的政策,逐步放弃了帝国在西部的利益,蛮族国家(这里主要是指法兰克王国)开始去罗马化,走上了一条自主发展的道路。阿拉伯人在地中海的优势迫使欧洲的政治中心开始转移,由地中海转移到高卢北方地区,就像大航海时代经济中心由地中海转移到大西洋沿岸那样,都促使了新发展与新文明的形成。

二、提出问题的视角独特。作者打破了欧洲中心论的束缚,力图建立起伊斯兰的扩张征服与中世纪文明形成之间的联系,进而论证外部势力对新文明形成的重要意义。他的努力部分是成功的,因为中世纪的形成一定程度上确实源于阿拉伯人的"压迫",而不是像某些历史学家所描述的罗马帝国灭亡后欧洲的得救完全在于它的"自我再生能力"。作者可能有渲染伊斯兰教扩张意义的意图,但我们不能因此否定他从伊斯兰教扩张的视角分析中世纪起源的用心。在全球化的今天,探讨文化之间的联系与影响仍然有很强烈的现实意义。

三、译者的流畅翻译,也为本书增色不少。从全文来看,译者的水平虽说不上精湛,但也保持了原意的通达,并附上了详尽的注释。书后添加的两篇附录比较详细介绍了亨利·皮朗生平与其经济史研究的情况,有助于我们理解、吸收、消化作者的观点。(肖世伟)

《给我自由! 一部美国的历史》

[美]埃里克·方纳著　王希译　商务印书馆2010年

　　本书作者埃里克·方纳(Eric Foner),美国哥伦比亚大学德威特·克林顿历史学讲座教授,当代美国最有影响力的历史学家之一,2000年当选为美国历史学会(AHA)主席。

　　《给我自由! 一部美国的历史》(上下卷)(*Give Me Liberty! An American History*)是商务印书馆于2010年出版的一部以"自由"为主线的美国通史著作,作者是美国当代著名的历史学家、哥伦比亚大学教授埃里克·方纳(Eric Foner),由其弟子、著名华裔美国史学家王希翻译。全书文笔流畅,思想深邃,富有真知灼见,显示出作者开阔的思想视野和译者高超的翻译水平。

　　本书无疑是对作者前几年的著作《美国自由的故事》的一种丰富和扩展,它涵盖了美国历史发展的全部历程,考察了不同时期"自由"概念的演变过程和表现形式,将不同时期不同场景的历史事件通过"自由"这一主题联系起来,并把基本的史实与作者对"自由"的思考融为一体,结构清晰,浑然天成。它脱离了以往通史著作的陈旧框架,是一部内容丰富、叙事连贯的美国历史故事,在众多的美国通史读本中脱颖而出。

　　作为一种普世的价值观,"自由"一直是美利坚民族价值观的核心理念。本书以"自由"话语来构建美国历史,反映了一种为所有美国人所分享的潜意识的"自由"情结,强化了国家的历史认同与民族认同感。对于今天在经济上已成为超级大国的中国来说,如何根据本民族的历史与文化,选取独特的视角,构建自己的核心价值理念,增强国家软实力以及在世界的影响力,已变得十分重要。此书无疑为我们提供了有益的借鉴。

　　当然,书中也存在一些值得商榷和思考的问题,例如,"自由"一词的内涵非常丰富,对"自由"的解读也是仁者见仁、智者见智;在美国历史发展中,围绕"自由"所发生的冲突俯拾即是,远非本书中所论述的那样完美;中译本中个别人物或事件的译名也值得商榷等,但这并不影响本书作为大师级作品的风采。

作为当代美国最优秀史学大家的新作，此书处处展现出作者丰富的知识积淀、深厚的学术素养与独特的思想张力，细致而不失深邃，优雅而不失厚重，精彩的描述和独特的分析引人入胜，令人爱不释手。（白雪峰、赵　静）

《法国大革命时期的家庭罗曼史》

［美］林·亨特著　郑明萱、陈瑛译
商务印书馆2008年

本书作者林·亨特（Lynn Hunt）1945年生，美国当代著名历史学家，曾任教于加州大学伯克利分校、费城宾州大学，之后转入加州大学洛杉矶分校任教迄今。主要著作有：《大革命与法国外省特鲁瓦、兰斯的城市政治》、《法国大革命时期的政治、文化与阶级》等；并先后主编了两部重要的新文化史理论文集《新文化史》及《超越文化转向》。

本书是美国著名新文化史家林·亨特的代表作之一。在书中，她从文化史的角度为我们展现了一幅大革命前后的家庭图景。该书以"家庭罗曼史"指称集体无意识的家庭秩序图像，这种家庭秩序的图像构成了法国大革命政治理念的基调。作者以家国互喻的方式，陈述18世纪的法国人视其统治者为父、视其国为家的想法。此书的论述并非沿着时间的脉络直线前进，而是在革命十年间颠来倒去地反复叙说，彻底颠覆单一观点的直线史观，呈现给读者另一种解读历史的典范之作。

林·亨特认为，法王被判处死刑是法国大革命中最重要的政治事件，随着国王被处死，原有的社会服从秩序也就被打破，先前家国一体的父权权威也随之解体，革命者们在家庭方面采取逐渐激进的方式消除家庭中的家长制，开始时尚能维系家庭制度作为社会基石的地位，后来共和国以"兄弟爱"取代父权，用国家强制力褫夺父权和家庭权力，家庭的社会基石地位随之动摇瓦解。由此，个人逐渐成为国家的社会基础，原先家庭，特别是父权调节矛盾的纽带消失，使得社会冲突失去了缓和地带，从而加剧了社会冲突，大革命不可避免地走向激进。

超越文化转向是20世纪80年代开始出现的一种新的文化研究方向，不是一味地追溯历史的因果，而是强调文化的涵义，注重文化在历史中的作用。林·亨特的

《法国大革命时期的家庭罗曼史》一书，充分体现了这一历史研究新趋势，有助于文化史研究视野的开拓、研究范围的扩大和研究方法的突破。(张德玲)

Chinese Seals（《中国印》）

牛克诚著　外文出版社,2008年

本书作者牛克诚,1961年生,中国艺术研究院美术研究所副所长、研究员、博士生导师,"百千万人才工程"国家级人才,享受国务院颁发的政府特殊津贴专家。

2008年奥运会的"中国印"会徽,让世人重新认识了中国文化的独特魅力。同年,外文出版社出版的*Chinese Seals*(《中国印》),是历史学出身的牛克诚先生的一部英文著作,也是国内第一部用英文写成的篆刻著作。目前,该书已经过多次印刷,深受海内外历史学、艺术学和外语学界所推崇。

该书有三大特点:

一、是国内第一部用英文写成的中国印章历史文化著作。概括起来,其意义主要有三:1.以外文形式向海外介绍了博大精深的中国印章之历史与文化,为中国文化的对外传播打开了一个新的窗口;2.创建并整理了一个中国印章和篆刻术语的语汇体系,为中西文化交流搭建了必要的桥梁;3.规范了中国印章和篆刻文化术语的英文表述,可作为国内外专业人士对外交流的参考。

二、该书虽篇幅不大,但内容全面,安排合理,是一部能在短时间内了解中国篆刻文化的好书。其内容主要由10个部分组成,分别是:① 引言;② 中国印章的载体;③ 中国印章发展史;④ 印纽和套印;⑤ 印石故事;⑥ 篆字之美与风格类型;⑦ 边款与印谱;⑧ 篆刻家与篆刻团体;⑨ 刻印与钤印;⑩ 附录——中国历代年表。

三、图文并茂,便于阅读。印章属于视觉艺术的范畴,必须借助于典型的图片才更能使读者一目了然。该书选用了大量的经典相关图片,并配以英文说明,有很强的可读性,深受读者喜爱。(杨加深)